www.tredition.de

Mein Dank für die Überarbeitung meines Manuskripts gilt:

Gerd Mäschle

Gewidmet ist dieses Buch

Klaus Hampel

Klaus hat mein letztes Buch überarbeitet und ist dieses Jahr zu früh verstorben.

Manfred Norwat

Revolutionen gestern und morgen

Ihre Ursachen - Verlauf - Bedeutung

www.tredition.de

© 2017 Manfred Norwat

Verlag und Druck: tredition GmbH, Grindelallee 188, 20144 Hamburg

ISBN
Paperback: 978-3-7439-5382-6
Hardcover: 978-3-7439-5383-3

Über den Autor

M. Norwat, Jahrgang 1949, Dipl. Betriebswirt (FH), Dipl. Sozialarbeiter (FH), einige Jahre im Personalwesen, überwiegend in der Migrationsarbeit tätig, seit 2014 im Ruhestand.

Inhaltsverzeichnis

Revolutionen gestern und morgen

Ihre Ursachen - Verlauf - Bedeutung

1. Einführung

In meinem 2016 veröffentlichten Buch „Die Gesellschaft der Zukunft – Der Entwurf einer neuen Gesellschaftsordnung" habe ich mich eingehend mit einer möglichen Alternative zu unserem heutigen kapitalistischen Gesellschaftssystem befasst. Partizipative Demokratie und egalitäre Ökonomie sind die Schlüsselbegriffe.

Partizipative Demokratie bedeutet, dass jeder Bürger und jede Bürgerin an den Entscheidungen der gesellschaftlichen Institutionen in Angelegenheiten der Politik, Ökonomie, Ökologie und im sozialen Bereich beteiligt sind; und zwar nicht durch Wahlen oder Abstimmungen, in denen er/sie seine/ihre Souveränität auf andere Personen überträgt sondern durch die aktive Teilnahme am Entscheidungsprozess. Um dies zu veranschaulichen, habe ich ein Beteiligungsmodell entwickelt, in dem jeder Erwachsener für bestimmte Zeiten die Mitverantwortung für das gesellschaftliche Geschehen übernimmt. Nicht mehr wie heute, dass nach Art. 20 (2) GG alle Macht zwar vom Volke ausgeht, aber wohin sie letztendlich geht, darüber entscheidet nicht mehr das Volk.

Für die partizipative Demokratie müsste es anders heißen: **alle Macht gehört dem Volk, alle Macht bleibt im Volk.** Es versteht sich von selbst, dass ein so gestaltetes Gesellschaftsprinzip ein entwickeltes demokratisches Bewusstsein und eine hohe Verantwortungsbereitschaft jedes einzelnen voraussetzt, was heute längst nicht gegeben ist. Heute geht der Bürger/die Bürgerin alle 4 oder 5 Jahre zur Wahl und bestimmt die Abgeordneten für die Parlamente nach dem Motto: nun macht mal ordentliche Politik, damit ich mich nicht noch darum kümmern muss. Dass die Ergebnisse der politischen Entscheidungen dann oft nicht den Erwartungen breiter Bevölkerungsschichten entsprechen, dafür sorgen mächtige Interessengruppen, die im Hintergrund und für die Wahlbevölkerung nicht sichtbar ihre Fäden ziehen und die wahren Herren des politischen Geschehens sind. Auf diese Weise ist eine parlamentarische Demokratie mit der Herrschaft des Kapitals kompatibel.

Es werden durch Meinungsbeeinflussung und finanzielle Förderung nur Parteien im politischen Raum eine Machtteilhabe zugestanden, die grundsätzlich die kapitalistische Gesellschaftsordnung nicht in Frage stellen, sondern ihr ganzes Interesse auf deren Erhaltung und Ausbau setzen. In dieser Art von Demokratie findet ein Ringen um Interessenausgleich zwischen ungleich gewichtigen Interessengruppen statt, was immerhin kostengünstiger aber auch kreativer ist als eine Diktatur mit ihrem ganzen Repressionsaufwand gegenüber einer unterdrückten und demotivierten Bevölkerung.

Die o.g. Beschreibung einer demokratischen Grundordnung gilt jedoch nur für eine sog. Schönwetterdemokratie. Sollten die gesellschaftlichen Verhältnisse sich jedoch zum schlechteren verändern, so wurden und werden auch in der bürgerlichen Demokratie die Instrumente geschaffen, um der Systemgefährdungen Herr zu werden. Das politische Instrumentarium kann bis knapp unter der Schwelle zur Diktatur, teilweise schon darüber hinausreichen.

Solange man heutzutage jedoch einen größeren Teil des Volkes am „Kuchen" teilhaben lässt, brauchen die Reichen und Mächtigen um ihre Pfründe und ihren Einfluss nicht zu fürchten. Das wirtschaftlich und sozial deklassierte Viertel der Bevölkerung kann mehr oder weniger von ihnen vernachlässigt werden.

In der von mir beschriebenen Zukunftsgesellschaft gehört der „Kuchen" jedoch allen zu gleichen Teilen, darum nenne ich sie eine egalitäre Ökonomie. Was von der Gesellschaft gemeinsam erarbeitet wird, davon erhält jeder und jede den gleichen Anteil. Dass die Produktionsmittel und der Boden mit seinen Ressourcen der Gesellschaft gehören und die Güter in einer humanen und selbstbestimmten Arbeitswelt hergestellt werden, versteht sich von selbst. Dies erfordert einen abgestimmten Organisations- und Entscheidungsprozess, wobei auf möglichst geringe ökologische Belastungen geachtet wird. Dass der einzelne, die einzelne seine/ihre Individualität und entsprechenden Konsumbedarf nach eigenem Gutdünken, jedoch in Verantwortung gegenüber Gesellschaft und Natur erfüllen kann, dafür sorgt eine institutionalisierte Einflussnahme auf das Güterangebot. Nicht wie heute nach dem Motto: wer hat, dem wird gegeben und die anderen müssen sich mit dem begnügen, was übrigbleibt, sondern: alle bekommen zu gleichen Anteilen das, was sie zum Menschsein brauchen, oder anders ausgedrückt: jedem und jeder nach seinen und ihren Bedürfnissen, kurz und prägnant: **alles gleich für alle, jeder Mensch anders als der andere.** Dies bedeutet, dass in der von mir beschriebenen Gesellschaft der Zukunft aufgrund der ökonomischen Gleichheit die Besonderheit jedes Menschen gewahrt und gefördert werden kann.

Solange es Menschen gibt, will der überwiegende Teil von ihnen in der Gemeinschaft und nicht als Eremit leben. Der Mensch ist ein soziales Wesen, es wird jedoch immer ein Spannungsverhältnis zwischen den Ansprüchen des Individuums und der der Gemeinschaft geben. Das Spannungsverhältnis kann immer wieder zum positiven aufgelöst werden, wenn jeder / jede in dem Bewusstsein lebt: Wenn es allen gut geht, geht es auch mir gut.

Die Monatszeitung OXI hat in ihrem Artikel „Wie teuer wird ein Nein" vom Juli 2017 als Kontraansatz die zurzeit herrschenden ökonomischen Zusammenhänge auf den Punkt gebracht: „Den Menschen, die nicht bezahlen können, verweigern, was sie brauchen, und Leuten, die genug Geld haben, aufdrängen, was sie nicht benötigen, das ist wirtschaftliche Vernunft im dritten Jahrtausend nach der Kreuzigung des Schreinersohnes, der die Händler aus dem Tempel trieb".

Und weiter: „Allein in Deutschland wirft jeder Mensch im jährlichen Durchschnitt 82 Kilogramm Lebensmittel in den Müll. Für die Wirtschaft kein Problem, sondern ein Gewinn, solange vorher dafür bezahlt wurde. Kaufen und wegwerfen ist ökonomisch sinnvoll, nur nichts zu kaufen schadet der Wirtschaft". Diese Wirtschaftsweise kann man auch als Wahnsinn mit System bezeichnen.

Der oben dargestellte fundamental andere Gesellschaftsansatz hat seine Auswirkungen auf alle Gesellschaftsbereiche, ob dies Erziehung und Bildung, Kultur und Sport, Wohnen und Infrastruktur, Verkehr und Mobilität, Justiz und Sicherheit, Medien und Parteien, Jung und Alt, gesund oder krank, Beziehungen der Menschen untereinander oder die Beziehungen zwischen den Nationen sind. Es wird eine Welt ohne Waffen, d.h. ohne Kriegsgefahr angestrebt, in der internationale Konflikte nur auf friedliche Weise gelöst werden. Es gibt keine Ausbeutung unterentwickelter Länder, alle Nationen und deren Menschen begegnen sich auf Augenhöhe.

Diese kurze Einführung ist in meinem Buch „Die Gesellschaft der Zukunft" ausführlich und mit verschiedenen Modellansätzen dargestellt. Ich konnte nachweisen, dass das TINA-Prinzip (There is no alternative) überholt ist. Eine andere Welt ist möglich, die Völker müssen sich nur auf den Weg machen, sich der alten Ausbeutergesellschaften zu entledigen, um friedliche, ökologische, basisdemokratische und soziale Gesellschaften aufzubauen.

In dem vorliegenden Buch „Revolutionen gestern und morgen, ihre Ursachen- Verlauf- Bedeutung" geht es mir darum, aufzuzeigen, welcher mögliche Weg zu einer künftigen Gesellschaftsordnung beschritten werden kann. Ich befasse mich zunächst mit den großen Revolutionen seit Beginn der Neuzeit und ziehe die entsprechenden Schlussfolgerungen daraus, um eine mögliche künftige große Umwälzung zu skizzieren. Nachdem ich mich mit den aktuellen ökonomischen, politischen und ökologischen Gegebenheiten befasst habe, ziehe ich im Schlussteil das Fazit der gewonnenen Erkenntnisse.

2. Die für uns bedeutendsten Revolutionen

Nach der Definition von Wikipedia ist eine Revolution ein grundlegender und nachhaltiger struktureller Wandel eines oder mehrerer Systeme, der meist abrupt oder in relativ kurzer Zeit erfolgt. Er kann friedlich oder gewaltsam vor sich gehen (Wikipedia, Revolution). In meinem Buch befasse ich mich mit Revolutionen in politischen Herrschaftssystemen. Zunächst behandle ich die nordamerikanische, die französische, die russische und die deutsche Revolution. Im darauffolgenden Kapitel gehe ich auf weitere wichtige Revolutionen ein.

2.1. Der nordamerikanische Unabhängigkeitskampf

Die Ursachen der amerikanischen Revolution lagen im 7-jährigen Krieg (1756-1763) der europäischen Mächte. England war mit Preußen verbündet und Österreich mit Frankreich und Russland. Der 7-jährige Krieg wurde nicht nur in Europa ausgetragen, sondern auch in Nordamerika. Hier kämpften England und Frankreich um die Vorherrschaft. Bekanntlich besiegte England Frankreich und England konnte die französischen Besitzungen westlich seiner bisherigen Kolonien sowie Kanada in sein Empire eingliedern. Der Krieg gegen Frankreich in Nordamerika brachte England jedoch nicht nur Vorteile, sondern zerrüttete aufgrund der hohen Kriegskosten seine Staatsfinanzen, d.h. der englische Staat war am Ende des Krieges hoch verschuldet. Um die Schulden zu verringern, wurde von der englischen Krone und dem Parlament beschlossen, die Bewohner der 13 englischen Kolonien am Abbau der Staatsverschuldung durch die

Einführung verschiedener Steuern zu beteiligen. Die staatlichen Einkünfte sollten auch für die Finanzierung der englischen Truppen in den nordamerikanischen Kolonien verwendet werden. Dies erzeugte einen großen Unwillen bis zum offenen Widerstand bei der nordamerikanischen Bevölkerung. Die Kolonisten hatten sich schon aktiv auf Seiten Englands im Kampf gegen Frankreich beteiligt und somit nach ihrer Ansicht genug für das Mutterland getan.

Zuvor waren die wirtschaftlichen Beziehungen zwischen dem Mutterland und den nordamerikanischen Kolonien nicht durch die Erhebung von Steuern (diese konnten die jeweiligen Kolonialländer für ihren eigenen Bedarf erheben) sondern durch die Navigationsgesetze, die einerseits einen günstigen Export von Rohstoffen aus den Kolonien und einen sicheren Import für produzierte Güter aus England garantierten, geregelt. Weiterhin war zu berücksichtigen, dass die Kolonien schon eine gewisse lokale Selbstverwaltung, natürlich unter der Oberaufsicht der englischen Gouverneure besaßen.

Dass sie jetzt Steuern zum Ausgleich des englischen Staatshaushaltes leisten sollten, ohne im englischen Parlament vertreten zu sein (No taxation without representation) trug dazu bei, dass aus dem Unwillen und beflügelt durch verfasste Pamphlete sich schnell ein Aufruhr entwickelte, besonders als die Stempelgesetze für jedes benutzte Papier eingeführt wurden.

In Boston, wo der Widerstand am größten war, bildeten sich Widerstandsgruppen wie die „Sons of Liberty", die u.a. ihre Attacken gegen die verhassten königlichen Steuereintreiber und ihren nicht unvermögenden Besitz richteten. Auch kam es zum Boykott englischer Waren, den man durch eigene Produktion wie die Herstellung von Kleidern auszugleichen versuchte. Hier brachten sich die amerikanischen Frauen verstärkt ein (C.A.Lerg, Die amerikanische Revolution S.16 ff). Aufgrund der Ereignisse wurde das Stempelgesetz nach einem Jahr von der britischen Regierung zurückgenommen.

Um die Unruhen wegen den Steuern und dem Boykott einzudämmen, schickte die englische Regierung zusätzliche Soldaten nach Boston. Die Bostoner Bevölkerung empfand dies als Zumutung und als Besetzung ihrer Stadt durch fremde Truppen. Verbale und auch körperliche Auseinandersetzungen zwischen ihnen und den englischen Soldaten führten schließlich zum Massaker von Boston mit 5 Toten (Lerg, S.25). Die Nachricht darüber verbreitete sich schnell in den Kolonien und entfachte einen breiten Widerstandswillen. Von der Regierung wurden daraufhin weitere Steuergesetze zurückgenommen, jedoch die Teesteuer blieb bestehen. Als Teeschiffe den Hafen von Boston erreichten, wurde von der Stadtversammlung den Schiffen verboten, die Teefracht zu entladen, der englische Gouverneur befahl ihnen jedoch, sie zu löschen. Schließlich kletterten als Indianer verkleidete Mitglieder der „Sons of Liberty" auf die Schiffe und warfen die Teeballen in das Hafenbecken, was später als „Boston Tea Party" bekannt wurde (Lerg, S.29).

Das englische Parlament reagierte mit einer Reihe von verschärften Gesetzen, die zum Teil die amerikanische Selbstverwaltung aufhoben und auch die Verpflichtung vorsahen, englische Soldaten in Privatquartiere aufnehmen zu müssen. In den 13 Kolonien wurde jetzt der Ruf nach einer gemeinsamen Versammlung, dem Kontinentalkongress laut, um das weitere Vorgehen in den Kolonien abzustimmen. 1774 trat der erste Kontinentalkongress in Philadelphia zusammen. Die radikalen Delegierten unter ihnen, besonders die aus Massachusetts und deren wichtigsten Stadt Boston waren der Ansicht, dass eine friedliche Lösung mit England kaum noch möglich war und riefen dazu auf, die lokalen Milizen in Bereitschaft zu versetzen. Die reichen Plantagenbesitzer aus den südlichen Kolonien, die Tabak, Baumwolle und Indigo anbauten, waren jedoch auf einen gedeihlichen Handel mit dem Mutterland angewiesen und hofften durch Verhandlungen die Konflikte beizulegen.

Schließlich stellten alle Delegierten in einer Erklärung fest, was die Rechte der amerikanischen Kolonisten sind und inwiefern die vor kurzem erlassenen englischen Gesetze dagegen verstießen. Auch wurde der umfassende Boykott englischer Waren beschlossen. Von einer Unabhängigkeit der englischen Kolonien war in diesem Dokument noch keine Rede (Lerg, S. 34 f).

Die beschlossenen Boykottkomitees überwachten die Einhaltung des Boykottbeschlusses und waren später auch als Sicherheitskomitees für die Rekrutierung von Soldaten, Eintreibung von Steuern und die Sicherstellung von Recht und Ordnung zuständig. Auf beiden Seiten eskalierte der Konflikt. Die englische Seite war bereit, die offene Rebellion besonders in den Nordkolonien militärisch niederzuschlagen, verhandelte jedoch, zwar ergebnislos mit den Südländern, um einen Keil zwischen beide Ländergruppen zu treiben.

Schließlich begann der Unabhängigkeitskrieg 1775 mit der Aufhebung eines Waffenlagers der Aufständischen in der Nähe von Boston (Lerg, S.39) und führte über mehrere Etappen mit Siegen und Niederlagen der amerikanischen Kontinentalarmee schließlich unter dem Kommando des späteren ersten Präsidenten der Vereinigten Staaten, George Washington zum Sieg über die Kolonialmacht England bei Yorktown und zum Pariser Frieden von 1783 (Lerg, S.70 ff). Jedoch war der Weg zum Sieg über die damalige stärkste Militärmacht sehr beschwerlich. Es war der unbestrittene Verdienst von George Washington, einem vermögenden Plantagenbesitzer aus Virginia und im englisch-französischen Nordamerikakrieg auf Seiten Englands erfolgreich kämpfenden Offiziers, aus einer mit Milizionären der verschiedenen Kolonien gebildete Kontinentalarmee einen ebenbürtigen Gegner der britischen Armee zu schaffen. Trotz der Niederlagen, schlechten Ausrüstung, mangelnden Disziplin, ungenügenden Finanzmitteln und grassierenden Krankheiten, gelang es Washington, die Soldaten immer wieder zu motivieren, nicht aufzugeben, sondern für die gemeinsame Sache zu kämpfen. Beim Aufbau einer schlagkräftigen Armee wurde Washington durch den preußischen General Steuben unterstützt (Lerg, S.52 ff).

Auf dem Zweiten Kontinentalkongress im ersten Kriegsjahr hatten die Radikalen zwar Zulauf, aber die Mehrheit der Delegierten wollte sich nicht vom Mutterland lösen. Sie fürchteten um die soziale Ordnung besonders im Süden, wo eine Sklavenwirtschaft bestand und auch im Norden, wo eine reiche Kaufmannschaft sich vor den radikalisierten Kleinbürgern und besonders der entstehenden Arbeiterschaft ängstigte. Jedoch rief der Kongress trotz der politischen Differenzen den Verteidigungsstatus aus, veranlasste den Aufbau einer eigenen Armee, stellte Geldmittel zur Verfügung und ernannte George Washington zum Oberkommandierenden der gemeinsamen Kontinentalarmee (Lerg, S.40 f).

Man muss die damals sich schon abzeichnenden starken Differenzen zwischen einem agrarischen Süden mit Sklavenwirtschaft und dem Handelsnorden mit aufkommender Industrie und einer wachsenden Arbeiterschaft und freien schwarzen Bürgern berücksichtigen. Hinzu kam, dass die jeweiligen Staaten besonders die im Süden nur zögerlich Rechte an die sich bildende zentrale Gewalt abtraten.

Aufgrund des Kriegsverlaufs und der Radikalisierung weiterer Delegierter erklärte der 2.Kontinentalkongress die bisherigen 13 englischen Kolonien am 2.7.1776 für unabhängig (Lerg, S.49). Der Erklärung gingen zahlreiche Verhandlungen der maßgebenden die Unabhängigkeit anstrebenden Politikern Adams, Jefferson und Franklin mit den zögernden Delegierten voraus bis am 4.7.1776 (heutiger Nationalfeiertag der USA) alle Anwesenden unterschrieben haben. Die Präambel bezieht sich im Geiste auf die Aufklärung und erklärt, dass alle Menschen gleich geschaffen und von ihrem Schöpfer mit unveräußerlichen Rechten ausgestattet sind, wozu Leben, Freiheit und Wohlfahrt gehören. Vielen Südstaaten-Delegierten ist es nicht in den Sinn gekommen, dass ihre Sklaven auch Menschen sind und zwischen dem hehren Anspruch der Unabhängigkeitserklärung und des täglichen Umgangs mit den Sklaven eine riesige Diskrepanz bestand. Dies galt auch für die Ureinwohner, die Indianer und bis heute im Prinzip für alle Minderheiten in den USA.

Bewertung der amerikanischen Revolution

Man kann die Ereignisse in den englischen Kolonien als Unabhängigkeitskampf oder als Revolution bezeichnen. Für die Unabhängigkeit spricht, dass die Kolonien sich selbst für unabhängig vom Mutterland erklärt haben und die Kolonisten nicht bestrebt waren, die Monarchie im Mutterland abzuschaffen. Für die Revolution und gegen einen Unabhängigkeitskrieg spricht, dass die Revolutionäre fast alle aus dem Mutterland stammten und nicht die Indianer als Ureinwohner für ihre Freiheit und Unabhängigkeit gekämpft haben. Nicht für Großbritannien jedoch für die USA haben die Kolonisten die Monarchie abgeschafft und eine demokratische Staatsform allerdings mit Einschränkungen eingeführt. Geleitet von den Gedanken der Aufklärung, dass alle Menschen gleich geschaffen sind, war dies der Gegenpol zur absolutistischen Auffassung, dass der König von Gott selbst eingesetzt war, um das politikunfähige und unfriedliche Volk mit Hilfe von Adel, Kirche, Beamtenschaft und dem Heer zu regieren.

Dieser Ansatz war wirklich revolutionär, da es eine Umwälzung der Gesellschaftsordnung in den Kolonien bedeutete und betrat als erstes von Nordamerika aus das Weltgeschehen.

Warum gerade die USA? Die Besiedlung Nordamerikas erfolgte durch religiös und politisch Verfolgte und Benachteiligte des Mutterlandes und natürlich auch durch Glücksritter, die auf möglichst schnellem Weg zu Reichtum gelangen wollten. Für diese Gruppen war ein bestimmter Menschenschlag nötig, der wagemutig, körperlich und seelisch stark war und aus dem damaligen engen Gesellschaftskorsett entkommen wollte. Dazu gehörte eine große Portion Pragmatismus, Selbstbewusstsein, Tatkraft und Optimismus, was man auch noch bei den heutigen Nachkommen der Einwanderer als positive Charakterzüge bewundern kann. Auf der Negativseite steht dafür übersteigerter Individualismus (s. Hollywoods Kultfilme wie Highnoon) und die grenzenlose Überheblichkeit (God´s own country), was zur Geringschätzung anderer Gesellschaften und deren Kultur führte. Gerade diese Volkscharaktere und die Vernachlässigung des Sozialen haben es der aufkommenden Arbeiterbewegung schwergemacht, sich als Gewerkschaft oder linke Partei in der amerikanischen Gesellschaft auf Dauer zu verankern.

Jedenfalls hat durch die amerikanische Revolution die Menschheit einen großen Schritt nach vorne getan und die Französische Revolution inspiriert. Dass die amerikanische Gesellschaft heute mit institutionellen Rückständigkeiten, sozialen Diskrepanzen und den zahlreichen Konflikten zwischen Weiß und Schwarz und den anderen Minderheiten zu kämpfen hat, schmälert nicht ihren Verdienst an der Weiterentwicklung der Menschheit. Die amerikanische Gesellschaft hat sich jedoch im Laufe ihrer Geschichte mit Ausnahme von Roosewelts New Deal nicht weiterentwickelt sondern ist sozialökonomisch stehen - und inzwischen zurückgeblieben, was sie als führende Macht des Kapitalismus durch eine imperiale Politik auszugleichen versucht.

2.2. Die große Französische Revolution

Die Französische Revolution, die 1789 begann und bis 1799, also 10 Jahre dauerte, war die tiefgreifendste und bedeutendste Revolution der neueren Geschichte, ja, sie kann als die Mutter aller Revolutionen bezeichnet werden.

Man kann ihre Entwicklung in drei Phasen unterteilen (nach Wikipedia, Französische Revolution):

1.) Januar 1789 mit der Einberufung der Generalstände bis im September 1792 mit der Ausrufung der Republik

2.) Verteidigung der Revolution nach innen und außen einschließlich der Terrorherrschaft bis zum Sturz
Robespierres im Juli 1794

3.) Endphase der Revolution bis zur Machtergreifung
von Napoleon November 1799.

Die Ursachen der Revolution in Frankreich finden einerseits ihre Begründung in den Ideen der Aufklärung,
deren Leitgedanken u.a. von Voltaire, Rousseau, Diderot
entwickelt wurden und sich rasch im Bürgertum und in
Teilen des Adels verbreiteten. Die Aufklärer setzten sich
für eine bessere Welt ein mit gerechteren Gesetzen, für
Menschenwürde, Religions- und Meinungsfreiheit. Sie
bezogen sich auf das Naturrecht, dass der Mensch frei
und gleich geboren sei, was schon Eingang in die amerikanische Unabhängigkeitserklärung fand. Der Staat
sollte nicht mehr absolutistisch regiert werden sondern
im Sinne von Montesquieu durch die Dreiteilung der Gewalten (Legislative, Exekutive, Judikative), die die
Machtverhältnisse ausbalanciert und die Machtanhäufung bei einer Person oder einem Gremium verhindert.
Der Einzelne und die Gesellschaft werden durch die
Dreiteilung der Gewalten vor der Allmacht des Staates
geschützt. Die Ausbalancierung der staatlichen Macht
wurde zur Grundlage jeder demokratischen Staatsform
(Spiegel-Geschichte: die Französischen Revolution,
S.40 f).

Andererseits war in der vorrevolutionären Zeit der
dritte Stand mit 98 % (1,5% Adel, 0,5% Klerus) der Be-

völkerung von jeglicher politischen Teilnahme ausgeschlossen, ein krasses Missverhältnis (Spiegel, S.27 f). Dem dritten Stand und besonders dem aufstrebenden Bürgertum (ca.3%) war es außerdem nicht vergönnt, die höheren staatlichen Stellen in der Verwaltung und im Militär zu besetzen. Dies blieb dem Adel vorbehalten.

Die soziale Lage der Unterschichten war katastrophal. In den Städten hatten die Kleingewerbetreibende, Dienstleistende und Arbeiter (ca.13%) mit der Verteuerung der Lebensmittel zu kämpfen. Es war ein täglicher Kampf um das Überleben, das durch die Hortung von Lebensmitteln durch Spekulanten zusätzlich erschwert wurde (Spiegel, S.36).

Auf dem Land hatten die Bauern (ca. 82% der Bevölkerung) durch ihre hohen Abgaben, kleinen Gütern sowie die Pachtzinsen zu Lasten der landlosen Bauern unter dem Joch des Adels und des Klerus besonders zu leiden. Meist ungebildet und abgeschnitten von der Welt, verhaftet in einer tiefen Frömmigkeit, konnte von ihnen kein Impuls zur Revolution erwartet werden. Als jedoch Nachrichten über die Ereignisse in Versailles und Paris bis in die Dörfer drangen, stürmte die Landbevölkerung die Schlösser ihrer Herren, plünderten sie und verbrannten die verbrieften Rechte ihrer Peiniger (Spiegel S.37 f).

Der eigentliche Anlass zur Revolution war jedoch die hohe Staatsverschuldung, dessen Schuldendienst den höchsten Anteil der Steuereinnahmen verschlang. Neben den Militärausgaben, der öffentlichen Verwaltung hatte auch die verschwenderische Hofhaltung ihren Anteil an der Zerrüttung der staatlichen Finanzen (Spiegel S.35). Finanzminister Necker schlug König Louis XVI vor, nachdem der Adel sich nicht bereit erklärte, auf seine Steuerfreiheit zu verzichten, entweder die Schulden nicht anzuerkennen oder die Generalstände, die für die Festsetzung von Steuern zuständig waren, zum ersten Mal nach 150 Jahren wieder einzuberufen, was der König notgedrungen akzeptierte.

Die Generalstände waren in 3 Kategorien eingeteilt: je 300 Abgeordnete für Klerus und Adel und nach dem Zugeständnis des Königs 600 Abgeordnete für den Dritten Stand. Laut der Geschäftsordnung der Generalstände hatte jeder Stand getrennt für sich zu beraten und abzustimmen. So ergab sich stets eine Mehrheit von Klerus und Adel gegenüber dem dritten Stand.

Die Wahl der Abgeordneten für den Dritten Stand hatte trotz ihres auf Besitz beschränkten Wählbarkeit ein demokratisches Element. Außerdem wurden den Abgeordneten Listen von Beschwerden an den König von den Wählern mitgegeben. Durch die Einberufung der Generalstände erfolgte eine Politisierung der Bevölkerung, die von der Regierung nicht mehr eingefangen und auch nicht mehr unterdrückt werden konnte.

Den Abgeordneten des Dritten Standes war bewusst, dass sie gegen Adel und Klerus nur eine Chance hatten, wenn die Stände nicht getrennt, sondern gemeinsam abstimmen konnten. Da die beiden ersten Stände Steuerfreiheit genossen und darauf nicht verzichten wollten, kam eine voraussichtliche Steuererhöhung oder die Einführung neuer Steuern nur für den dritten Stand in Betracht. Sie versuchten daher die Abgeordneten des niederen Klerus auf ihre Seite zu ziehen. Als noch einige Adlige sich dem Dritten Stand anschlossen, sperrte der König ihnen den Sitzungsraum, worauf sie sich im nahegelegenen Ballsaal zur Nationalversammlung erklärten.

Dass sich alle drei Stände nach weiteren Übertritten aus Klerus und Adel zur Nationalversammlung zusammenschlossen, wurde vom König widerwillig akzeptiert. Andrerseits zog er ihm treu ergebene Truppen, in denen vorwiegend ausländische Söldner dienten, um Paris und Versailles zusammen. Inzwischen verbreitete sich die Nachricht, dass der allseits geachtete und auf Ausgleich bedachte Finanzminister Necker vom König entlassen worden war, schnell in der schon aufgewühlten Stadt Paris. Es wurde mit der Unterdrückung der nach Freiheit strebenden Pariser Bevölkerung durch königsloyale Truppen gerechnet. Um sich gegen die Besetzung durch die royalen Truppen zu verteidigen, wurde die Bevölkerung von politisch aktiven Bürgern aufgerufen, zu den Waffen zu greifen.

Die Waffenmagazine im Rathaus wurden geplündert und das benötigte Schießpulver wollte man sich aus der Bastille holen. Nach einigen vergeblichen Verhandlungen zwischen Besatzung und Abgesandten der Bevölkerung, Kanonen- und Gewehrfeuer auf das belagernde Volk mit Toten und Verwundeten wurde die Bastille schließlich unter Mithilfe der inzwischen gebildeten Nationalgarde am 14.7.1789, dem heutigen Nationalfeiertag, gestürmt. Im ganzen Land wurde die Erstürmung der Bastille zum Fanal, auch in den anderen Orten und Städten Frankreichs die steinernen Symbole der Adelsherrschaft zu beseitigen. (Wikipedia, Französische Revolution).

Unter dem Eindruck der vollendeten Tatsachen erklärten die Abgeordneten des Adels und des Klerus Anfang August in der Nationalversammlung, auf alle feudalen Vorrechte zu verzichten und die Feudalordnung insgesamt für abgeschafft. Im selben Monat, am 26.August erfolgte die Erklärung der Menschen- und Bürgerrechte durch die Nationalversammlung (Wikipedia, Franz. Revolution).

Die weiterbestehende soziale Notlage der städtischen Unterschichten durch die Verknappung und Verteuerung der Lebensmittel und hier besonders des Brotes veranlasste Anfang Oktober vor allem die Frauen von Paris, in einem Protestzug nach Versailles zu ziehen. Sie zwangen den König, genügend Mehl zur Verfügung zu stellen und mit seiner Familie nach Paris umzuziehen, der sich die Nationalversammlung anschloss. Bei der kurzfristigen Erstürmung des Schlosses entging die Königin nur knapp der Wut der aufgebrachten Menge. Man konnte nun begreifen, zu welchen Taten eine nach lang aufgestautem Hass entfesselte Menschenmenge fähig war (Spiegel, S.33).

Im Laufe des Jahres 1789 und zu Beginn des Jahres 1790 wurden weitere Maßnahmen von der Nationalversammlung beschlossen: Verstaatlichung der Kirchengüter, Aufhebung der Klöster, Abschaffung der Feudalgerichte, Zünfte und Kooperationen. Um die Staatsfinanzen auszugleichen, wurden gegen Ende des Jahres die Assignaten, die im April des folgenden Jahres einen Geldwert erhielten, eingeführt. Als Deckung dienten die zu Lasten der Kirche eingezogenen Landgüter. Weiterhin wurde die Errichtung von 83 Departements anstatt der Provinzen beschlossen (Wikipedia, Französische Revolution).

Der König verfolgte eine zweideutige Strategie. Einerseits zeigte er sich gegenüber der Nationalversammlung zwar in einigen Angelegenheiten widerstrebend, jedoch aufgrund der Verhältnisse kooperativ, zum Teil sogar unterwürfig, andererseits pflegte er eine geheime Korrespondenz mit den europäischen Höfen und hoffte, dass die europäischen Regenten ihm militärisch zur Hilfe eilen, das durch die Umbrüche geschwächte Frankreich besiegen und schließlich seine Herrschaft wiederherstellen würden.

Die an die europäischen Höfe geflohenen französischen Adligen bildeten eine einflussreiche Lobby für ihren König. Das Misstrauen gegenüber dem Monarchen wurde noch durch seinen missglückten Fluchtversuch verstärkt. Zurück in Paris musste er notgedrungen die von der Nationalversammlung ausgearbeitete Verfassung für eine konstitutionelle Monarchie im September 1791 annehmen und den Eid darauf ablegen (Spiegel, S.56). So sehr die neue Verfassung mit der Nationalversammlung als gesetzgebende Gewalt und dem nur aufschiebenden Vetorecht des Königs als gewaltiger Fortschritt zu begrüßen ist, so war das im Dezember 1789 erlassene Zensuswahlrecht ein zutiefst undemokratisches Mittel, um die unvermögenden Klassen von der politischen Macht fernzuhalten. Robespierre, ein Anwalt aus der Provinz und Abgeordneter der Nationalversammlung, forderte das allgemeine Wahlrecht, was ihn außerordentlich populär machte. Im August 1792 wurde schließlich das Zensuswahlrecht aufgehoben und im September fanden die Wahlen zum neugebildeten Nationalkonvent nach allgemeinem Männerwahlrecht statt. Für Unruhe sorgte die im Juli 1790 erlassene Zivilverfassung für den Klerus, worin die Geistlichen zu Staatsbeamten erklärt wurden. Sie sollten den Eid auf die noch nicht verabschiedete Verfassung leisten, was zu großen Widerständen in der Kirche führte (Spiegel, S.70).

Öl ins Feuer gegossen und unbeabsichtigt zum Nachteil des Königs erwies sich das Manifest des Herzogs von Braunschweig, dem Oberkommandierenden der preussisch-österreichischen Truppen, die nach der Kriegserklärung Frankreichs an Österreich in Frankreich eingefallen waren und der Revolutionsarmee zunächst schwere Niederlagen zufügten. Der Herzog drohte in dem Manifest, dass er Paris dem Erdboden gleichmachen werde, wenn dem König eine weitere Demütigung geschehe. Dies war der berühmte Tropfen, der das Fass zum Überlaufen brachte. Bedingt auch durch die Anfang des Jahres erfolgten Versorgungsschwierigkeiten sowie die Gefährdung der Revolution durch die ausländische Konterrevolution fanden im Juni Massendemonstrationen gegen den König statt, schließlich die blutige Erstürmung des königlichen Amtssitzes, der Tuilerien durch das Volk, die Arretierung der königlichen Familie, die Septembermorde an inhaftierte Adlige in den Gefängnissen sowie die Ausrufung der Republik ebenfalls im September 1792. Es wurde der republikanische Kalender mit einer neuen Zeitrechnung eingeführt, der 1805 wieder abgeschafft wurde (Spiegel, S.101f., Wikipedia).

Im Dezember wurde der Prozess gegen den König eröffnet, der mit dem Todesurteil endete. Im Januar 1793 wurde er durch die Guillotine enthauptet.

Mit den sich überstürzenden Ereignissen Ende des Jahres 1792 trat die Revolution in die 2. Phase ein. Sie war durch Krieg und Terror gekennzeichnet. Gegen die äußeren Feinde Niederlande, England und Spanien wurde letztendlich durch die allgemeine Wehrpflicht (levée en masse) im August 1793 erfolgreich Krieg geführt, die inneren Feinde der Revolution wie die Aufstände in der Vendée, Lyon und weiteren Orten im Laufe desselben Jahres blutig niedergeschlagen (Spiegel, S.113 f).

In dem im September 1792 anstatt der Nationalversammlung neu gewählten Nationalkonvent entwickelte sich eine starke Konkurrenz zwischen den gemäßigten Girondisten und der sogenannten Bergpartei, die die höheren Sitzplätze des Konvents einnahm und von den Jakobinern beherrscht wurde. Die Jakobiner waren radikale Revolutionäre, die sich seit Dezember 1789 in einem früheren Kloster in Paris trafen, um über die politische Lage zu debattieren.

Um die inneren Feinde zu bekämpfen, wurden im März 1793 Revolutionstribunale errichtet, deren Urteile nicht mehr angefochten werden konnten. Zur Führung der Regierungsgeschäfte wurden vom Nationalkonvent Ausschüsse, deren wichtigster der Wohlfahrtsausschuss war, gebildet. Danton, ein Advokat aus Paris, wurde zum ersten Vorsitzenden des Wohlfahrtausschusses bestimmt.

Zur Behebung der Versorgungskrise wurden Lebensmittelpreise staatlich festgesetzt. Nach Entmachtung der Girondisten wurde die von St. Just, einem Anhänger Robespierres, neu erarbeitete Verfassung vom Nationalkonvent verabschiedet und im August durch eine Volksabstimmung mit großer Mehrheit angenommen.

Die Entmachtung der Girondisten veranlasste eine Anhängerin, den führenden radikalen Revolutionär Marat, einem Arzt und Herausgeber der Zeitung „Ami du Peuple" im Juli zu ermorden. Marat wurde von den Revolutionären als Märtyrer verehrt, es entstand um ihn ein wahrer Gedenkkult.

Im Juli übernahm der Jakobiner Robespierre die Leitung des Wohlfahrtausschusses. Robespierre, zu Beginn der Revolution ein Gegner der Todesstrafe und der Unbestechliche genannt, trat für eine weitere Verschärfung durch die Legalisierung von Verhaftungen beliebiger Verdächtiger und ihre Aburteilung zum Tode ein. Auch wirtschaftliche Vergehen wie das der Schieber und Schwarzhändler wurden jetzt mit dem Tode bestraft.

Zur Bekämpfung der inneren Feinde bekannte sich der Nationalkonvent und der Wohlfahrtsausschuss ganz offen zum Mittel des Terrors. Schließlich erhielt im Oktober der Wohlfahrtsausschuss unbeschränkte Vollmachten vom Nationalkonvent zuerkannt. Im selben Monat wurden die vom Nationalkonvent abgesetzten Girondisten zum Tode verurteilt und durch die Guillotine geköpft. Jedoch übte der Wohlfahrtsausschuss nicht nur eine Schreckensherrschaft aus, sondern im Interesse der ärmeren Bevölkerung setzte er im September Höchstpreise für Güter des täglichen Bedarfs fest und führte im Dezember die allgemeine und kostenlose Schulpflicht ein.

Zu Beginn des Jahres 1794 wurde der Terror durch die Verurteilung der besonders radikalen und antireligiösen Hébertisten, den Vertretern der örtlichen Pariser Sektionen und unterstützt durch die proletarischen Sansculottes, fortgesetzt. Hébert hatte sich den Zorn des Wohlfahrtsausschusses zugezogen, weil er ihn wegen dessen Mäßigung in Religionsfragen und Nichtbehebung sozialer Missstände im Nationalkonvent scharf kritisiert hatte. Einem Aufstand der Hébertisten mit der tatkräftigen Unterstützung durch die Sansculottes wollte man somit zuvorkommen.

Ein Monat später im April 1794 wurden Danton und seine Anhänger, ebenfalls wie die Hébertisten aus dem Club der Cordelliers stammend, verhaftet, zum Tode verurteilt und hingerichtet. Im Gegensatz zu Hébert war Danton um Mäßigung bemüht. Seine Absicht war, durch den öffentlichen Prozess gegen ihn und seine Anhänger die Pariser Bevölkerung wachzurütteln, damit sie sich gegen die Fortführung der jakobinischen Terrorherrschaft wendet. Trotz seines hohen Ansehens ist ihm dies nicht gelungen (Spiegel, S.103 f).

Danton und Robespierre, die beiden führenden Köpfe der französischen Revolution, waren auch ihre Antipoden. Obwohl sie bis 1794 in den anfänglichen Revolutionsjahren zusammenarbeiteten, brachen die unterschiedlichen Charaktere und Auffassungen über den weiteren Verlauf der Revolution sich Bahn. Robespierre, als gelehriger Schüler von Rousseau hatte hohe Ansprüche an die Menschen und die Gesellschaft. Nach Rousseau „erzeugen alle Mitglieder einer Gesellschaft einen Gemeinwillen, den volonté generale, der sich am Gemeinwohl orientiert. Er gilt als absolut, auch wenn Einzelne ihn ablehnen. Er ist nicht einfach der Wille der Mehrheit, sondern derjenigen, die tugendhaft und im Besitz der Wahrheit sind. Jeder, der den Gemeinwillen angreift, stellt sich außerhalb der Gesellschaft." (Wikipedia, Robespierre). Diese Begründung der Tugend lieferte die ideologische Grundlage, um gegen die tatsächlichen oder vermeintlichen Feinde der Revolution mit Terror vorzugehen, damit die tugendhaften Mitglieder der Gesellschaft geschützt werden konnten.

Danton, der die Revolutionstribunale gegen die Revolutionsfeinde einführte und unterstützte, versagte sich jedoch dem Anspruch Robespierres auf die Tugend. Er kannte das Volk und seine untugendhafte Lebensweise, der er selbst nachging. Nach der Eliminierung der aristokratischen, bürgerlichen und bäuerlichen Konterrevolutionäre im Inland sah er keinen Grund, den Terror fortzusetzen. Eine tugendhafte Gesellschaft im Sinne von Rousseau und Robespierre wollte er nicht durch Terror errichten und trat daher für dessen Beendigung ein.

Mit der Vernichtung sogenannter „Links- und Rechtsabweichler" und der Hinrichtung weiterer 2500 Angeklagten erreichte der Terror im ersten Halbjahr 1794 seinen Höhepunkt. Robespierre auf der Höhe seiner Macht angelangt, leitete im Juni die Feiern für eine Ersatzreligion, dem Höchsten Wesen, wobei er sich als deren Verkünder darstellte. Schon seine damalige Präsentation forderte den Unmut der Pariser Bevölkerung heraus.

Im selben Monat wurde das Prairal-Dekret vom Wohlfahrtsausschuss verfasst, nach dem jeder ohne Rechtsbeistand vor dem Revolutionsgericht angeklagt werden konnte und ebenfalls jedes Mitglied des Nationalkonvents ohne dessen Mehrheitsbeschluss. 2.500 Gegner Robespierres wurden daraufhin hingerichtet. Als er im Juli im Nationalkonvent in einer längeren Rede eine Liste mit der weiteren Verhaftung von missliebigen Personen ankündigte, befürchteten viele Mitglieder des Nationalkonvents, dass ihre Namen auf der Liste stehen und sie mit der Todesstrafe rechnen mussten.

Am folgenden Tag kam es im Nationalkonvent während der Debatte über den Wohlfahrtsausschuss zu einer Revolte gegen ihn. Einer Verhaftung konnte er sich entziehen und sich mit seinen Getreuen in das Rathaus retten, das jedoch von der Nationalgarde gestürmt wurde, wobei er durch einen Kieferschuss verletzt wurde. Er und seine engsten Anhänger wurden verurteilt und ebenfalls auf das Schafott geführt. Mit seinem Tod am 28.Juli 1794 endete die jakobinische Schreckensherrschaft (Spiegel, S. 107).

Die dritte Phase war zunächst gekennzeichnet durch die Beendigung der jakobinischen Terrorherrschaft, eine wechselnde Rechts- Linksentwicklung und schließlich den Aufstieg Napoleons bis zu dessen Machtübernahme.

Nach dem Tod von Robespierre kehrten die überlebenden Deputierten der Girondisten in den Nationalkonvent zurück. Damit keine persönliche Machtkonzentration entsteht, wurde für den Wohlfahrts- und Sicherheitsausschuss eine regelmäßige Rotation eingeführt. Allerdings wendete sich nun das Blatt gegen die Jakobiner und ihre Tagungsstätte wurde geschlossen. Es entstand eine Hetzjagd gegen sie durch Banden bürgerlicher Jugendlicher. Weitere führende Jakobiner wurden hingerichtet oder nach Frz. Guyana verbannt.

Nachdem Ende 1794 die staatlich festgesetzten Preise aufgehoben wurden, verteuerten sich die Lebensmittel, was zu einer großen Unzufriedenheit führte und der Wunsch nach Rückkehr der Jakobiner laut wurde. Anfang 1795 kam es zum Aufstand der Pariser Sansculottes, der unblutig beendet wurde. Im Mai wurde die nochmalige Sansculottenrevolte jedoch blutig niedergeschlagen.

Im August wurde die neue Direktionalverfassung verabschiedet. In dieser Verfassung wurde dem Eigentumsrecht gegenüber den sozialen Ansprüchen der unteren Bevölkerungsschichten der Vorrang eingeräumt. Zwar hatten alle Männer das gleiche Wahlrecht, jedoch in ei-

nem zweiten Verfahren konnten nur begüterte Wahl-
männer gewählt werden. Die Volksvertretung wurde in
2 Kammern unterteilt, wobei die 500 jüngeren Abgeordneten das Unterhaus mit dem Recht zur Gesetzesinitia-
tive bildeten, während die 250 Ältesten im Oberhaus für
die Annahme oder Ablehnung der vorgeschlagenen Gesetze zuständig waren. Als Staatsspitze und Chef der
Exekutive fungierte ein fünfköpfiges Direktorium. Die
Direktoren wurden ebenfalls auf Vorschlag des Rates
der 500 vom Rat der Älteren gewählt. Jedes Jahr musste
einer von ihnen nach Losentscheid durch einen neuen
Kandidaten ersetzt werden (Spiegel, S.135f).

Auf der materiellen Seite entstanden durch Missern-
ten in den Jahren 94 und 95 Engpässe in der Lebensmittelversorgung. Durch die Preisfreigabe und der erhöhten
Ausgabe von Assignaten entstand eine galoppierende
Inflation, in deren Folge die Lebensmittel für breite Bevölkerungskreise unerschwinglich wurden. Auf der anderen Seite entstand eine neue reiche Bürgerschicht, die
durch Spekulation von der Lebensmittelknappheit pro-
fitierte.

Diese soziale Diskrepanz führte zur Gründung einer
sozialrevolutionären Bewegung, „der Verschwörung der
Gleichen", deren wichtigster Vertreter Babeuf war. Die
„Gleichen" lehnten das Privateigentum an Produktionsmittel, Grund und Boden ab und setzten sich für Vergesellschaftung und Gemeineigentum ein. In ihrem Manifest hieß es, dass die Französische Revolution nur die
Vorbotin ist einer anderen, sehr viel größeren, sehr viel
feierlicheren Revolution, die die letzte sein wird. Durch
die Unterdrückung der Volksbewegung seitens der Regierung setzten sie auf das geheime Wirken sich in der
Illegalität befindenden Berufsrevolutionäre. Im Mai 96

wurden Babeuf und seine Mitverschworenen durch Polizeispitzel verraten und anschließend verhaftet, er selbst und sein Mitkämpfer Darthé wurden hingerichtet. Ein weiterer Mitstreiter, Buonarotti, der ein Buch über die Bewegung schrieb, wurde interniert (Spiegel, S.136).

Im September 1797 übernimmt nach einem royalistischen Wahlsieg, bedingt durch die Rückkehr vieler aristokratischer Emigranten, eine republikanische Mehrheit die Macht im Direktorium. Dieser Staatsstreich erfolgte bereits unter dem Einfluss von Napoleon, der damals noch ganz auf der Seite des revolutionären Frankreichs stand und die Republik gegen die Rechtsentwicklung schützen wollte. Nun folgte wiederum eine Repressionswelle gegen royalistische Kräfte. Die rechtsorientierte Presse wurde unterdrückt und der Terror gegen eidverweigernde Priester setzte wieder voll ein. Diese politische Entwicklung führte zu einer Neubelebung des Jakobinismus.

Es folgte im Mai 98 wiederum ein rechtsgerichteter Staatsstreich, wobei 100 Mandate der jakobinischen Abgeordneten von der alten Kammermehrheit für ungültig erklärt wurden. Die Kammerwahlen von 1799 ergaben erneut eine jakobinische Mehrheit, wobei sich das Kräfteverhältnis im Direktorium wiederum nach links verschob (Spiegel, S.139 f).

Während all dieser innenpolitischen Wirren eilte Napoleon mit seiner Italienarmee von Sieg zu Sieg und ordnete dort die politischen Verhältnisse zu Gunsten Frankreichs. Nach dem ägyptischen Abenteuer kehrte Napoleon nach Paris zurück, ließ den Rat der 500 durch seine Soldaten festsetzen und anschließend am 10.November 1799 sich zum Konsul wählen. Dieses Datum kann als das Ende des Französischen Revolutionsjahrzehnts bezeichnet werden.

Bewertung der französischen Revolution

Die Französische Revolution hat in ihren beiden ersten Phasen eine nicht vorhersehbare, bis dahin nicht gekannte Dynamik entwickelt. Zur Zeit der Generalstände, obwohl von den beiden ersten Ständen und dem König zunächst diskriminiert, wurde der 3.Stand aufgrund seiner Geschlossenheit, geführt durch kluge und mutige Köpfe und durch den Überwechsel von Delegierten der beiden anderen Stände zum wahren Vertreter des ganzen Volkes. Dem König blieb nichts anderes übrig als dessen neue Rolle anzuerkennen.

Obwohl ursprünglich zusammengekommen, um über die Staatsfinanzen zu debattieren, wurde die neu gegründete Nationalversammlung zum Geburtshelfer der entstehenden republikanischen Ordnung. Mit der Erklärung der Menschenrechte, Abschaffung der Vorrechte des Adels und des Klerus sowie ganz allgemein der Feudalordnung und dies alles in einer atemberaubenden Geschwindigkeit waren diese in der damaligen Zeit wahre historische Tage. Natürlich erfolgte das „Abschneiden der alten feudalen Zöpfe" unter dem Eindruck der Erstürmung der Bastille sowie der revolutionären Ereignisse im übrigen Frankreich.

Der Adel in seinem Standesdünkel war nicht imstande zu begreifen, was vor sich ging. Sein Verzicht auf die Privilegien war taktischer Natur und den realen Machtverhältnissen geschuldet. Sie hofften auf andere Zeiten, in denen sie die revolutionären Errungenschaften wieder rückgängig machen konnten.

Der König war schwach, er konnte sich nicht für eine Seite entscheiden. Gefangen in seiner überkommenen royalistischen Rolle wollte er einerseits kein Blut vergießen, was ihm anzurechnen ist, andererseits konnte er nicht vorangehen und sich für eine konstitutionelle Monarchie einsetzen. Er verfolgte die Strategie, durch das schrittweise Nachgeben und die Besänftigung der revolutionären Entwicklung Zeit zu gewinnen, um mit Hilfe des Auslands oder durch das Sammeln der inländischen Royalisten die Entwicklung zu seinen Gunsten umzukehren. Schließlich konnte er nur noch tatenlos zusehen, wie das monarchistische Kartenhaus zusammenbrach. Im nach hinein ist man immer klüger, aber ein Louis XIV hätte um seinen Thron gekämpft, was andrerseits noch zu mehr Blutvergießen geführt hätte.

In Versailles gingen die Abgeordneten vor allem des Dritten Standes zwar in der Sache kämpferisch, im Ton jedoch angemessen, wie „Gentlemen" miteinander um. Der Zug des Volkes von Paris nach Versailles und die Erstürmung des Schlosses brach jedoch wie eine Urgewalt in die Stätte des gepflegten Disputes ein. Es war, als wenn ein Vulkan ausgebrochen wäre. Hier musste der König schon geahnt haben, dass sein Umzug nach Paris kein gutes Ende nehmen würde. Es gab daher gute Gründe zu fliehen. Die misslungene Flucht und dass das Manifest des Herzogs von Braunschweig die reellen Gegebenheiten total verkannt hat, besiegelte das Schicksal des königlichen Ehepaares.

Aufstände im Innern, äußere Feinde im Land, die im Begriff waren, auf die Hauptstadt zu marschieren, diese Gefahr konnte nur durch den Appell an die Volksgemeinschaft, dass das Vaterland in höchster Gefahr ist, abgewendet werden. Der allgemeine Wehrdienst und die

Begeisterung der Soldaten, für das Vaterland, die Revolution und ihre Errungenschaften zu kämpfen, setzte eine nationale Kraft in Gang, dem die äußeren und inneren Feinde nichts entgegen zu setzen hatten. Obwohl die Septembermorde ein großes Verbrechen waren, konnte man sie nur mit dem Erregungszustand der Pariser Bevölkerung über die drohenden Gefahren erklären.

Nach den Niederlagen der äußeren und inneren Feinde war es vor allem Robespierre, der ideologisch bedingt durch Terror eine neue Gesellschaft in seinem Sinne errichten wollte. Wie konnte jedoch eine Gesellschaft, die ökonomisch gesehen gespalten war zwischen der sich rasant entwickelnden Bourgeoisie und eines sich bewusstwerdenden Proletariats einen allgemeinen Willen zur Tugendhaftigkeit entwickeln? Trotz seiner diktatorischen Vollmachten wurde er durch die Mehrheit des Nationalkonvents gestürzt und ging den Weg auf das Schafott wie fast alle politisch handelnden Personen der Revolutionszeit. Obwohl als ein glänzender und scharfsinniger Redner bekannt, konnten seinen überhöhten Ansprüchen zum Schluss nur noch wenige Anhänger folgen. Die bekannte Aussage „Die Revolution frisst ihre Kinder" wurde zur damaligen Zeit geprägt und traf den Kern der Sache.

Die dritte Phase begann zunächst mit einer Rechtsentwicklung u.a. durch die Rückkehr der Girondisten, Schließung des Jakobinerclubs, bis sich wieder das politische Blatt nach links entwickelte. Bis zur Machtergreifung von Napoleon wechselte die politische Richtung ständig zwischen links und rechts, ohne dass sich eine Richtung endgültig durchsetzte. Jedoch bestand nicht die Gefahr, dass die Republik beseitigt und die Monarchie restauriert wurde.

Wenn man die Zahl der Opfer während der Terrorherrschaft mit ca. 50.000 Toten mit denen der Napole-
onischen Kriegen mit 3,5 Millionen getöteten Menschen
vergleicht, so ist deren Blutzoll weit geringer (Deppe
1917/2017, S.47).

Erwähnenswert für diese Zeit war die Entstehung einer ersten proletarischen Organisation, die Verschwörung der Gleichen, die sich jedoch nicht in der Bevölkerung verankern konnte. Ihre politischen Aktionen wurden unterdrückt, ihr Anführer Babeuf wurde hingerichtet.

Als Gesamtresümee kann man für die Französische
Revolution festhalten, dass sie trotz des jakobinischen
Terrors als ein bedeutender Meilenstein in der Ge-
schichte der Menschheit bezeichnet werden kann.

2.3. Die sozialistische russische Revolution

Die russische Revolution von 1917 besteht aus 2 Revolutionen: die bürgerlich-proletarische Revolution
vom Februar (März greg. Kal.) und die bolschewistisch-
proletarische Revolution vom 25.Oktober (7.November
greg. Kal.) desselben Jahres. Jedoch schon in der miss-
lungenen Revolution von 1905 wurden Ansätze für die
Ereignisse des Jahres 1917 erkennbar.

Zum besseren Verständnis der beiden russischen Revolutionen gehe ich zunächst auf die Entwicklung im zaristischen Russland und anschließend auf die Ereignisse
des Jahres 1905 ein.

Russland war Anfang des 20.Jahrhunderts ein agrar-
feudales Großreich mit einem Anteil von 97 Millionen
Bauern (77 %) bei einer Gesamtbevölkerung von 125

Millionen Menschen. Der Anteil der städtischen Arbeiterschaft nahm vom Ende des 19.Jahrhunderts bis zum Beginn des 1.Weltkriegs stark zu. Vor dem ersten Weltkrieg wurde der Anteil der besitzlosen Arbeitermassen in Stadt und Land auf 64 % der Landesbevölkerung geschätzt. Die Bevölkerung des Industrieproletariats in den Städten war auf 3,6 Millionen Menschen angewachsen (Geschichte der UdSSR (GdU) II, S.14).

Nach dem verlorenen Krimkrieg von 1853-1856 wurden von der zaristischen Regierung Reformen wie die Aufhebung der Leibeigenschaft durchgeführt, der Aufbau einer Schwerindustrie gefördert, um in der Rüstung mit den anderen europäischen Mächten mithalten zu können und durch die Forcierung des Eisenbahnbaus die riesigen Gebiete Russlands zu erschließen. In der Zeit von 1893-1899 verdoppelte sich die Produktion der Großindustrie und in den wichtigsten Industriezweigen verdreifachte sie sich (GdU I, S. 302). Russland lag im Umfang der Industrieproduktion verglichen mit den anderen großen europäischen Industrienationen noch weit zurück, in ihrem Industrialisierungstempo war es jedoch europäische Spitze.

Aber auch in den geistigen und politisch-ideologischen Bereichen tat sich einiges. Wissenschaftler wie der Arzt und Physiologe Pawlow, Literaten wie Tschechow, Block, Gorki und schließlich Musiker wie Tschaikowski, Rimski-Korsakoff wurden auch im westlichen Europa sehr bekannt.

Obwohl die breite Allgemeinbildung besonders der Landbevölkerung noch in den Kinderschuhen steckte (¾ der Bauernkinder besuchten keine Schule), wurden für die industrielle Entwicklung und die Verwaltung des Riesenreiches Fachkräfte benötigt. So stieg die Zahl der

Studenten von 1900 bis 1913 auf das doppelte und betrug vor dem 1.Weltkrieg 36.000 Studierende (GdU I, S. 344).

Die sich entwickelnde Intelligenzschicht wurde stark von den fortschrittlichen Ideen westlicher Denker und Politiker beeinflusst. Dies reichte von der konstitutionellen Monarchie über die Dreiteilung der Gewalten bis hin zu den sozialistischen Ansätzen von Marx und Engels. Es bildeten sich Parteien wie die Kadetten (Anhänger der konstitutionellen Monarchie) sowie liberale Parteien. Maßgeblich für den weiteren Verlauf der russischen Geschichte war die Gründung der marxistisch beeinflussten Sozialdemokratischen Arbeiterpartei Russlands (SDAPR) 1898 in Minsk. Hervorgegangen aus verschiedenen Kampfbünden der Arbeiterbewegung, die immer wieder von der Polizei aufgelöst und deren Mitglieder verhaftet wurden, schlossen sich in Minsk Vertreter mehrerer Arbeiterorganisationen zur SDAPR zusammen. Hervorragende Repräsentanten der neuen Arbeiterpartei waren Plechanow, Martow und Lenin. Die SDAPR gewann durch verschiedene Publikationen wie Iskra (der Funke) Einfluss auf links orientierte Intellektuelle und die Arbeiterbewegung in Russland.

Die zaristische Geheimpolizei Ochrana setzte alles daran, die neu entstandene Partei zu unterdrücken und so mussten viele Kader, wollten sie der Verbannung nach Sibirien entgehen, in das westliche Ausland emigrieren. Der bekannteste Vertreter von ihnen war Lenin, von Beruf Jurist. Auf dem Londoner Exil-Parteitag der SDAPR 1903 kam es über die Frage der Mitgliedschaft zur Teilung in Bolschewiki (Mehrheitler) und Menschewiki (Minderheitler). Die von Lenin angeführten Bolschewiki gingen davon aus, dass jedes Parteimitglied eine aktive und engagierte Rolle für die Ziele der Partei übernehmen muss (letztendlich eine Partei der Berufsrevolutionäre) während die Menschewiki davon ausgingen, dass eine passivere Rolle wie die finanzielle Unterstützung der Partei für eine Mitgliedschaft auch ausreichte (Wikipedia, Lenin).

Es bestand noch eine weitere gegen den Zarismus sich richtende Strömung, die der Sozialrevolutionäre. Während die SDAPR in ihren Zielen und politischen Praxis sich vor allem an die Arbeiter wandte, verstanden sich die Sozialrevolutionäre als Vertreter der proletarischen Bauernschaft. Sie traten für die Sozialisierung des Landes ein, d.h. die Enteignung des Großgrundbesitzes zugunsten der Kleinbauern, für eine parlamentarische Demokratie mit starken Rechten für die Arbeiterschaft, lehnten jedoch die führende Rolle der Arbeiterschaft sowie die Diktatur des Proletariats im marxistisch-leninistischem Sinne ab. Wichtige Kampfformen in der Zarenzeit waren der individuelle Terror, dem zahlreiche zaristischen Beamte zum Opfer fielen. Mitglieder einer Vorgängerorganisation der Sozialrevolutionäre, die Narodnaja Wolja (Volkswille, auch Volkstümler genannt) verübten auf den Großvater des letzten Zaren, Alexander II 1881 ein Attentat und verletzten ihn tödlich. Der Bruder von Lenin, Alexander Uljanow wurde als Anhänger der Narodnaja Wolja zusammen mit weiteren Beteiligten zum Tode verurteilt und gehängt. Der gewaltsame Tod des älteren Bruders hatte maßgeblichen Einfluss auf den weiteren Lebensweg von Lenin.

Wichtige Vertreter der Sozialrevolutionäre waren Tschernow, Asef und schließlich der spätere Ministerpräsident Kerenski. Die linke Abspaltung der Sozialrevolutionäre arbeitete während und nach der Oktoberrevolution zeitweise mit den Bolschewiki zusammen und besetzte im Dezember 1917 im Rat der Volkskommissare die Kommissariate für Landwirtschaft, Justiz- und Postwesen. Sie verließen allerdings aus Protest gegen den Frieden von Brest-Litowsk im März 1918 wieder die Regierung (Wikipedia, Sozialrevolutionäre).

Vor den Revolutionen 1905 und 1917 war die soziale Lage der vom Dorf in die Städte strömenden landlosen Bauern und nun in den Fabriken beschäftigten Arbeitern äußerst schlecht. 1897 wurde zwar die Arbeitszeit in den Fabriken gesetzlich auf 11,5 Std./Tag festgelegt, die Löhne waren jedoch bedeutend niedriger als in den anderen Industrieländern und aufgrund von Geldstrafen auch wegen eines geringfügigen Vergehens wurde der Lohn nochmals reduziert. Wie in anderen Industrieregionen zu Beginn der Industrialisierung üblichen Betriebsverkaufsstellen wurden die Lebensmittel auch auf Kredit an die Arbeiter und ihre Familien verkauft und sie so noch stärker von den Fabrikherren abhängig gemacht. Die Wohnverhältnisse für die Arbeiter waren miserabel. Familien mit ihren Kindern hatten oft nur einen Schlaf-/ Wohnraum zur Verfügung. Berufskrankheiten wie Tuberkulose und Hauterkrankungen waren stark unter den Arbeitern verbreitet (GdU I, S.305).

Infolge des ebenfalls verloren gegangenen russisch-japanischen Krieges von 1904-1905 und der schlechten Versorgung mit Brot kam es in St. Petersburg zu einer großen Unruhe unter der Arbeiterschaft. Angeführt von einem Geistlichen zogen Tausende von Arbeitern mit ihren Familien im Januar 1905 zur Zarenresidenz in St. Petersburg, dem Winterpalais, um dem Zaren eine Bitt - schrift zu übergeben. Doch dieser ließ durch seine vor dem Palast aufgestellten Soldaten nach Warnschüssen auf die Menge schießen. Es gab 130 Tote und über 1000 Verletzte. Dieses Ereignis ging als Blutsonntag in die russische Geschichte ein und führte zu einer großen Empörung in ganz Russland. Trotz allem Elends wurde der Zar größtenteils vom Volk (Väterchen Zar) stark verehrt. Der Blutsonntag und die späteren militärischen Niederlagen im ersten Weltkrieg führten in breiten Bevölkerungsschichten zu einem starken Ansehensverlust des Zaren und seiner Familie (Wikipedia, Blutsonntag). Im Anschluss an die gewaltsame Niederschlagung der friedlichen Demonstration fanden landesweite Streiks gegen die harten Arbeits- und Lebensbedingungen der russischen Arbeiterschaft statt. Im Sommer kam es auch in der Schwarzmeerflotte zu Matrosenaufständen wie auf dem Panzerkreuzer Potemkin, dessen Besatzung nach einer Meuterei auf dem Schiff nach Rumänien flüchtete. (GdU I, S.323).

Aufgrund der massiven Streikbewegungen und Aufständen im Oktober veröffentlichte die Regierung ein Manifest, in dem der Zar politische Freiheiten zugestand und die Einberufung eines gesetzgebenden Parlaments, der Duma versprach. Die Duma wurde in den Jahren bis zur Abdankung des Zaren 1917 von ihm mehrmals aufgelöst.

Trotz des zaristischen Manifestes fanden in Moskau Barrikadenkämpfe statt und im Dezember 1905 erreichten die Unruhen auch die Landbevölkerung, die zahlreiche Adelsgüter in Brand steckte und sich des gutsherrlichen Bodens bemächtigte (GdU I, S.327). In den Auseinandersetzungen des Jahres 1905 begannen die Arbeiter und Soldaten, sich in Sowjets (Räten) zu organisieren. Dem Zaren und seiner Regierung gelang es schließlich mit Hilfe der Polizei und treu ergebener Truppen die Aufstandsversuche gewaltsam niederzuschlagen, zahlreiche Anführer (unter ihnen viele Bolschewiki) zu verhaften und nach Sibirien zu verbannen. Lenin, der die Bolschewiki in St. Petersburg anführte, gelang es 1907, in das westliche Ausland zu fliehen (Wikipedia, Lenin).

Ohne den ersten Weltkrieg (1914-1918) der damaligen Koalitionen, auf der einen Seite die Entente mit Russland, Frankreich, England und später USA, auf der anderen Seite die Mittelmächte Deutschland, Österreich-Ungarn verbündet mit der Türkei und Bulgarien wären die beiden russischen Revolutionen von 1917 nicht so entstanden und nicht so verlaufen. Russland war auf die kriegerische Auseinandersetzung mit Deutschland und Österreich-Ungarn schlecht vorbereitet. Zwar besaß das zaristische Russland an Mannesstärke die größte Armee, jedoch war die Versorgung mit Waffen, Munition, Verpflegung und Ausstattung der kämpfenden Truppe äußerst mangelhaft. Trotz Anfangserfolge brach die russische Front gegenüber dem Deutschen Reich bald zusammen, gegenüber Österreich hatte Russland mehr Kriegsglück. Zu den Niederlagen hat auch die nicht allzu hoch eingeschätzte Kriegskunst seiner führenden Generäle und der Klassendünkel seiner Offiziere gegenüber den Mannschaften beigetragen. Im 3. Kriegsjahr waren die Soldaten äußerst kriegsmüde und erschöpft. Es kam zu massenhaften Desertionen.

Auch die Versorgungslage der Zivilbevölkerung und hier besonders der Arbeiter und ihrer Familien in den großen Städten wurde Ende 1916 immer prekärer. Von den staatlichen Stellen wurden Lebensmittel vor allem für die Front requiriert. Aufgrund der schlechten Güterversorgung kam es zu einer signifikanten Geldentwertung. Vom Beginn des Krieges bis 1916 verteuerten sich die Güter des täglichen Bedarfs bis um 400%. (Wikipedia, Februarrevolution).

Wie 1905 kam es aufgrund der schlechten Versorgungslage in den Petrograder (St. Petersburg, 1914-1924 in Petrograd umbenannt) Putilowwerken, einem wichtigen Rüstungsbetrieb Mitte Februar 1917 zu Streiks und Aussperrungen. Die ausgesperrten Arbeiter führten Protestdemonstrationen durch, denen sich auch Arbeiter weiterer Betriebe anschlossen. Besonders die Frauen, deren Ehemänner als Soldaten an der Front kämpften und als Arbeiterinnen in den Betrieben sie ersetzten, waren von der Versorgungskrise am meisten betroffen. Sie forderten die sofortige Beendigung des Krieges, die Herausgabe von Lebensmitteln („Gebt uns Brot, wir verhungern") und die Abdankung des Zaren (Wikipedia, Februarrevolution).

Der Zar, der sich im Armeehauptquartier befand, befahl dem Stadtkommandanten von Petrograd, die Unruhen zu „liquidieren". Der zuständige General ließ auf die demonstrierenden Arbeiter schießen, es gab über 60 Tote. Darauf verweigerten sich andere Truppenteile, darunter auch die besonders zarentreuen Kosaken den Befehlen und verbündeten sich mit der Arbeiterschaft. Infolge der Befehlsverweigerungen kam es zu offenen Meutereien, in deren Verlauf befehlsgebende Offiziere von ihren Untergebenen erschossen wurden. Regimenter, die der offenen Revolte zunächst Widerstand leisteten, schlossen sich den Aufständischen an. Polizeikasernen wurden gestürmt, die Polizei entwaffnet und Gefangene aus den Gefängnissen befreit. Es wurden viele der als Symbol der Unterdrückung geltende Gebäude wie

Polizeireviere, Gefängnisse usw. in Brand gesteckt. Aufständische Soldaten stürmten die Waffenkammern und verteilten Gewehre und Munition an demonstrierende Arbeiter, die sich zu bewaffneten Arbeitereinheiten, den sogenannten Roten Garden zusammenschlossen.

Aber auch das Parlament des russischen Reiches widersetzte sich dem Dekret des Zaren, sich aufzulösen. Dessen Ältestenrat bildete ein „Provisorisches Komitee zur Wiederherstellung der öffentlichen Ordnung", welches nach Wiedereröffnung des Parlaments die Regierungsgeschäfte übernahm, einen neuen Oberkommandierenden ernannte und Duma-Bevollmächtigte in den Ministerien einsetzte. Am 27.Februar (12.3.greg.) wurde die Duma ebenfalls von bewaffneten Arbeiter- und Soldaten besetzt, die dort den ersten Arbeiter- und Soldatenrat bildeten. Als die noch amtierende zaristische Regierung den Belagerungszustand verhängte und ihr noch treu ergebene Truppen auf revoltierende Arbeiter und Soldaten schossen, wurden zaristische Minister und andere Würdenträger des alten Regimes von bewaffneten Arbeiter-und Soldateneinheiten verhaftet. Am darauf folgenden Tag wurde im rechten Flügel des Taurischen Palastes die Provisorische Regierung unter Fürst Lwow und im linken Flügel der Sowjet der Arbeiter- und Soldatendeputierten gebildet.

Neben der Besetzung der Petrograder Bahnhöfe, Telegrafen- und Postämter wurde die Sommerresidenz des Zaren in Zarskoje Selo, wo sich die Zarenfamilie aufhielt, ebenfalls besetzt. Der Zar, der die Absicht hatte, vom Hauptquartier zu seiner Familie mit dem Zug zu reisen, war nun gezwungen, zum Hauptquartier der Nordfront in Pskow zu fahren. Dort angekommen, wurde er durch die anwesenden Generäle über die Ereignisse in seiner Hauptstadt informiert. Das Angebot des Zaren, eine der Duma verantwortliche Regierung zu bilden, wurde vom Dumapräsidenten telegrafisch abgelehnt.

Da die Generäle aufgrund der revolutionären Entwicklung die Herrschaft des Zaren für verloren hielten, forderten sie ihn auf, zu Gunsten seines Sohnes abzudanken. Am 2.März vereinbarten die Duma und der Arbeiter-und Soldatenrat, dass der Zar abgesetzt sei und eine Provisorische Regierung unter Fürst Lwow gebildet wurde.

Die restlichen zaristischen Minister wurden in der St. Peter-Pauls-Festung festgesetzt. Es wurde eine Delegation zum Zaren geschickt, ebenfalls mit der Aufforderung zu Gunsten seines Sohnes abzudanken. Da der Zar seinen kranken Sohn nicht mit dieser Aufgabe belasten wollte, schlug er seinen Bruder Michail als seinen Nachfolger vor. Auf Drängen führender Duma-Mitglieder verzichtete Michail jedoch am folgenden Tag ebenfalls auf den Zarenthron (Wikipedia, Februarrevolution).

Nun begann die Doppelherrschaft einerseits der bürgerlichen provisorischen Regierung, zunächst unter Leitung von Fürst Lwow und andrerseits dem Exekutivkomitee des Arbeiter- und Soldatensowjets, welches sich weniger als Organ des politischen Tagesgeschäfts, sondern als Überwachungsorgan gegenüber der mehrheitlich bürgerlichen Regierung verstand. Ziele der Sowjets waren die Herstellung der öffentlichen Ordnung, Überwindung der Versorgungskrise, die endgültige Beseitigung der Zarenherrschaft und die Wahl einer konstituierenden Versammlung (Wikipedia, Februarrev.). Im

Arbeiter- und Soldatensowjet waren neben den Sozialrevolutionären die stärkste Kraft die Menschewiki der marxistisch geprägten SDAPR, die der Auffassung waren, dass nach dem zaristischen Feudalsystem sich zunächst eine bürgerlich-kapitalistische Gesellschaft entwickeln müsste, bevor der Übergang zum Sozialismus überhaupt in Betracht gezogen werden konnte.

Wie unsicher der Exekutivrat des Arbeiter-und Soldatensowjets agierte, konnte man am Befehl Nr.1 erkennen. Hierin unterstellte er alle Regimenter des St. Petersburger Militärbezirks seinem Kommando, ordnete die Wahl von Regimentskomitees und Soldatenräten als auch die Wahl der Offiziere durch die Soldaten an. Der Moskauer Sowjet und die Sowjets in anderen Städten folgten diesem Beispiel. Auf Protest der Offiziere wurde der letzte Teil des Befehls zurückgenommen.

Die hohen Offiziere standen der neuen Ordnung meist ablehnend gegenüber. Da sie sich jedoch im Krieg befanden und der Zar abgedankt hatte, ging es ihnen vor allem um die Fähigkeit Russlands, Krieg zu führen (Wikipedia, Februarrevolution).

Anfang April kehrte Lenin, der Führer der Bolschewiki der SDAPR aus seinem Exil in der Schweiz nach Petrograd zurück. Er fuhr mit Erlaubnis der deutschen Heeresleistung in einem plombierten Eisenbahnzug von Süd nach Nord durch Deutschland und über Schweden nach Russland. Seine politischen Gegner verdächtigten ihn wegen der von deutschen Stellen geförderten Rückkehr, ein deutscher Agent zu sein. Jedoch gab es aufgrund der Kriegssituation keine andere Gelegenheit so schnell wie möglich nach Russland einzureisen. Ein Schweizer Genosse stellte den Kontakt zu deutschen

Stellen her und ermöglichte Lenin und weiteren 31 Genossen und Genossinnen, wieder in ihr Heimatland zurückzukehren. Die Rechnung der deutschen Heeresleitung ging auf. Als Lenin und seine Bolschewiki an der Macht waren, schied Russland aus dem Krieg aus (Wikipedia, Oktoberrevolution).

Unmittelbar nach der Ankunft stellte Lenin auf einer zunächst bolschewistischen und im Anschluss gemeinsamen Tagung mit menschewistischen Delegierten der Gesamtrussischen Konferenz der Sowjets der Arbeiter- und Soldatendeputierten in seinen Aprilthesen u.a. fest:

- keine Zugeständnisse an die jetzige Regierung in der Weiterführung des Krieges, sondern Übergang der Macht an das Proletariat und die arme Bauernschaft, Verzicht auf alle Annexionen und tatsächlicher Bruch mit allen Interessen des Kapitals,

- da die Bolschewiki sich gegenüber kleinbürgerlich-opportunistischen Elementen zurzeit in der Minderheit befinden, Aufklärung der Massen darüber, dass die Sowjets der Arbeiterdeputierten die einzige mögliche Form der revolutionären Regierung sind,

- keine parlamentarische Republik, sondern eine Republik der Sowjets der Arbeiter-, Landarbeiter- und Bauerndeputierten,

- Nationalisierung des gesamten Bodens durch die örtlichen Sowjets der Landarbeiter- und Bauerndeputierten, Schaffung von Musterwirtschaften aus allen großen Gütern,

- Verschmelzung aller Banken des Landes zu einer Nationalbank unter der Kontrolle der Sowjets der Arbeiterdeputierten,

- nicht die Einführung des Sozialismus ist die unmittelbare Aufgabe, sondern die Kontrolle über die gesellschaftliche Produktion und die Verteilung der Erzeugnisse durch die Sowjets der Arbeiterdeputierten (Lenin, ausgewählte Werke Band 2, S.39-42).

Lenins Forderungen könnte man unter der Losung: „Alle Macht den Sowjets" zusammenfassen. Angesichts der Tatsache, dass nach dem Sturz des Zaren eine bürgerliche Regierung mit dem Kontrollorgan des Sowjets der Arbeiterdeputierten gebildet wurde und beide Organe sich erst einmal stabilisierten, Regeln der Zusammenarbeit entwickelten und ihr Machtpotential aufbauen mussten, wischte Lenins Anspruch die entstandene Machtbalance vom Tisch und forderte die Macht nur für eine Seite, die Sowjets.

Seine Thesen wurden nur von den Bolschewiki angenommen und von den Menschewiki und den Sozialrevolutionären, die beide zusammen die überwiegende Mehrheit im zentralen Sowjet bildeten, u.a. mit dem Vorwurf, Lenin wolle den Bürgerkrieg entfachen, abgelehnt.

Der provisorischen Regierung warf Lenin vor, dass die für das Bürgertum notwendigen und wünschenswerten Gesetze relativ schnell erarbeitet wurden, wichtige Fragen zur Festlegung des Arbeitstages und der Bodenverteilung der Arbeiter und Bauern auf die Einberufung der Konstituierenden Versammlung verschoben wurden. Hingegen wurden die Sowjets von den Fabrikherren und der Regierung aufgefordert, mäßigend auf die Arbeitermassen einzuwirken.

Da die Sowjets über die militärische Macht im Petrograder Militärbezirk verfügten und auch das Vertretungsorgan der bewaffneten Arbeiter waren, wurden sie von der Regierung noch als gleichberechtigtes Machtorgan anerkannt. Nur saßen in der Regierung und in der Duma erfahrene Politiker, die auf eine günstige Gelegenheit warteten, die Macht der Sowjets zu beschränken und schließlich ganz zu beseitigen.

Mitte April kam es in Petrograd und anderen russischen Städten zu Massendemonstrationen gegen die Erklärung des Außenministers Miljukow, den Krieg auf der Seite der Entente fortzusetzen. Der Befehlshaber des Petrograder Militärbezirks Kornilow gab der Artillerie den Befehl, auf die demonstrierenden Arbeiter zu schießen. Die Soldaten weigerten sich jedoch, den Befehl auszuführen. Die führenden Generäle konnten aufgrund der revolutionären Entwicklung sich nicht mehr auf den Gehorsam der Soldaten verlassen.

Da die Generäle an der Front sich außerstande sahen, eine Offensive gegen Deutschland zu beginnen, dankten der Kriegsminister und der Außenminister ab und Menschewiki sowie weitere Sozialrevolutionäre traten am 5.Mai in die Regierung ein. Kerenski, früher Anwalt, wechselte von der Spitze des Justiz- in das Kriegs-und Marineministerium (GdU II, S.20-21).

In der SDAPR (B) wurde in Weiterführung der Aprilthesen auf Vorschlag von Lenin der Beschluss gefasst, dass über die Beendigung des Krieges und zur kleinbürgerlichen Politik des Paktierens mit der bürgerlichen Regierung die Arbeiter und Soldaten aufgeklärt und in ihren Bereichen, ob in den Betrieben, Wohnblocks oder Militäreinheiten organisiert werden sollen. In den im Mai und Juni stattgefunden Nachwahlen erhöhten die

Bolschewiki ihre Sitzanteile und stellten in einigen Bezirkssowjets Petrograds und anderer größerer Städte den Vorsitzenden (GdU II, S.22).

In dem im Juni eröffneten I. Gesamtrussischen Kongress der Sowjets der Arbeiter- und Soldatendeputierten waren von 777 Delegierten 105 Bolschewiki (13%), 285 Sozialrevolutionäre (37%) und 248 Menschewiki (32%) und noch Deputierte kleinerer politischer Gruppierungen (GdU II S.24). Auf dem Kongress stellte Lenin fest, dass seine Partei bereit ist, die Macht im Lande zu übernehmen, was aufgrund der Mehrheitsverhältnisse als sehr gewagt galt und von den Führern der anderen Parteien mit Kritik und Spott beantwortet wurde. Sie sahen die Revolution als beendet an und warnten vor einem Bruch der Regierung. Im Beschluss des Kongresses wurde der Krieg allgemein verurteilt, der Provisorischen Regierung jedoch das Recht zugesprochen, an der Front eine Offensive zu beginnen, falls strategische Erwägungen es notwendig machen sollten (GdU II, S.25).

Mitte Juni startete die Provisorische Regierung auf Veranlassung von Kriegsminister Kerenski und gedrängt von den westlichen Alliierten eine Offensive gegen die deutsche Armee. Nach anfänglichen Erfolgen musste sich die russische Armee aufgrund des Gegenschlags deutscher Truppen zurückziehen und wurde im Juli weit hinter ihre Ausgangsstellungen zurückgeworfen. Die russischen Truppen verloren über 58.000 Soldaten. Selbst die Provisorische Regierung bezeichnete das Ergebnis ihrer Kriegsführung als ein Fiasko. Die Kadetten traten aus der Regierung aus und die Arbeiter und Soldaten forderten jetzt, dass die ganze Macht an die Sowjets übergeben werden sollte. Am 3.Juli kam es zu spontanen Demonstrationen in Petrograd, die sich zu einem bewaffneten Aufstand zu entwickeln drohten (GdU II, S.27).

Die Bolschewiki hielten den Aufstand für verfrüht. Zwar hätten die bewaffneten Arbeiter und Soldaten die Macht übernehmen, aber sie nicht lange halten können. Mit von der Front beorderten loyalen Truppenteilen wurde der Aufstand niedergeschlagen und vom Zentralexekutivkomitee der Sowjets die Entwaffnung der Aufständischen angeordnet. Bolschewistische Zeitungen wurden verboten, ihre Druckereien und Redaktionsräume demoliert. Um ihrer Verhaftung zu entgehen, mussten viele Bolschewiki untertauchen, Lenin floh nach Finnland, das damals noch zu Russland gehörte (GdU II, S.28-29).

Die Fronttruppen standen unter dem Befehl des inzwischen von Kerenski zum russischen Oberbefehlshaber ernannten Generals Kornilow. Dieser verlangte von Kerenski, inzwischen Ministerpräsident zur Niederschlagung weiterer Aufstände der revolutionären Arbeiter und Soldaten diktatorische Vollmachten. Kerenski verweigerte sich dieser Aufforderung und setzte Kornilow Ende August als Oberkommandierenden ab. Dieser widersetzte sich jedoch der Absetzung, sondern appellierte an die Bevölkerung von Petrograd, ihm zu folgen und setzte Truppen Richtung Hauptstadt in Marsch.

Kerenski, der zuvor noch lavierte und in Verhandlungen mit Kornilow, weiteren putschenden Generälen und bürgerlichen Politikern eine Doppeldiktatur Kerenski - Kornilow vorschlug, wurde von dem von revolutionären Arbeitern und Soldaten gebildeten „Komitee zum Kampfe gegen die Konterrevolution" zur Verteidigung Petrograds gegen die anrückenden Kornilow-Truppen gedrängt. Um die Hauptstadt gegen die Konterrevolution zu verteidigen, wurden Rote Garden aus bewaffneten Arbeitern, denen sich die Soldaten von Kronstadt und Wyborg anschlossen, aufgestellt, Schützengräben ausgehoben und die Produktion von Munition lief auf Hochtouren. Obwohl viele führende Bolschewiki aufgrund der Juliereignisse geflohen waren oder im Gefängnis einsaßen, waren die auf freiem Fuß sich befindenden Parteimitglieder an der Mobilisierung maßgeblich beteiligt, was ihr Ansehen unter den Arbeitern und Soldaten stark erhöhte.

Letztendlich den Kornilowputsch zum Scheitern gebracht hat die Eisenbahnergewerkschaft, die die Kornilowtruppen auf ihren Eisenbahnzügen nicht Richtung Petrograd, sondern kreuz und quer über das Land fahren ließen. Der Putsch brach zusammen, Kornilow wurde verhaftet und unter Hausarrest gestellt.

Aufgrund des großen Einsatzes der Bolschewiki bei der Verteidigung der Revolution erhöhte sich ihre Mitgliedschaft in Petrograd von 16.000 auf 36.000 Mitglieder. Auch die Parteiorganisationen in anderen Städten wie in Moskau vergrößerten sich erheblich.

Am 1.September wurde Russland zur Republik ausgerufen und ein Direktorium mit Ministerpräsident Kerenski an der Spitze gebildet (GdU II, S.30-31).

Nach dem Zusammenbruch der Konterrevolution wurde die desolate wirtschaftliche Lage Russlands offensichtlich. Die Entwertung des Rubels mit steigenden Lebensmittelpreisen, was eine Hungersnot heraufbeschwor, das chaotische Transportwesen, wozu noch Bauernaufstände kamen, die zu einer fallenden Lebensmittelproduktion führten, trugen dazu bei.

Dies alles führte zur Bolschewisierung d.h. zu einem starken Linksruck in den Sowjets, vor allem in Petrograd und Moskau. Im September hielt Lenin die Zeit für reif, Vorbereitungen für den bewaffneten Aufstand zu treffen, um die Arbeiterklasse zum Sturz der Bourgeoisie, die Bauernschaft gegen die Gutsherren, die nationalen Befreiungsbewegungen für die Gleichberechtigung der Völker und die beteiligten Völker zur Beendigung des imperialistischen Krieges zu führen.

Auf der am 27.September (jul.) stattfindenden Sitzung des ZK der Bolschewiki nahm Lenin (wegen einer möglichen Verhaftung verkleidet) und weitere 11 von 21 Mitgliedern teil. Nach Anhörung der Berichte über die Lage in der Hauptstadt und in den Provinzen, wurde gegen die Stimmen von Kamenew und Sinowjew der Beschluss gefasst, in der nächst möglichen Zeit mit dem Aufstand zu beginnen und das Politbüro unter der Leitung von Lenin zur politischen Führung des Aufstandes gebildet. Auf einer weiteren Sitzung am 3. Oktober (jul.) mit der vollständigen Anwesenheit aller Mitglieder stimmten alle außer 2 (s.o.) dem Aufstandsbeschluss zu. Kamenew berichtete auch in Sinowjews Namen in der menschewistischen Zeitung „Neues Leben" vom 18. Oktober (jul.) über die gefassten Beschlüsse des ZK zum geplanten Aufstand, worauf Kamenew auf Veranlassung von Lenin aus dem ZK ausgeschlossen wurde und beide angewiesen wurden, nicht gegen die Beschlüsse des ZK aufzutreten. Auf Vorschlag des ZK bildete das Exekutivkomitee des Petrograder Sowjets das Militärisch-Revolutionäre Komitee Petrograds (MRKP) mit Trotzki an der Spitze. Neben Vertretern des Petrograder Sowjets und des Revolutionären Militärischen Parteizentrums der Bolschewiki gehörten ihm Vertreter der Baltischen

Flotte, des Gebietskomitees der Armee, der Betriebsko-
mitees und der Gewerkschaften an. Der bewaffnete Aufstand sollte vor dem Kongress der Sowjets am 12.Okto-
ber (jul.) stattfinden, damit dieser die Revolution legiti-
mieren kann.

Am 22.Oktober (jul.) weigerte sich der Truppenkom-
mandant des Petrograder Militärbezirks, seinen Stab
dem Kommando des MRKP und den von ihm entsandten
Kommissar zu unterstellen, worauf dieser die Befehlsge-
walt über alle in der Hauptstadt stationierten Truppen
übernahm (Wikipedia, Oktoberrevolution). Zur direkten
Vorbereitung des Aufstandes wurden am 21.Oktober
Kommissare für alle Truppenteile der Petrograder Garnison vom MRKP ernannt. Zur Mobilisierung der Arbeiter und Soldaten wurden am folgenden Tag große Kundgebungen in den Fabriken und Kasernen durchgeführt
und am 23. Oktober (jul.) alle Truppenteile und die Roten Garden in Gefechtsbereitschaft versetzt (GDU II,
S.37-38).

Die provisorische Regierung, der die Aufstandsvorbe-
reitung nicht verborgen blieb, ließ am 24.Oktober alle
wichtigen Punkte der Stadt von Offiziersschülern besetzen und erteilte den Befehl, alle bekannten Bolschewiki
zu verhaften sowie die vom MRKP in den Truppenteilen
eingesetzten Kommissare ihres Amtes zu entheben. Der
Militärbefehlshaber des Militärbezirks Petrograd befahl
alle Telefonleitungen der Sowjets zu unterbrechen und
die Newa-Brücken hochzuziehen, um die proletarischen
Bezirke vom Zentrum abzuschneiden. In einem Brief an
das ZK der Bolschewiki forderte Lenin am gleichen Tag
deren Mitglieder auf, ohne Verzögerung den Aufstand zu
beginnen, die Provisorische Regierung sofort zu verhaften und die Macht zu übernehmen. Noch am Abend des

24.Oktober (jul.) begab sich Lenin in das schon länger eingerichtete revolutionäre Hauptquartier, den Smolny.

In der Nacht vom 24. zum 25.Oktober (jul.) besetzten revolutionäre Kampfeinheiten das Hauptpostamt, die wichtigsten Bahnhöfe, das Telefonamt, das Kraftwerk und die Staatsbank, so dass am Morgen des 25.Oktober alle wichtigen Gebäude sich in den Händen der Revolutionäre befanden. Im Laufe des Vormittags wurde ein Aufruf von Lenin verbreitet, dass die Provisorische Regierung gestürzt ist und die Staatsmacht in die Hände des Petrograder Sowjets, vertreten durch das MRKP, übergegangen ist. Nachmittags wurde eine Sitzung des Petrograder Sowjets einberufen, der den Bericht über den Aufstand vom MRKP entgegennahm (GDU II, S.38-39).

Am späten Abend wurde der II. Gesamtrussische Sowjetkongress eröffnet. Von den 649 Deputierten waren 390 Bolschewiki, 160 Sozialrevolutionäre, 72 Menschewiki und 14 Menschewiki-Internationalisten, Rest von sonstigen politischen Organisationen (GdU II, S.40). Weil die Bolschewiki und linke Sozialrevolutionäre in der Mehrheit waren, verließen die rechten Sozialrevolutionäre und die Menschewiki die Sitzung.

Zur gleichen Zeit gab der Panzerkreuzer Aurora das Startsignal zum Sturm auf das Winterpalais, den Sitz der Provisorischen Regierung. Seitens der Offiziersschüler und dem Frauenbataillon gab es kaum Gegenwehr und in der Nacht zum 26.Oktober wurden die anwesenden Mitglieder der Regierung verhaftet, nur Ministerpräsident Kerenski war schon am Morgen des vorigen Tages geflohen. Um 3 Uhr erhielt der Sowjetkongress die telegrafische Mitteilung vom revolutionären Befehlshaber Antonow-Owsejenko, dass die Regierungsmitglieder verhaftet und in die Peters-Paul-Festung eingeliefert wurden sowie die Offiziersschüler entwaffnet worden sind. In dem von Lenin an die Arbeiter, Soldaten und Bauern verfassten Aufruf wurde die Übernahme der ganzen Macht durch die Sowjets verkündet und die Anwesenden des Kongresses aufgefordert, die revolutionäre Ordnung zu verteidigen.

Der durch viel Beifall unterbrochene Aufruf bedeutete, dass der Sowjetkongress die Macht vom MRKP übernommen hat. Am Abend des 26.Oktober nahm der Kongress das Dekret über den Frieden, der ohne Annexionen und Kontributionen zwischen den kriegsführenden Parteien abgeschlossen werden sollte, an.

Am gleichen Tag wurde das Dekret über den Grund und Boden vom Kongress verabschiedet. Der Grund und Boden wurde zum Gemeineigentum erklärt. Es enthielt den Auftrag an die Landkomitees, die ausgleichende Bodennutzung einzuführen, das Recht eines jeden Landbewohners auf Grund und Boden und das Verbot der Beschäftigung von Landarbeitern durchzusetzen.

Schließlich bildete der II. Sowjetkongress die Arbeiter- und Bauernregierung der Volkskommissare mit Lenin an der Spitze. Weil sich die linken Sozialrevolutionäre den Eintritt in die Regierung versagten, bestand die erste Sowjetregierung nur aus Bolschewiki. Später traten linke Sozialrevolutionäre der Regierung noch bei. Am frühen Morgen des 27.Oktober ging der historische II. Sowjetkongress zu Ende (GdU II, S.40-42).

Der jungen Sowjetmacht blieb kaum Zeit, sich zu etablieren, eine gut funktionierende Verwaltung aufzubauen und die Bevölkerung mit dem nötigsten zu versorgen. Schon am 29.Oktober meuterten die Offiziersschüler, die noch am 25.Oktober auf Ehrenwort freigelassen wurden und nach der Niederschlagung der Offiziersmeuterei begann der Angriff der auf 5000 Mann zählenden Truppen von General Krasnow, in dessen Hauptquartier der frühere Ministerpräsident Kerenski geflohen war. Dieser Angriff wurde jedoch von der neuen bolschewistischen Regierung mithilfe der Truppen des MRKP und den roten Arbeitergarden zurückgeschlagen (GdU II, S.43).

Wie in den einzelnen Truppenteilen um die Zustimmung der Soldaten von den Vertretern der verschiedenen Parteien gerungen wurde, berichtet der Augenzeuge John Reed ausführlich in seinem Buch „10 Tage, die die Welt erschütterten" (S.218-223).

Das äußerst wichtige Regiment der Panzerwagentruppen, die Bronewiki war aufgrund seiner modernen feuerstarken Waffen entscheidend für Sieg oder Niederlage in den Auseinandersetzungen um Petrograd. Als John Reed in der Panzerhalle eingetroffen war, hatten sich bereits auf einem Panzerwagen die maßgeblichen Soldaten und Offiziere postiert.

Ein Soldat, der den gesamtrussischen Kongress der Panzereinheiten geleitet hatte, sprach sich dafür aus, in den kommenden Auseinandersetzungen neutral zu bleiben. Er begründete dies damit, dass Russen nicht auf Russen schießen und dass ein Bürgerkrieg vermieden werden müsse. Für seine Rede erhielt er Beifall von den umstehenden Soldaten. Ein Soldat der rumänischen Front ergriff daraufhin das Wort und verlangte, dass sofort Frieden geschlossen werden müsse. Darauf entstanden unter den Soldaten heftige Diskussionen. Ein Vertreter der Menschewiki plädierte hingegen für die Fortsetzung des Krieges bis zum Sieg der Alliierten. Ihm wurde lautstark vorgeworfen wie Kerenski zu sprechen. Der nächste Redner, ein Dumadelegierter sprach sich ebenfalls für die Neutralität des Regiments aus. Diese Rede wurde jedoch mit Misstrauen verfolgt. Anschließend sprach ein Bolschewik zu den Soldaten. Obwohl er von der Verantwortung gegenüber dem Schicksal Russlands und der Revolution sprach, hörten sie ihm nicht mit größerer Sympathie als den Vorrednern zu.

Danach folgten noch einige Redner mit ihren Argumenten bis der führende Bolschewik Krylenko, inzwischen Volkskommissar für das Heer in der Halle erschien und von vielen Soldaten aufgefordert wurde, auf den Panzerwagen zu klettern und ebenfalls zu ihnen zu sprechen. Die Missfallensbekundungen seitens der Offiziere wurden durch den Beifall der meisten Soldaten zum Verstummen gebracht. Krylenko entschuldigte sich zunächst für seine Heiserkeit aufgrund seiner vielen Reden. Er wies als erstes darauf hin, dass die „blutdürstige Bourgeoisie" gestürzt sei und die neue bolschewistische Regierung ein Friedensangebot an alle kriegsführenden Völker gesandt hat. Dann richtete er seinen Appell an die Soldaten und wies darauf hin, dass sie aufgefordert werden, neutral zu bleiben, obwohl Offiziersschüler und Todesbataillone die Revolutionäre in den Straßen niederschießen und die führende Generäle wie Kaledin und Kornilow bereits mit dem Bürgerkrieg begonnen hatten. Auf der einen Seite ständen die Kerenski, Kaledin, Kornilow, die Menschewiki, Sozialrevolutionäre, die Kadetten, Duma und die Offiziere, auf der anderen Seite die Arbeiter, Soldaten, Matrosen und die armen Bauern. Krylenko wörtlich: „Die Regierung ist in euren Händen.

Ihr seid die Herren. Ganz Russland gehört Euch. Wollt Ihr es wieder zurückgeben?"

Als er geendet hatte, musste er gestützt werden, damit er -von Müdigkeit erschöpft-, nicht vom Panzerwagen fiel. Als der erste Redner wieder das Wort ergreifen wollte, verlangte die Menge abzustimmen. Schließlich verlas er eine Resolution, dass die Panzereinheit ihren Vertreter aus dem Revolutionären Militärkommitee zurückziehen und das Regiment sich für neutral erklären sollte. Die überwältigende Mehrheit der Anwesenden sprach sich dagegen aus. Die Minderheit verließ daraufhin schnell das Gebäude.

Am 7.November weigerte sich der Oberbefehlshaber Duchonin, einen sofortigen Waffenstillstand abzuschließen und die Aufnahme von Friedensverhandlungen mit der Führung der deutschen Truppen zu vereinbaren. Er wurde daraufhin abgesetzt und der Volkskommissar für das Heer Krylenko zum Oberbefehlshaber ernannt. Bevor das Hauptquartier der russischen Armee Mitte November von roten Truppen besetzt wurde, flohen die Generäle Denikin, Kornilow, Markow und weitere hohe Offiziere zum Kosakenbefehlshaber Kaledin in das Kosakengebiet am Don, im Süden Russlands. Sie bildeten dort ein wichtiges konterrevolutionäres Zentrum im Kampf gegen die junge Sowjetmacht (GdU II, S.48).

Diese Auseinandersetzungen waren jedoch nur ein Vorspiel für den Bürgerkrieg, der im Mai 1918 begann und bis 1922 mit dem Sieg der Roten Armee in Fernost endete. Es war ein grausamer Bürgerkrieg in dem weder auf die Zivilbevölkerung noch auf die materielle Substanz des Landes Rücksicht genommen wurde. Auf der einen Seite stand die bolschewistische Regierung, die ihre Schwerpunkte in Zentralrussland und in den Städten wie Moskau und Petrograd hatte. Auf der anderen Seite waren die sogenannten Weißen, ehemalige zaristische Generäle, die von Sozialrevolutionäre über bürgerliche bis monarchistische Kräfte sowie nach Autonomie strebende Kosaken in ihren Freiwilligenverbänden vereinigten. In der Mannschaftsstärke wurden im Laufe des Bürgerkriegs die roten Verbände den weißen Truppen immer überlegener. Zu Beginn des Bürgerkriegs zählte die Rote Armee 800.000 Soldaten, die bis Ende des Bürgerkriegs auf 3 Millionen anwuchs. Die bolschewistische Regierung, die im März von Petrograd nach Moskau umgezogen war, musste sich gegen Angriffe der Weißen, unterstützt durch Interventionstruppen aus England, Frankreich, den USA und Japan vor allem gegen Angriffe aus dem südlichen Raum der Kosakengebiete und Transkaukasiens, aus Sibirien, aber auch gegen die Ausweitung der deutschen Eroberungen, gegen Einfälle aus dem Baltikum und antibolschewistische Kräfte in der Ukraine verteidigen. Zugute kam der sowjetischen Regierung, dass die Angriffe ihrer Gegner nicht gleichzeitig und koordiniert erfolgten, sondern je nach Kampffähigkeit ihrer Truppen. So konnte die Rote Armee durch Setzung von Schwerpunkten die weißen Truppen trotz Niederlagen nach und nach in die Defensive drängen und schließlich besiegen. Außerdem kam ihnen zugute, dass sie über die Rüstungsindustrie in Petrograd und Moskau und somit ihnen genug Nachschub an Waffen und Munition zur Verfügung stand.

Die weißen Truppen in den Randgebieten konnten nicht über das Menschenreservoir wie die Bolschewisten in Zentralrussland verfügen, außerdem waren sie auf die Versorgung mit Kriegsmitteln durch die Interventionsmächte angewiesen, die sie auch reichlich belieferten.

Die Landbevölkerung, besonders die ärmeren Schichten hatte sich in den Revolutionswirren Land von Großgrundbesitzern angeeignet. Sie befürchteten, dass nach dem Sieg der Weißen sie wieder auf das neugewonnene Land verzichten mussten. Außerdem litt der russische Teil der ärmeren Landbevölkerung in den Kosakengebieten unter der Vorherrschaft der Kosaken, die zu den Mittel- und Großbauern zählten. Die weißen Truppen, die den Nachschub an Lebensmitteln für die kämpfende Truppe nicht genügend organisieren konnten, überließen es den einzelnen Soldaten, sich aus dem Land selbst zu versorgen. Da dies durch größere Gewaltmaßnahmen als von den roten Truppen erfolgte, genossen die Weißen auch keinen Rückhalt in der Landbevölkerung. Die Arbeiter in den Städten waren zum großen Teil Anhänger der Bolschewiki und bildeten durch die roten Arbeitergarden die Reserve der Roten Armee.

Jedoch auch die Rote Armee hatte mit Schwierigkeiten zu kämpfen. Die ursprünglichen Vorstellungen führender Bolschewiki über eine revolutionäre Milizarmee mit Wahl der Offiziere musste aufgrund der Bürgerkriegssituation aufgegeben werden, um nun wieder eine straffe Hierarchie mit strenger Disziplin einzuführen. Da nicht genug Führungspersonal zur Verfügung stand, griff man auf ehemalige zaristische Offiziere zurück. Ihnen wurde jedoch wegen ihrer geringen politischen Zuverlässigkeit bewährte bolschewistische Politkommissare als Aufpasser und Anleiter zur Seite gestellt.

Auf die einzelnen Phasen des Bürgerkriegs will ich nur übersichtartig eingehen. Im Februar 1918 wurde eine größere Kosakenrevolte unter General Kaledin, der nach seiner Niederlage Selbstmord beging, von den bolschewistischen Regierungstruppen niedergeschlagen.

Auch der Aufstand der Kuban-Kosaken wurde niedergeworfen.

Da Trotzki als Außenminister und Verhandlungsführer bei den russisch-deutschen Friedensverhandlungen die harten Friedensbedingungen nicht akzeptierte, marschierten die deutsche und österreichische Armee auf breiter Front vor und nahmen Anfang März 1918 ohne große Gegenwehr die ukrainische Hauptstadt Kiew ein. Um sich eine Atempause an der westlichen Front zu verschaffen, konnte Lenin die anderen führenden Genossen von der Notwendigkeit eines Friedensvertrags mit den Mittelmächten überzeugen, der am 3.März, einen Tag nach dem Fall von Kiew in Brest-Litowsk abgeschlossen wurde.

Die Tschechische Legion, die sich auf dem Weg nach Fernost befand, um per Schiff nach Europa zu gelangen, verband sich mit sozialrevolutionären Kräften und bildeten in Sibirien das Komitee der Mitglieder der Konstituierenden Versammlung. Die Tschechische Legion bestand schon zur Zarenzeit und wurde aus ehemaligen Kriegsgefangenen gebildet, um zusammen mit den russischen Verbänden gegen die österreichisch-ungarische Armee zu kämpfen. Im Oktober 18 wurde diese Formation jedoch von dem bolschewistischen General Tuchatschewski, den Stalin später ermorden ließ, zerschlagen.

Im August 1918 begann wiederum ein Kosakenaufstand mit der Belagerung von Zaryzin, dem heutigen Wolgograd, das von der Roten Armee verteidigt wurde. Schließlich wurden aufgrund der zahlenmäßigen roten Überlegenheit die weißen Truppen besiegt.

Gefährlicher für die sowjetische Führung wurden die Truppen Admiral Koltschaks, der von Sibirien aus Richtung russischem Kernland vorrückte. Da die sowjetische Führung nicht mit dessen Angriff gerechnet hatte, musste sie zu Beginn dessen Feldzugs große Verluste erleiden. Koltschak errichtete in Sibirien als Oberster Regent Russlands eine Militärdiktatur, um mit Unterstützung alliierter Interventionstruppen Zentralrussland von den Bolschewiki zu befreien. Als der Ural für die sowjetische Regierung verloren zu gehen drohte, bot sie alle möglichen militärischen Kräfte auf und besiegte Koltschaks Truppen.

Im Jahr 1919 sammelten sich erneut im Süden die Gegner des jungen Sowjetstaates, um unter General Denikin auf Moskau vorzurücken. Nach Niederlagen gegen dessen Truppen konnte die Rote Armee sich reorganisieren, erfolgreiche Gegenangriffe starten und im Januar 1920 mit der Eroberung von Rostow, der Kosakenhauptstadt, die südlichen Bürgerkriegsgegner ebenfalls besiegen.

Während der Auseinandersetzungen mit den Truppen Denikins eroberten russische Truppen des weißen Generals Judenitsch, die im Baltikum stationiert waren, weite Gebiete im nordwestlichen Bereich und drohten in Petrograd, der Wiege der Revolution, einzumarschieren. Aufgrund der schlechten Ausstattung und Versorgung wurden die weißen Truppen von den vereinten roten Truppen und Reserveverbänden hinter die estnische Grenze zurückgedrängt, wo sie von estnischen Truppen entwaffnet wurden.

Den letzten großen Aufstandsversuch mit dem Schwergewicht auf der Krim unternahm der weiße General Wrangel, der sich jedoch trotz einer politischen

Reformagenda schließlich ebenfalls den roten Truppen unter General Frunse geschlagen geben musste. Ihm gelang es noch mit einem großen Teil seiner übrig gebliebenen Truppen auf Schiffen der Schwarzmeerflotte in die Türkei zu entkommen. Nach der Einnahme von Wladiwostock in Fernost 1922 war der Bürgerkrieg beendet und die Sowjetunion wurde im selben Jahr gegründet (Wikipedia, russischer Bürgerkrieg).

Von schmerzlicher Bedeutung war der Aufstand der Kronstädter Matrosen Ende Februar/Mitte März 1921. Unter dem Slogan „Alle Macht den Sowjets, keine Macht der Partei" griff der Aufstand der in der Revolution mit den Bolschewiki verbündeten und sie entscheidend unterstützenden Matrosen auf das Festland über und drohte nach ersten Niederlagen der regierungstreuen Truppen zu einer politisch von links orientierten Gefahr zu werden. Mit vereinten Kräften der Roten Armee wurde der basisdemokratische Ansatz dieser Bewegung mit Gewalt unterdrückt (Wikipedia, Kronstädter Matrosenaufstand).

Die sowjetische Regierung hat trotz mancher schmerzlichen Niederlage sich gegen alle Bürgerkriegsgegner und deren Unterstützer siegreich behauptet. Der Preis war jedoch hoch. 770.000 Soldaten, 80% davon auf Seiten der Roten Armee gefallen, weitere 700.000 Kämpfer verloren durch Seuchen ihr Leben. Die zivilen Opfer betrugen 8 Millionen Menschen, was dem Vierfachen an Verlusten während des ersten Weltkriegs bedeutete. Nach Krieg und Hungersnöten gab es 7 Mill. Waisenkinder, die auf der Straße von Betteln und Kleinkriminalität lebten (Wikipedia, russischer Bürgerkrieg). Die Versorgung mit landwirtschaftlichen Gütern lag aufgrund deren gewaltsamen Requirierung durch weiße und rote Truppen und der Verweigerung der Landbevölkerung, die notwendigen Güter bereitzustellen, darnieder. Wegen des hohen Rüstungsanteils an der Industrieproduktion gab es nicht genügend Waren, um diese der Landbevölkerung zur Verfügung zu stellen. Diese war daher auf Dauer nicht bereit, Lebensmittel ohne Gegenleistung zu erzeugen. Die Verweigerung der Produktion von landwirtschaftlichen Gütern war neben der Kollektivierung mit ein wichtiger Grund für die schlimme Hungersnot nach dem Bürgerkrieg.

Die Industrieproduktion betrug 1920 nur noch ein Achtel des Standes von 1913. Streiks in den Industriestädten gegen die schlechte Versorgungslage, Bauernaufstände gegen die Requirierungsmaßnahmen der Regierung sowie die Bildung einer parteiinternen Opposition gegen die Bürokratisierung und Entdemokratisierung in Partei und Betrieben ließen die durch den Bürgerkrieg verdeckten Defizite mit aller Deutlichkeit zum Vorschein kommen. Daraufhin wurde der stringente Kurs des mit Enteignung und Zwangswirtschaft versehenen Kriegskommunismus gelockert und durch die Einführung der Neuen Ökonomischen Politik (NÖP) Elemente des Handels und der freien Produktion in der Konsumgüterindustrie und Landwirtschaft mit Ausnahme der Schlüsselindustrien (Kommandohöhen der Wirtschaft) zugestanden. Die Einführung der neuen ökonomischen Politik sollte dem Land nach dem verheerenden Bürgerkrieg eine dringend benötigte Atempause auf dem Weg zum Sozialismus bringen.

Die Einstellung des Kriegsterrors und der Übergang zur revolutionären Gesetzmäßigkeit bedeutete ein weiterer Schritt zum Schutz des Individuums. All diese Liberalisierungsschritte erfolgten jedoch unter strikter

Beibehaltung des Machtmonopols der kommunistischen Partei. Die Kehrtwendung in der Wirtschaftspolitik war notwendig, um die darniederliegende Ökonomie zu beleben und die Versorgungskrise zu beheben (Wikipedia, NÖP).

Die Bewertung der russischen Revolution

In der Bewertung der russischen Oktoberrevolution kommt man nicht um die herausragende Person von Lenin herum. Mit deutscher Hilfe nach Russland zurückgekehrt und von seinen Gegnern als deutscher Agent verdächtigt, begann er sofort nach seiner Ankunft auf eine zweite, die sozialistische Revolution zu setzen. Obwohl kurz zuvor das Petrograder Proletariat und die liberal eingestellten bürgerlichen Kräfte siegreich das Zarentum beendet hatten, wand er sich entschieden gegen das Paktieren der proletarischen Kräfte mit den sozialdemokratisch orientierten Linken und den bürgerlichen Politikern, was auch als Doppelherrschaft bezeichnet wurde. Zunächst befand er sich mit seinen Bolschewiki in den Sowjets in der eindeutigen Minderheit und nicht alle Bolschewiki (s. Sinowjew und Kamenew) waren von Lenins Ansicht über die Notwendigkeit einer zweiten Revolution überzeugt. Jedoch auch seine Gegner, insbesondere Kerenski begingen schwere Fehler mit der Fortsetzung des Krieges und der Verschiebung der dringenden Landverteilung auf die konstituierende Versammlung. Durch Agitation konnten die Bolschewiki die revolutionären Kräfte schließlich mehr und mehr auf ihre Seite ziehen. Ebenso die Juliereignisse, die Lenin als verfrühten Aufstand richtig einschätzte sowie mit der Verteidigung der Revolution gegen Kornilows Angriff mithilfe der verbliebenen Bolschewiki an vorderster Front trugen zu deren Prestige bei.

Die Durchführung der Revolution lief generalstabsmäßig mit geringer Gegenwehr ab. Das bürgerlich-sozialdemokratische Regime ist wie ein Kartenhaus in sich zusammengefallen. Es war eine punktgenaue Landung zu Sitzungsbeginn des II. Allrussischen Sowjetkongresses der Arbeiter- und Soldatendeputierten, den Vollzug der Revolution zu verkünden. Wahrlich ein Meisterstück.

Das Überstehen des Regimes gegen innen- und ausländische Feinde auch mit rotem gegen den weißen Terror, die Durchsetzung des Kriegskommunismus, die massenhafte Aushebung von Soldaten für die Rote Armee und die Übernahme von kriegserprobten zaristischen Offizieren trugen neben dem unkoordinierten Vorgehen seiner Feinde maßgeblich zum Sieg der Roten Armee bei. Andrerseits den Realitätssinn zu besitzen trotz großer Gebietsverluste und gegen den Widerstand in den eigenen Reihen (Trotzki) mit dem Deutschen Reich Frieden zu schließen und nach dem Bürgerkrieg die Zwangsbewirtschaftung durch eine neue ökonomische Politik der Liberalisierung zu ersetzen, dies macht eine wahre Führungspersönlichkeit aus. Es ist die Kunst, die jeweilige Situation realistisch zu erfassen und ohne Scheuklappen die richtigen Schlüsse daraus zu ziehen.

Die neue ökonomische Politik nach dem Bürgerkrieg führte zu einer Steigerung der Produktivkräfte, zu einer besseren Versorgung der Bevölkerung mit Konsumgütern und nach dem militärischen Sieg auch zu einer Festigung der zivilen Macht der Bolschewiki. Natürlich hatte die Einführung von Privateigentum an Produktionsmitteln und von Marktelementen auch ihre Schattenseiten. Es entstand eine neu-alte Bourgeoisklasse, die ihren Reichtum provozierend zur Schau stellte und viel Unmut bei den Bolschewiki und in der Bevölkerung hervorrief. Bilanziert überwogen in dieser politischen Konstellation jedoch die Vorteile. Leider konnte Lenin die NÖP aufgrund seines ersten schweren Schlaganfalls im Mai 1922 nicht mehr umfassend gestalten und trotz mancher Erholungsphasen blieb er für die gewaltigen Aufgaben des Aufbaus des Sozialismus in seinem Wirken stark eingeschränkt. Bis zu seinem Tod Januar 1924 war er auf die Unterstützung anderer Parteigenossen wie Stalin stark angewiesen.

Wenn man der Phantasie freien Lauf ließe und sich einen anderen Nachfolger wie Stalin (z.B. Bucharin) vorstellen würde, hätte sich die Sowjetunion voraussichtlich zu einem durch Mischwirtschaft geprägten System weiterentwickelt, d.h. die große Industrie, Banken, Daseinsvorsorge in Staats- bzw. gesellschaftlicher Hand, die Mittel -und Kleinindustrie unter privater Regie, zwar mit Gewinnorientierung, jedoch mit starken Einschränkungen zu Gunsten des sozialen Ausgleichs und gesamtwirtschaftlicher Planung und Lenkung. Neben großen landwirtschaftlichen Staatsgütern gäbe es auch Bauern, die ihr privates Land nutzten.

In der Nachfolgefrage hatte Lenin nicht so viel Glück. Obwohl er befand, dass Stalin im Umgang mit den Genossen zu grob war, konnte er sich nicht das Ausmaß der späteren großen Säuberungen vorstellen. Stalin verließ mit den auf dem Parteitag von 1928 gefassten Beschlüssen zum planvollen Aufbau des Sozialismus den Pfad der Neuen ökonomischen Politik und holte diktatorisch die Entwicklung der Produktivkräfte unter der Regie der Parteibürokratie nach. Zwar hatte er durch den Aufbau des Sozialismus in einem Land und den Verzicht auf die

Weltrevolution zunächst auch Erfolge vorzuweisen, jedoch durch die Mittel der Parteiherrschaft, des staatlichen Terrors und der Zwangsarbeit in den Gulags, mit denen er den Aufbau des Sozialismus steuerte, desavouierte er auf Generationen die Idee des Sozialismus. Nur muss man bedenken, dass die Industrialisierung in den westlichen Ländern ebenfalls mit extensivster Ausbeutung der Arbeitskraft unter anderem auch der Kinderarbeit und damit verbunden viel menschlichem Leid erfolgte. Trotz seines siegreichen Krieges gegen den deutschen Faschismus ist Stalins Gesamtbilanz als negativ anzusehen. Schließlich waren die bürokratischen Strukturen in Wirtschaft und Gesellschaft so stark verfestigt, dass trotz gorbatschowscher Reformen die sowjetische Gesellschaftsordnung ihre Glaubwürdigkeit und Überzeugungskraft gegenüber ihren Mitgliedern immer mehr verlor und schließlich implodierte.

Wenn man vom Rathaus kommt, ist man bekanntlich immer klüger. Dieses Sprichwort kann auch auf den real existierenden Sozialismus und dessen Untergang Anfang der 90´ er Jahre des letzten Jahrhunderts angewendet werden. Trotz der überragenden Leistungen als Ideologe, Revolutionär und Staatsmann kommt man nicht umhin festzustellen, dass auch Lenin keine notwendige historische Entwicklung verkürzen konnte. In diesem Sinne war Lenin auch ein Revisionist der marxschen Lehre, aber anders als Bernstein, der den Weg in den Reformismus ebnete, bereitete Lenin über die Diktatur des Proletariats den Weg in die Herrschaft einer Partei und dessen Politbüro mit der alles überragenden Position des Generalsekretärs vor.

Ein halbes Jahr der Doppelherrschaft 1917 genügt nicht, um anschließend diese in einer 2.Revolution zu beseitigen und den Sozialismus gewaltsam darauf zu errichten. Auch Lenins Argument, dass die russische Bourgeoisklasse zu schwach war, um den Feudalismus endgültig zu besiegen, und dies eine sofortige sozialistische Revolution aus den objektiven Gegebenheiten erzwang, überzeugt nicht. Der Kapitalistenklasse verblieb keine Zeit, um sich gegen den Feudalismus auf der einen und dem Bolschewismus auf der anderen Seite durchzusetzen. Die Entwicklung wäre vorgeholt worden, denn der Weg wäre ohne das sozialistische Experiment geradliniger zum heutigen Russland verlaufen. Weiter darüber zu spekulieren bringt jedoch nichts, man kann nur die Lehren für die Zukunft daraus ziehen.

Bürgerliche Gesellschaften benötigen für ihre ökonomische Entwicklung trotz ihrer technologischen Beschleunigung Jahrzehnte bis Jahrhunderte. Die bürgerlich-kapitalistische Herrschaft im historischen Maßstab ist notwendig, um die Produktivkräfte zur vollen Entfaltung zu bringen, eine moderne bürgerlich-demokratische Gesellschaft zu errichten und durch eine breit angelegte Bildung die ökonomischen und gesellschaftlichen Grundlagen für eine sozialistische Alternative zu legen. In einer fortschrittlichen bürgerlichen Gesellschaft sind bereits Elemente der Selbstregierung und der Selbstbestimmung auch in der Auseinandersetzung zwischen den Hauptkräften, d. h. den organisierten abhängig Beschäftigten, der Kapitalseite und deren Verbündeten vorhanden und entwickeln sich weiter. Die nachholende kapitalistische Entwicklung unter sozialistischer Regie mit dem Ziel des Kommunismus umzusetzen, ist ein Widerspruch in sich und wurde wie im historischen Ablauf geschehen, durch die Liquidierung des verfrühten staatssozialistischen Ansatzes wieder auf das geschichtlich vorbestimmte Gleis gesetzt.

Neben der historisch verfrühten sozialistischen Revolution gab es auch einen immensen Widerspruch zwischen der sich entwickelnden Parteidiktatur und der von ihr vertretenen Arbeiterklasse. Hob sich die kommunistische Partei immer stärker durch ihren Machtanspruch und deren Durchsetzung mit den entsprechenden Machtorganen wie Parteiapparat und Geheimpolizei von den von ihnen vertretenen Arbeitern und Bauern ab, so verabschiedeten sich die breiten Massen innerlich vom sozialistischen System, das ihnen einst die Befreiung vom Kapitalistenjoch, Einführung der Demokratie und Teilhabe am gesellschaftlichen Reichtum versprach. Die Notwendigkeit zur zeitweiligen Diktatur des Proletariats entwickelte sich auch unter dem Vorzeichen des internationalen Klassenkampfs zu einer immerwährenden Diktatur der Partei, die vorgab, die Interessen des Proletariats zu vertreten. Die Vertröstung auf die lichten Höhen des Kommunismus, wo die Bedürfnisse eines jeden befriedigt werden, verlor, je länger die Parteidiktatur mit ihren Mängeln dauerte, immer mehr an Glaubwürdigkeit.

Rosa Luxemburg stellte zur Diktatur des Proletariats fest: „Es ist die historische Aufgabe des Proletariats, wenn es zur Macht gelangt, an Stelle der bürgerlichen Demokratie sozialistische Demokratie zu schaffen, nicht jegliche Demokratie abzuschaffen. Sozialistische Demokratie beginnt zugleich mit dem Abbau der Klassenherrschaft und dem Aufbau des Sozialismus. Sie beginnt mit dem Moment der Machteroberung durch die sozialistische Partei. Sie ist nichts anderes als die Diktatur des Proletariats. Jawohl: Diktatur! Aber diese Diktatur besteht in der Art der Verwendung der Demokratie, nicht in ihrer Abschaffung, in energischen, entschlossenen

Eingriffen in die wohlerworbenen Rechte und wirtschaftlichen Verhältnisse der bürgerlichen Gesellschaft, ohne welche sich die sozialistische Umwälzung nicht verwirklichen lässt.

Aber diese Diktatur muss das Werk der Klasse, und nicht einer kleinen, führenden Minderheit im Namen der Klasse sein, d.h. sie muss auf Schritt und Tritt aus der aktiven Teilnahme der Massen hervorgehen, unter ihrer unmittelbaren Beeinflussung stehen, der Kontrolle der gesamten Öffentlichkeit unterstehen, aus der wachsenden politischen Schulung der Volksmassen hervorgehen" (Luxemburg, zur russischen Revolution GW 4, S.363).

Ja, es gab in der Sowjetunion große soziale Fortschritte und die Hebung des Kulturniveaus, was nicht kleingeredet werden darf. So ist der Alphabetisierungsgrad der Bevölkerung von 44,1% im Jahr 1920 auf 87,5% im Jahr 1929 gestiegen (Deppe, 1917/2017 S.119). Aber dass die Arbeiter über die Arbeitsorganisation, über Selbstbestimmung und das Betriebsgeschehen Mitentscheidung und Mitverantwortung tragen konnten und Einfluss auf das staatliche Geschehen hatten, wurde durch die von der Partei eingesetzten Betriebs- und Staatsfunktionäre unterbunden. Lenin war sich dieser Problematik bewusst und versuchte auch als vom Tode bereits gezeichneter Mann neben der prädestinierten NÖP neue Wege zum Sozialismus zu beschreiten wie z.B. über das Genossenschaftswesen, Abbau der überbordenden Bürokratie und Beachtung der Nationalitäten. Jedoch das Primat der Partei und die Erhaltung ihrer Macht war für ihn und den anderen führenden Bolschewiki ein absolutes Tabu.

Michael Brie fasste das Dilemma der jungen sowjetischen Gesellschaft wie folgt zusammen: „Das zentrale Problem, dem sich die Sowjetmacht unter diesen Bedingungen gegenübersah, war die Frage, den eigendynamischen Kräften einer Marktwirtschaft Rechnung zu tragen und sie zu fördern, um die Produktion zu erhöhen. Andrerseits bedrohte dies ihr Machtmonopol, untergrub ihre moralische Autorität als Kommunistische Partei. Die Sowjetmacht entfesselte notgedrungen Geister, von denen sie nicht sicher sein konnte, ob sie diese auf Dauer würde kontrollieren können" (Brie, Lenin neu entdecken S.117). Die Befürchtungen wurden durch die Geschichte bestätigt.

Rosa Luxemburg würdigte bei aller Kritik die Bedeutung der russischen Revolution: „Ihnen bleibt das unsterbliche geschichtliche Verdienst, mit der Eroberung der politischen Gewalt und der praktischen Problemstellung der Verwirklichung des Sozialismus dem internationalen Proletariat vorangegangen zu sein und die Auseinandersetzung zwischen Kapital und Arbeit in der ganzen Welt mächtig vorangetrieben zu haben: In Russland konnte das Problem nur gestellt werden. Es konnte nicht in Russland gelöst werden, es kann nur international gelöst werden" (Luxemburg Bd.4, S.365).

2.4. Die unvollendete deutsche Revolution

Da in der deutschen Revolution 1918 die Sozialdemokratie und die aus ihr hervorgehenden Parteien (MSPD, USPD, Spartakus-KPD) eine maßgebliche Rolle gespielt haben, befasse ich mich zunächst mit der Geschichte der Arbeiterbewegung und die Entstehung ihrer Parteien.

Deutsche Arbeiterbewegung bis zum ersten Weltkrieg

Den Anfang kann man mit der bürgerlichen Revolution 1848/49 setzen. Ja, eine Linie kann bis zu den Folgejahren der Französischen Revolution verbunden mit dem Arbeitervorkämpfer Babeuf zurückverfolgt werden.

In Deutschland kann auf den Bund der Kommunisten, der aus dem Bund der Gerechten, der wiederum aus dem Bund der Geächteten hervorgegangen ist, verwiesen werden. Bekannt wurde der Bund der Kommunisten durch das von Marx und Engels für ihn 1848 verfasste „Kommunistische Manifest ". 1852 löste sich der Bund nach dem Kölner Kommunistenprozess auf. In der Revolution 48/49 haben neben liberal gesinnten Bürgern auch Handwerker gekämpft, allerdings nicht als selbständige Organisation. Es wurden jedoch die ersten Gewerkschaften gegründet, die der Buchdrucker und Zigarrenmacher. Zu erwähnen ist noch die vom Schriftsetzer Stefan Born gegründete Arbeiterverbrüderung, die sich vor allem mit sozialpolitischen Forderungen befasste. Aufgrund der reaktionären Politik der deutschen Fürsten nach der verloren gegangenen Revolution von 48/49 war es zunächst nicht möglich, Arbeiterorganisationen zu bilden.

Durch die aufkommende Industrialisierung nahm jedoch die Zahl der Arbeiter rapide zu. Aufgeklärte Teile der Bourgeoisie versuchten durch die Gründung und Führung von Arbeiterbildungsvereinen einerseits den Arbeitern die notwendigen Arbeitskenntnisse zu vermitteln, andrerseits sie aber auch ideologisch an sich zu binden. Dieses Angebot wurde von vielen Arbeitern angenommen und trug zu einem allgemeinen höheren Bildungsniveau des Arbeiterstandes bei. Aufgrund dieser Bildung konnten Arbeiter sich auch mit den Schriften von Karl Marx und Friedrich Engels befassen und sich somit ein eigenes Bewusstsein herausbilden.

In Sachsen, wo verhältnismäßig liberale Zustände herrschten, hat sich ein Arbeiterverein gegründet. In der Auseinandersetzung mit Arbeitervereinen in anderen deutschen Ländern um die Genossenschaftspläne von Schulze-Delitzsch, Verhältnis von Unternehmern zu Arbeitern und dem allgemeinen Wahlrecht wurde Lassalle, einem marxistisch geprägten Rechtsanwalt aus Berlin vom Leipziger Zentralkomitee des dortigen Arbeitervereins gebeten, zu den strittigen Fragen Stellung zu nehmen. Lassalle antwortete dem Leipziger Komitee in seinem „Offenen Antwortschreiben an das Zentralkomitee zur Berufung eines allgemeinen Deutschen Arbeiterkongresses zu Leipzig" (Freyberg, Geschichte der deutschen Sozialdemokratie, S.17).

In seinem Schreiben forderte er, dass sich die Arbeiter dem Einfluss des Bürgertums und ihrer Organisationen, wie der Fortschrittspartei und den Bildungsvereinen entziehen und eine eigene Partei gründen sollten. Wirtschafts- und sozialpolitisch verwies er auf das von ihm entwickelte „eherne Lohngesetz" hin. Das eherne Lohngesetz besagt, dass der durchschnittliche Arbeitslohn immer auf den notwendigen Lebensunterhalt reduziert bleibt. Wenn der Lohn erhöht würde, dann würden mehr Arbeiterfamilien gegründet und ein Überangebot an Arbeitskräften entstehen. Andrerseits kann der durchschnittliche Arbeitslohn nicht unter den Wert der Reproduktionskosten sinken sonst würde durch Abnahme von Arbeiterfamilien die Zeugung des Arbeiternachwuchses zurückgehen und somit das Arbeiterangebot auf dem Markt reduzieren. Diesem nach Angebot und Nachfrage bestimmten ehernen Lohngesetz hat die historische Erfahrung widersprochen. Gerade wenn es Arbeiterhaushalten aufgrund gestiegener Einkommen bessergeht, reduziert sich ihr Nachwuchs während bei geringeren Einkommen wie heute noch in unterentwickelten Ländern die Population sich stark erhöht. Auch der Kampf der Gewerkschaften um höhere Löhne, arbeitsmäßige und soziale Verbesserungen für die abhängig Beschäftigten wird nicht von Lassalle berücksichtigt. Da die Arbeiter jedoch nicht über genügend Kapitalmittel verfügen, sind Produktionsgenossenschaften in seinen Augen nur durch staatliche Förderung zu gründen.

Aufgrund des Antwortschreibens bekannten sich mehrere deutsche Arbeitervereine zu den Aussagen von Lassalle und 1863 wurde in Leipzig der „Allgemeine Deutsche Arbeiterverein (ADAV)" durch 12 Delegierte aus 11 Städten gegründet. Der Arbeiterverein wurde straff organisiert mit einem 24-köpfigen Vorstand und Lassalle als Präsident an der Spitze.

Die bürgerliche Fortschrittspartei reagierte auf die Gründung des ADAV mit der Zusammenfassung der Arbeiterbildungsvereine im Verband deutscher Arbeiterbildungsvereine (Freyberg, S.21). Es kam zu Auseinandersetzungen zwischen dem ADAV und den Arbeiterbildungsvereinen, da Lassalle nicht über das aufgeschlossene Bürgertum, sondern in Zusammenarbeit mit dem Staat unter dem preußischen Ministerpräsidenten Bismarck, mit dem er korrespondierte und sich mehrmals traf, seine Ziele zu erreichen versuchte. Die Zusammenarbeit mit dem bismarckschen Staat wurde auch von vielen Arbeitern und ihren Vertretern abgelehnt. Nach dem Duelltod von Lassalle 1864 kam es um das Lassallesche Erbe zu Auseinandersetzungen und Absplitterungen im ADAV.

Ebenfalls in Sachsen schlossen sich 1866 die Arbeiterbildungsvereine unter Führung von August Bebel zu einem Gesamtverband zusammen. Dieser Verband bildete die proletarische Basis für die im gleichen Jahr gegründete Sächsische Volkspartei, die sich selbst als Teil der Deutschen Volkspartei verstand.

Nach Auseinandersetzungen im ADAV verließen einige Funktionäre diesen Verein und luden zusammen mit Bebel als Vertreter des Verbandes deutscher Arbeitervereine zu einem „Allgemeinen deutschen sozialdemokratischen Arbeiterkongress" am 7.und 8. August 1869 nach Eisenach ein. Hier wurde die sozialdemokratische Arbeiterpartei (SDAP) gegründet. Ihr Programm enthielt u.a. die Forderung nach demokratischen Wahlen und nach Produktivgenossenschaften mit Staatskredit unter demokratischen Garantien (Freyberg, S.25-26). ADAV und SDAP konkurrierten in der Folgezeit heftig miteinander, was die Bildung von Gewerkschaften erschwerte. Während die Abgeordneten der SDAP sich in der Frage der Kriegskredite für den Deutsch-Französischen Krieg 1870/71 der Stimme enthielt, stimmten die Abgeordneten der ADAV im Norddeutschen Reichstag dafür (Freyberg, S.26-27). Im neu gebildeten Reichstag von 1871 gewannen nach allgemeiner, direkter und geheimer Männerwahl der ADAV 3 und die SDAP 6 Mandate.

Aufgrund der staatlichen Repression gegen beide Arbeiterparteien im neu gegründeten Deutschen Reich kamen führende Parteimitglieder von beiden Seiten zur Auffassung, nicht mehr sich gegenseitig durch Auseinandersetzungen zu schwächen, sondern durch den Zusammenschluss zu stärken. Auf dem Gothaer Vereinigungsparteitag im Mai 1875 wurde die Sozialistische Arbeiterpartei Deutschlands gegründet, der ADAV brachte 15322 Mitglieder und die SDAP 9121 Mitglieder ein. Das Gothaer Einigungsprogramm wurde von Marx und Engels aufgrund seines starken lassellanischen Einflusses heftig kritisiert (Freyberg S.27-28).

Nach der Reichsgründung 1871 ergab sich eine ökonomische Krise durch ein verlangsamtes wirtschaftliches Wachstum (Gründerkrach) sowie das Verlangen der aufstrebenden Schwerindustrie und der Großagrarier nach Schutzzöllen, um gegen den billigen Import von Eisen, Stahl und Getreide konkurrieren zu können. Die dadurch verteuerten Lebensmittel führten zu einer heftigen Gegenwehr der entstandenen Gewerkschaften und der Arbeiterschaft insgesamt.

Zwei Attentatsversuche gegen Kaiser Wilhelm I, die der Sozialdemokratie in die Schuhe geschoben wurden, waren der willkommene Anlass gegen den politischen Arm der aufmüpfigen Arbeiterbewegung vorzugehen und sie mit Ausnahme der Teilnahme an den Wahlen und der Wahrnehmung der Parlamentsmandate 1878 zu verbieten (Freyberg, S.28-29).

Zwar nutzten die Sozialdemokraten die Möglichkeiten des Wahlkampfes aber die übrige Parteiarbeit war stark behindert. Es wurden illegale Zeitungen und Flugblätter im Ausland (z.B. Schweiz) gedruckt, ins Inland geschmuggelt und verteilt. Man beteiligte sich an Streiks

und nutzte jede Gelegenheit, die eigene Stärke zu demonstrieren: Beerdigungen wurden zu Massendemonstrationen, Wanderungen und geselliges Wirtshaustref-
fen wurden zu Versammlungen, durch Arbeitersport und
andere Arbeitervereine wurde der Zusammenhalt gepflegt usw. Es wurde viel Phantasie entwickelt, um die
Sozialistengesetze geschickt zu umgehen.

Bismarck besaß jedoch so viel politischen Realitätssinn, dass er neben der Verbotspeitsche für die organisierte Arbeiterschaft als Zuckerbrot die Renten-und In-
validitätsversicherung sowie die Krankenversicherung
für alle Arbeiter einführte. An ihren schlechten Lebensbedingungen änderte dies jedoch nur wenig, die Löhne
hinkten trotz Lohnsteigerung der allgemeinen Preisent-
wicklung hinterher und die Wohnbedingungen blieben
für lange Zeit auf miserablem Niveau.

Für die Sozialdemokratie erwiesen sich die Sozialistengesetze trotz der Beeinträchtigung der politischen
Arbeit wie ein Stimulans für ihren wachsenden Einfluss.
So vergrößerte sich ihr Stimmenanteil von 1881 bis
1890, dem letzten Jahr der Sozialistengesetze von 6,1%
auf 19,7% (Freyberg, S.32). Der wachsende Einfluss der
Sozialdemokratie und die Kontraproduktivität der Sozialistengesetze führten daher auch zu ihrer Abschaffung. In dem auf dem Erfurter Parteitag 1891 verabschiedeten Parteiprogramm wurde der allgemeine Teil
von Kautsky mit einem marxistischen Anspruch verfasst, während im praktischen Teil der reformistische
Ansatz (Revisionismus) von Bernstein vertreten war.
Die Partei erhielt auf dem Erfurter Parteitag ihren endgültigen Namen: Sozialdemokratische Partei Deutschlands (SPD).

Gegen die Jahrhundertwende propagierte Bernstein in seiner Artikelserie „Probleme des Sozialismus" und in seinem 1899 erschienen Buch „Die Voraussetzungen des Sozialismus und die Aufgaben der Sozialdemokratie", in dem er für eine konsequente Reformpolitik plädierte und sich gegen jede revolutionäre Entwicklung wandte, einen deutlichen Kurswechsel. Durch schrittweise Reformen, auch im Bündnis mit bürgerlichen Parteien könne die gesellschaftliche Gleichberechtigung der Arbeiter erreicht werden. Seine Thesen wurden zwar zunächst von der Mehrheit der Mitglieder abgelehnt, doch blieb die Auseinandersetzung zwischen Marxisten und Revisionisten das bestimmende Thema der Parteidebatten (Freyberg, S.35).

Um die Jahrhundertwende gewann die SPD weiterhin an Masseneinfluss, so stieg die Zahl ihrer Mitglieder von 1903 bis zum ersten Weltkrieg von 384.327 auf 1.085.905, ihr Stimmenanteil bei der Reichstagswahl verdoppelte sich von 2.107.076 im Jahre 1898 auf 4.250.329 im Jahre 1912 und wurde somit im Reichstag stärkste Fraktion. Sie war zu einem Machtfaktor geworden, den man nicht mehr so einfach übergehen konnte (Freyberg, S.40).

Im marxistischen Flügel wurde aufgrund des neuen Selbstbewusstseins eine Aktualisierung und Realisierung des Erfurter Programms mit der Ausweitung des außerparlamentarischen Kampfes insbesondere durch die Anwendung des Massenstreiks angestrebt. Rosa Luxemburg griff massiv in die Massenstreikdebatte ein. Die Massenstreikdebatte war auch dem Umstand geschuldet, dass die Streikintensität gegenüber dem ausgehenden 19. Jahrhundert vor dem 1.Weltkrieg stark zunahm. Neben dem marxistischen Flügel, der die Massenstreikdebatte vorantrieb und den Reformern, die sich an Bernstein orientierten und Revisionisten genannt wurden, bildete sich seit ca.1905 eine mittlere Orientierung, die im Wesentlichen von Kautsky vertretene Richtung der Zentristen, die grundsätzlich an der marxistischen Orientierung des Erfurter Programms festhielten, aber keine Ideen der Umsetzbarkeit und des täglichen Klassenkampfs und somit keine Gegenposition zum Revisionismus ergriffen.

Die Auseinandersetzungen zwischen den 3 Strömungen entwickelte sich unterschiedlich. Zunächst verurteilte der Dresdner Parteitag 1903 den Revisionismus, auf dem Parteitag in Jena 1905 wurde die Berechtigung des Massenstreiks zur Abwehr von Wahlrechtsverschlechterungen anerkannt, was einen starken defensiven Charakter offenbarte. Auf Druck der Gewerkschaften, die stark reformistisch orientiert waren, wurde 1906 in einem Abkommen zwischen beiden Vorständen festgelegt, dass vor der Entscheidung des Parteivorstandes zur Ausrufung des Generalstreiks die vorherige Zustimmung der Gewerkschaften eingeholt werden sollte. Dieses Abkommen wurde durch den SPD-Parteitag in Mannheim von den Delegierten bestätigt. Gestärkt durch den Ausgang der Massenstreikdebatte gewannen die Reformisten schnell an Boden (Freyberg, S.45-46).

Zwar konnte auf dem internationalen Sozialistenkongress 1907 in Stuttgart eine Resolution verabschiedet werden, die die Proletarier auffordert, alles zu tun, damit kein Krieg ausbricht und falls ausgebrochen, sich für dessen Beendigung einzusetzen, das Volk aufzurütteln und die allgemeine Krise zur Beseitigung der kapitalistischen Klassenherrschaft zu nutzen. Im selben Jahr stimmten jedoch die sozialdemokratischen Fraktionen in verschiedenen Landtagen für das Budget ihrer Landesregierungen und Kautskys Buch „Der Weg zur Macht", indem er den Massenstreik als ein Kampfmittel anführte und Gewalt im revolutionären Kampf nicht generell ausschloss, wurde nur nach Vermerk des Verfassers, dass dies seine persönliche Einschätzung sei, vom Parteivorstand für die Verbreitung zugelassen. Massenaktionen bis zu Massenstreiks zur Änderung des preußischen Dreiklassenwahlrechts wurden vom Parteivorstand untersagt. Schon 1913 stimmte die sozialdemokratische Reichstagsfraktion dem Wehretat zu. Ihre alte Forderung der Einführung von direkten Reichssteuern war dadurch möglich geworden (Freyberg, S.46-47).

Der Vorstand, in dem Friedrich Ebert sich immer mehr zur starken Figur aufbaute, ging gegen linke Redakteure wie Franz Mehring von der Leipziger Volkszeitung und dem theoretischen Organ „Die neue Zeit" ebenso wie gegen Thalheimer und Radek von der Göppinger Freien Volkszeitung vor. Es gab an der Mitgliederbasis heftigen Widerstand gegen die Rechtsentwicklung an der Spitze. Aber die marxistisch geprägten Sozialdemokraten, ob in der Führung oder an der Basis vermochten es nicht, ihre Kräfte organisatorisch zu bündeln, um sich gegen die Rechtsentwicklung zu stemmen.

Andrerseits wollte man die Einheit der Arbeiterbewegung, ob in Partei oder Gewerkschaft nicht gefährden. Auch die durch gestiegenen Mitgliederzuwachs und gewonnene Wahlen neu etablierte Rolle der SPD wollten viele Sozialdemokraten und besonders die Funktionäre nicht durch Kampfaktionen die staatliche Macht provozieren und durch ein neues Verbot die Stärke der Arbeiterorganisationen auf das Spiel setzen. Sicher spielten bei den einzelnen Funktionären und Mandatsträgern ihre Etablierung als anerkannte Arbeiterführer und somit als respektiertes Mitglied der Gesellschaft und damit verbunden bessere Lebensverhältnisse für sich und ihre Familien eine nicht ausgesprochene aber wichtige Rolle.

Die Arbeiterbewegung im Ersten Weltkrieg

Gleich zu Beginn des ersten Weltkrieges bewilligte die sozialdemokratische Reichstagsfraktion am 4.8.1914 die von der Regierung geforderten Kriegskredite. Eine Minderheit von 14 Abgeordneten darunter Karl Liebknecht stimmte in der Fraktionssitzung tags zuvor gegen die Bewilligung der Kriegskredite, beugte sich jedoch der Fraktionsdisziplin (Freyberg S.54). Trotz des internationalen Sozialistenkongresses 1907 in Stuttgart mit dem Aufruf der Gegenwehr bei Kriegsausbruch und machtvollen Arbeiterdemonstrationen im Juli 1914 schwenkte die Führung der Sozialdemokratie ohne Proteste auf Kriegskurs ein.

Dies hatte mehrere Gründe:

-Der Krieg gegen das zaristische Russland war bis in die Sozialdemokratie hinein populär, der Ausspruch Bebels: „Wenn es um Krieg gegen das zaristische Russland (Hort der internationalen Reaktion, der Verf.) geht, würde auch ich noch meine Flinte auf den Buckel schnallen" hatte seine Wirkung nicht verfehlt.

-Nach dem Attentat von Sarajewo entstand eine wahre Kriegshysterie, man ließ den österreichischen Bundesgenossen, der von Serbien durch den tödlichen Anschlag sehr gedemütigt wurde, in seiner Vergeltungsabsicht nicht in Stich (Nibelungentreue).

-Einerseits befürchtete man seitens der führenden Sozialdemokraten Repressalien bis zum Verbot der Partei andrerseits erhoffte man sich bei Wohlverhalten ein kompromissbereiteres Agieren der Regierung in Fragen des preußischen Dreiklassenwahlrechts. Die Gewerkschaften erwarteten bei Einstellung jeglicher Streikaktivitäten ihre Anerkennung als gleichgewichtige Kooperationspartner und soziale Verbesserungen für ihre Mitglieder.

-Atmosphärisch trug des Kaisers Ausspruch: „Ich kenne keine Parteien mehr, ich kenne nur noch Deutsche" zum sog. Burgfrieden bei. Die Arbeiter und ihre Führer wollten keine „vaterlandslose Gesellen" sein.

Dass der 1.Weltkrieg von deutscher Seite kein Verteidigungskrieg, sondern mit dem Überfall auf Belgien und den Kriegserklärungen an Frankreich und Russland aufgrund deren Mobilmachungen ein Angriffskrieg war, nahmen nur wenige in dem Kriegstaumel wahr. Deutschland und Österreich-Ungarn mit seinem nicht annehmbaren Ultimatum an Serbien übernahmen die gegenüber dem eigenen Volk verleugnete Rolle des Aggressors. Natürlich haben die Ententemächte durch ihre provozierende Mobilmachungen zum Kriegsbeginn beigetragen und nicht versucht, die drohende Kriegsgefahr wie von England angeregt durch verstärkte Diplomatie abzuwenden.

In Deutschland verschärfte sich im Laufe des Krieges auch aufgrund des für Deutschland verhängnisvollen Kriegsverlaufs die innenpolitische Situation.

Zwar konnten sich die herrschenden Kreise (Adel, Wirtschaftsführer sowie das Militär und deren zivile Unterstützungsverbände) zunächst über neue Annexionen ereifern, aber gegen Ende des Krieges ging es nur um die Frage eines Sieg- oder Verständigungsfriedens.

Bereits in der Marneschlacht im September 1914 blieb der deutsche Vormarsch in Frankreich stecken und es entwickelte sich ein mörderischer Stellungskrieg, bei der keine Seite auch mit großen Verlusten vorgetragene Offensiven einen kriegsentscheidenden Vorteil errang.

Erst mit dem Kriegseintritt der USA 1917 wendete sich langsam das Blatt zu Ungunsten Deutschlands, so dass die Oberste Heeresleitung (OHL), um die totale Niederlage zu verhindern, im Herbst 1918 die zivile Regierung beauftragte, die Entente um einen Waffenstillstand zu ersuchen.

Der Krieg brachte eine stetige Verschlechterung der Versorgung breiter Bevölkerungskreise und besonders der Arbeiterschaft mit sich. Die Umstellung auf Kriegswirtschaft führte zunächst zu erhöhter Arbeitslosigkeit, aufgrund des Einzugs der jungen Männer zur Front bald jedoch zu großem Arbeitskräftemangel. Die Produktion für den Krieg wurde vom Kriegsamt und die Versorgung mit Lebensmitteln vom Reichsernährungsamt koordiniert. In beiden Ämtern waren die Sozialdemokratische Partei und die Gewerkschaften durch Staatssekretäre vertreten.

Viele Güter des täglichen Bedarfs und Lebensmittel konnten nicht besorgt werden. Besonders schlimm war der Kohlrübenwinter 1916/1917. Da die Kartoffelernte größtenteils ausgefallen war, musste die Bevölkerung als Ersatz sich von Rüben ernähren. Die Menschen litten unter Hunger, 700.000 starben während der Kriegsjahre an Hunger und Unterernährung. Dass in der katastrophalen Versorgungslage Schieber und Spekulanten versuchten ihr Geschäft zu machen, ist auch ein trauriges aber wahres Kapitel der ansonsten so hoch gehaltenen deutschen Volksgemeinschaft. Um für breite Bevölkerungsschichten Grundnahrungsmittel erwerbbar zu machen, hatte die Regierung Höchstpreise für die wichtigsten Lebensmittel festgesetzt. Die Folge war, dass Bauern anstatt Kartoffeln auszuliefern, sie an die Schweine verfütterten. Oder Lebensmittel wurden so lange gehortet und wenn sie nicht teuer unter der Hand verkauft wurden als für den menschlichen Verzehr nicht mehr geeignetes Futter angeboten (Müller, Richard, eine Geschichte der Novemberrevolution, S.61). Außerdem hielten die Löhne mit den Teuerungsraten für Lebensmittel nicht Schritt. Auch ein geringer staatlicher Lohnersatz half nicht darüber hinweg, dass der Hauptverdiener wegen Einzug zum Kriegsdienst ausfiel.

Da die Männer für den Kriegsdienst benötigt wurden, wurden viele Frauen in der Kriegs- und Zivilproduktion eingesetzt. Die Arbeitsschutzgesetze für Kinder und Frauen wurden teilweise und nach dem Erlass des „Gesetzes zum vaterländischen Hilfsdienst" 1916 wurde die Freizügigkeit der Arbeitskräfte aufgehoben (Freyberg, S.56).

In der Frage der Kriegskredite stimmte Karl Liebknecht am 2.Dezember 1914 als einziger Abgeordneter im Reichstag gegen deren Bewilligung (Freyberg, S.61). Dieser Schritt zeugte von einer festen Antikriegshaltung und großem Mut, als einzelner gegen alle anderen standhaft zu bleiben. Nach diesem denkwürdigen Tag wurde Karl Liebknecht zu vielen Arbeiterversammlungen eingeladen, die Gründe für sein Abstimmungsverhalten darzulegen. Es wurden Resolutionen gegen den Krieg und die Burgfriedenspolitik der Parteispitze verabschiedet und von vielen linken Sozialdemokraten gefordert, der imperialistischen Kriegspolitik eine Politik des Klassenkampfes gegen den Krieg entgegenzusetzen.

Ende 1914 Anfang 1915 wurden zahlreiche Flugblätter gegen den Krieg und die Unterstützungspolitik des Parteivorstandes gedruckt und verteilt. Auf einer Tagung der SPD-Reichstagsfraktion wurde der Antrag des Gewerkschaftsführers Legien, Liebknecht wegen seines Abstimmungsverhaltens aus der Fraktion auszuschließen, u.a. auch von Ebert abgelehnt, aber sein Verhalten als unvereinbar mit den Interessen der deutschen Sozialdemokratie bezeichnet.

Als einziger Reichstagsabgeordneter wurde Liebknecht kurz danach zum Militärdienst eingezogen und Rosa Luxemburg musste ebenfalls im Februar 1915 ihre einjährige Gefängnisstrafe antreten. Liebknecht wurde jedoch für die Reichstagssitzungen vom Militärdienst beurlaubt und konnte somit die Verbindung zu seinen Gesinnungsgenossen und -genossinnen aufrechterhalten. Bei der nächsten Abstimmung über Kriegskredite im März 1915 verließen bereits 30 Abgeordnete den Saal, Liebknecht stimmte zusammen mit Rühle dagegen. Im selben Monat trafen sich eine Gruppe linker Sozialdemokraten mit Liebknecht und gründeten die Gruppe „Internationale", aus der im Januar 1916 die Gruppe „Spartakus" hervorging. Bei deren Gründung war noch kein Bruch mit der Mutterpartei, sondern nur ein festerer Zusammenschluss der linken Kräfte vorgesehen, um gemeinsam gegen den Krieg besser agieren zu können. Die Internationalisten konnten eine lose Verbindung mit Gleichgesinnten in anderen deutschen Städten herstellen (Freyberg S.61-62).

Während linke Sozialdemokraten unter den Repressionen des Militärs und der kaiserlichen Verwaltung zu leiden hatten, wurde deren Zusammenarbeit mit dem kriegsunterstützenden Flügel der SPD und der Gewerkschaften immer enger. So halfen die Gewerkschaftsleitungen 1914 bei der Umleitung der Arbeiterströme zur Bergung der Ernte und in die Rüstungsindustrie. Da die Gewerkschaften auf Streik während des Krieges verzichteten, konnten sie ihre Streikkassen für die Unterstützung der Angehörigen von Kriegsteilnehmern zur Verfügung stellen. Weiterhin pflegten Sozialdemokraten ständigen Kontakt zu den Reichsbehörden, führende Funktionäre konnten u.a. mit deren Pässen ins Ausland reisen. (Freyberg S. S.57-58).

Welch abgekartetes Spiel zwischen der SPD-Spitze und der Reichsregierung betrieben wurde, konnte man an der Unterschriftenaktion für einen baldigen Frieden ersehen. Da die Mitgliedschaft wegen der Dauer des Krieges und seiner Belastungen immer unruhiger wurde, mussten die führenden SPD-Funktionäre ihren Einsatz für den Frieden gegenüber der Partei demonstrieren. Sie starteten daher eine Unterschriftenaktion für einen baldigen Frieden und richteten im Reichstag Anfragen nach den Kriegszielen und den Möglichkeiten eines Friedensschlusses. Die ganze Aktion war zuvor jedoch mit dem Reichskanzler abgesprochen, so dass dieser seine allgemeinen substanzlosen Beteuerungen zur Friedensbereitschaft des Reiches gut in der Öffentlichkeit vermitteln konnte. Die SPD konnte sich gegenüber der eigenen Mitgliedschaft als Friedenspartei profilieren, die Regierung ihre grundsätzliche Friedensbereitschaft bekunden, ohne jedoch auf irgendwelche annexionistischen Kriegsziele zu verzichten (Freyberg, S.58).

Als Beschwichtigung der eigenen Bevölkerung konnte die Osterbotschaft 1917 des Kaisers angesehen werden, in der er die Aufhebung des preußischen Dreiklassenwahlrechts in Aussicht stellte. Im selben Jahr begannen auch Verhandlungen zwischen den Unternehmerverbänden und der Generalkommission der Gewerkschaften, die schließlich im November 1918 in einem Arbeitsgemeinschaftsabkommen mündeten (Freyberg, S.59). Die Kapitalseite unterbrach immer wieder die Verhandlungen, wenn sie sich stark fühlte und führte sie bis zum Abkommen fort, wenn sie revolutionäre Gefahren für ihren Besitzstand befürchtete.

Die zunehmende Verschlechterung der Lebenslage breiter Bevölkerungsschichten führte in Berlin und anderen Städten zu Protestaktionen gegen Preiserhöhungen für Lebensmittel. Von der Gruppe Internationale organisierte Straßendemonstrationen im November 1915 in Berlin erhielten jedes Mal mehr Zulauf und führten zu erbittertem Widerstand gegen die eingesetzte Polizei.

Wie sich eine allgemeine Antikriegshaltung ausbreitete, konnte man gut am Abstimmungsverhalten der sozialdemokratischen Abgeordneten feststellen. War bei der Ablehnung der Kriegskredite im Dezember 14 Liebknecht noch allein, so wuchs die Zahl der Abweichler bei der Abstimmung im Dezember 1915 auf 18, wobei man festhalten muss, dass weitere 22 Abgeordnete der Abstimmung fernblieben. Darauf wurde ihm im Januar 1916 die Rechte der Fraktionsmitgliedschaft aberkannt, worauf er und kurze Zeit danach Otto Rühle (Bremen) aus der Fraktion austraten.

Im März lehnten die 18 Abgeordneten, die die Kriegskredite verweigerten, ebenfalls den Not-Etat ab. Darauf wurden sie von der Fraktionsmehrheit ausgeschlossen

und bildeten die „Sozialdemokratische Arbeitsgemeinschaft". Im Januar 1917 trafen sich alle sozialdemokratischen Oppositionsgruppen einschließlich der Spartakusgruppe zu einer Reichskonferenz in Berlin. Folglich
wurde die Sozialdemokratische Arbeitsgemeinschaft
vom Parteiausschuss der SPD aus der Partei ausgeschlossen, worauf die Oppositionsgruppen sich im April
als Unabhängige Sozialdemokratische Partei (USPD)
gründete. In der neuen Partei waren vor allem der zen-
tristische Flügel mit Kautsky, Revisionisten wie der
überzeugte Pazifist Bernstein und linke Kräfte wie der
Spartakusbund und später vor allem die revolutionären
Obleute vertreten. Die internationalen Sozialisten
Deutschlands, die in Bremen stark präsent waren,
schlossen sich der neuen Partei nicht an. Die Zusammensetzung war heterogen, so dass die Partei nur bis
1922 und als Splitterpartei bis 1931 bestand. Zwar forderte die USPD-Mehrheit den sofortigen Friedensschluss und wandte sich gegen die Burgfriedenspolitik,
doch beschränkte sie sich im Gegensatz zum Spartakusbund weitgehend auf den parlamentarischen Kampf.

Die bisherige SPD nannte sich nun Mehrheits - Sozialdemokratische Partei Deutschlands (MSPD). Für die
MSPD bedeutete die Gründung einer weiteren sozialdemokratischen Partei ein Verlust von Mitgliedern und
Funktionären. Sie gewann aber neue Mitglieder aus konservativen Arbeiterschichten und aus dem Kleinbürger-
tum hinzu. Im Reichstag schloss sich die SPD mit den
beiden bürgerlichen Parteien Zentrum (katholisch) und
der fortschrittlichen Volkspartei (liberales Bürgertum)
zu einem interfraktionellen Ausschuss zusammen (Freyberg, S.62-64).

Die Vorboten der Novemberrevolution haben sich bereits im August 1917 angekündigt. Nach zahlreichen Beratungen verließen etwa 600 Matrosen unter Führung ihrer illegalen Schiffsorganisation das Kriegsschiff „Friedrich der Große" in Wilhelmshaven und beschlossen auf einer großen Versammlung, sich nicht am Krieg zu beteiligen. Ehe der Aufstand sich aber ausbreiten konnte, wurde die Bewegung brutal niedergeschlagen. Ihre führenden Köpfe (u.a. Reichpietsch) wurden erschossen und weitere Teilnehmer zu hohen Kerkerstrafen verurteilt (Jörg Berlin, die deutsche Revolution 1918 /19, S.91-95).

Im November 1917 (russisch: Oktober) errangen die Arbeiter- und Soldatensowjets unter Führung der Bolschewiki die Macht in Petrograd und verteidigten sie gegen die ersten Angriffe weißgardistischer Truppen. Der Sieg der russischen Räte gegen die bürgerliche Regierung in Russland wurde von allen linken Kräften und von dem Großteil der Arbeiterschaft, ja auch von führenden Mehrheitssozialdemokraten mit Freude begrüßt.

Ebenso angeregt durch Streiks in Österreich-Ungarn wurde im Januar 1918 zum bis dahin größten politischen Massenstreik mit der Losung: „Nieder mit dem Krieg! Nieder mit der Regierung!" aufgerufen. Es wurden demokratische Mindestforderungen wie die Aufhebung des Belagerungszustandes, des Arbeitszwangsgesetzes, die Herstellung des Presse-, Versammlungs- und Streikrechts und die Freilassung aller politischen Gefangenen proklamiert.

Über eine Million Arbeiter im Deutschen Reich beteiligten sich gegen den Willen der Gewerkschaftsführung daran. Über 400 gewählte Betriebsvertrauensleute versammelten sich im Berliner Gewerkschaftshaus und konstituierten sich als Groß-Berliner Arbeiterrat. Zur Leitung des Streiks wurde ein Aktionsausschuss aus 11 Mitgliedern, die vor allem aus den Reihen der revolutionären Obleuten und maßgeblich an der Vorbereitung der Streiks beteiligt waren, gebildet. Den Vorsitz übernahm ihr Führer Richard Müller. Auf seinen Vorschlag wurde beschlossen, je drei Vertreter der USPD und der MSPD hinzuziehen. Die revolutionären Obleute erkannten nicht, dass vor allem die MSPD - Vertreter darunter Ebert und Scheidemann sich am Streikkomitee nur beteiligten, um ihn so schnell wie möglich zu beenden. Im Magdeburger Reichspräsidentenprozess 1924 gab Scheidemann offen zu:" Wenn wir nicht in das Streikkomitee hineingegangen wären, dann wäre der Krieg und alles andere meiner festen Überzeugung nach schon im Januar erledigt gewesen. Durch unser Wirken wurde der Streik bald beendet und alles in geregelte Bahnen gelenkt. Man sollte uns eigentlich dankbar sein." (Autorenkollektiv Institut für Marxismus-Leninismus, Geschichte der deutschen Arbeiterbewegung VI S.33). Um weitere Zusammenkünfte zu verhindern, besetzten Ende Januar starke Polizeikräfte das Gewerkschaftshaus und andere Versammlungsräume. Vor der Polizeibesetzung hatten die drei MSPD - Funktionäre noch fluchtartig das Gebäude verlassen (Müller S.115).

Auch in anderen Städten kam es zu großen Streikaktionen. Mehr als eine Million Menschen nahmen in Deutschland daran teil. Bei Massendemonstrationen in Berlin am letzten Januartag kam es zu heftigen Auseinandersetzungen zwischen demonstrierenden Arbeitern und der berittenen Polizei, die in die Menge schoss. Mehrere Arbeiter wurden getötet und viele Verletzte waren zu beklagen. Der Verkehr wurde lahmgelegt, mithilfe umgekippter Kraftfahrzeuge wurden Barrikaden errichtet, es herrschten bürgerkriegsähnliche Zustände.

Nachdem die Obrigkeit die Situation wieder unter Kontrolle hatte, wurde der verschärfte Belagerungszustand verhängt und außerordentliche Kriegsgerichte eingesetzt. Den Arbeitern wurden schwere Strafen angedroht, falls sie ihre Arbeit nicht wiederaufnahmen. Da die Regierung sich nicht verhandlungsbereit zeigte, andrerseits die Arbeiterschaft der Unterdrückung durch die Obrigkeit schutzlos ausgesetzt war, wurde vom Streikaktionsausschuss am 3. Februar beschlossen, den Streik abzubrechen. In dessen letzten Sitzungen fehlten bereits die Mehrheitssozialdemokraten (Müller, S.121).

Im März 1918 wurden bei einer illegalen Beratung der Spartakusgruppe führende Mitglieder unter ihnen Jogiches, der ihre illegale Organisation seit der Einkerkerung Karl Liebknechts und Rosa Luxemburgs leitete, durch die Polizei verhaftet. Ihre geheime Druckerei wurde beschlagnahmt, sodass in den Monaten April und Mai kaum Flugblätter verteilt werden konnten.

Ebenfalls im März, als sich die Oberste Heeresleitung (OHL) durch den mit Russland abgeschlossenen Diktatfrieden von Brest-Litowsk im Aufwind fühlte und gestärkt durch freigewordene Truppen, ging sie nochmals an der Westfront in die Offensive. Nach fünf mörderischen Schlachten mit mehr als eine Million Toten, Verwundeten und Vermissten musste die OHL die Angriffe im Juli einstellen und im August wurde im Gegenzug die deutsche Front von den Entente-Truppen durchbrochen und die deutsche Armee zum Rückzug gezwungen. Zum Sieg der Entente haben vor allem frische amerikanische Truppen und modernes Kriegsgerät wie Panzer maßgeblich beigetragen.

Im Sommer kam es erneut zu Massenstreiks, diesmal vor allem in der Provinz, in Schlesien, im Ruhrgebiet und in Sachsen. Im September war die Lage für die herrschende Klasse in Deutschland äußerst bedrohlich. Das Heer im Westen geschlagen, im Osten durch Verbrüderungsszenen mit russischen Soldaten durch den „bolschewistischen Bazillus" infiziert, die Marinesoldaten durch Kontakte zu streikenden Arbeitern ebenfalls nicht mehr voll einsetzbar, die Kriegsproduktion durch Massenstreiks praktisch lahmgelegt und die Versorgungslage katastrophal.

Sebastian Haffner schildert in seinem Buch „Die deutsche Revolution" im Kapitel „Der 29.September 1918" anschaulich den Schwenk der OHL, initiiert vom 1.Generalquartiermeister Ludendorff, von der Militärdiktatur zur parlamentarischen Regierung unter Einbeziehung der Sozialdemokraten (Haffner, die deutsche Revolution S.27 ff). Deren Beteiligung war nicht aus neu gewonnener Einsicht in die demokratische Regierungsform, sondern aus der Not geboren. Die OHL war nicht bereit, in der Niederlage die Verantwortung für ihren imperialistischen Krieg zu übernehmen, sondern sie wollte die Folgen des verlorenen Krieges auf eine Zivilregierung und die Sozialdemokraten abwälzen („Novemberverbrecher"). Da die Heimatfront dem angeblich siegreichen Heer in den Rücken gefallen sei, sollten deren führende Politiker die Suppe auslöffeln, die sie durch ihr „unpatriotisches Verhalten" selbst eingebrockt hätten (Dolchstoß-Legende). Ohne jegliches Schuldeingeständnis hat die OHL dem Zentrum, den Fortschrittlichen und vor allem der Sozialdemokratie die Schuld für den verloren gegangenen Krieg zugeschoben.

Aber auch eine Vorbedingung des amerikanischen Präsidenten Wilson, die Reichsregierung auf eine parlamentarische Basis zu stellen, trug zu dieser Entscheidung bei. Ludendorff erhoffte sich dadurch bessere Verhandlungspositionen. Andrerseits übernahmen die führenden Sozialdemokraten für ein bisschen Machtbeteiligung, d.h. für die Parlamentarisierung des Kaiserreichs und Regierungsbeitritt gerne die Rolle des Retters des alten Systems.

Am 3. Oktober wurde eine neue Reichsregierung unter Einschluss der Sozialdemokratie, des Zentrums und der Fortschrittlicher Volkspartei (die spätere Weimarer Koalition) vom liberalen Prinzen Max von Baden gebildet und der Sozialdemokrat Scheidemann sowie der Gewerkschafter Bauer zu kaiserlichen Staatssekretären (Minister) berufen.

Fortan waren Kanzler und Reichsminister an das Vertrauen der Reichstagsmehrheit gebunden und der Oberbefehl über die Streitkräfte ging vom Kaiser auf die Reichsregierung über. Auf Drängen der OHL ersuchte die neue Regierung um sofortigen Waffenstillstand beim amerikanischen Präsidenten Woodrow Wilson (Freyberg, S.66). Gedrängt vom eigenen Kongress und vom Verbündeten Frankreich verlangte der amerikanische Präsident in seiner 3. Note u.a. die Einstellung des U-Bootkrieges, die Entmachtung des Kaisers, die Auslieferung des schweren Kriegsgeräts, wozu auch die Flotte gehörte, die in England interniert werden sollte, die Übergabe Elsass-Lothringens und des linken Rheinufers mit drei Brückenköpfen bei Köln. Deutschland sollte es unmöglich gemacht werden, einen weiteren Krieg zu beginnen. Ludendorff wollte sich diesen gesteigerten Bedingungen nicht beugen und verlangte in Kenntnis der aussichtslosen Lage die Fortsetzung des Krieges. Dies führte am 26. Oktober zu seiner Entlassung und Ersetzung durch General Groener (Wikipedia, Novemberrevolution).

Die Revolution

Die Revolution begann am 4.November 1918 mit dem bewaffneten Aufstand der Matrosen in Kiel. Der Matrosenaufstand in Kiel hatte seine Vorgeschichte. Die kaiserliche Seekriegsleistung hatte, ohne die Regierung zu konsultieren, geschweige denn zu unterrichten, beschlossen, die Flotte zu einem letzten großen Gefecht gegen die überlegene englische Seekriegsmarine auslaufen zu lassen. Zu diesem Zweck hatte sie Kriegsschiffe in Wilhelmshaven zusammengezogen. Was die Marinekommandeure bewogen hatte, die Auseinandersetzung mit der starken britischen Marine zu suchen, ist schwer zu sagen.

Sollte es in ihren Augen ein Entlastungsangriff für das bedrängte Westheer sein oder die verletzte Eitelkeit von Seekriegsoffizieren, die außer in der Schlacht von Skagerrak bisher kaum zeigen konnten, welche Kriegskunst und Heldentum in ihnen steckte und über welche starke Kriegswaffe sie verfügten? Auch die mögliche Waffenstillstandsbedingung der Flotteninternierung in England führte zu der Überzeugung, lieber ehrenvoll untergehen als sich dem Feind auszuliefern. Da sie jedoch ohne Befehl der Regierung handelten, wurden die Seeoffiziere selbst zu Meuterern. Zu ihrer Ehrenrettung kann jedoch festgestellt werden, dass der Kaiser noch nominell der Oberbefehlshaber der kaiserlichen Marine war. Außerdem hatte bisher die Seekriegsleitung stets genügend Operationsfreiheit. Jedenfalls hätte ihre Absicht, die englische Flotte anzugreifen, die von der deutschen

Regierung ausgestreckten Friedensfühler sehr belastet und voraussichtlich zunichtegemacht.

Sebastian Haffner beschreibt sehr eindrücklich den Verlauf ihres Aufbegehrens. Danach wandte sich am 30.Oktober ein Matrosenabgesandter an den ersten Offizier des Linienschiffes „Thüringen" mit der Feststellung, dass der geplante Flottenvorstoß nicht im Sinne der neuen Regierung ist, worauf der Offizier bemerkte, dass es ihre Regierung und nicht die der Offiziere sei. Dies bedeutete, dass die maßgeblichen Marineoffiziere die neue Regierung nicht anerkannten und ihr den Gehorsam verweigerten. Dies war offene Meuterei, wogegen sich die Mannschaften wehrten. Dies führte zu einer Meuterei gegen die Meuterer. Auf drei Schiffen des III. Geschwaders weigerten sich die Matrosen, die Anker zu lichten. Auf den Linienschiffen des ersten Geschwaders „Thüringen" und „Helgoland" begingen die Matrosen offene Meuterei und auch Sabotageakte. Als jedoch einige Torpedoboote und U-Boote ihre Geschütze auf die meuternden Schiffe richteten, ergaben sich ihre Matrosen und ließen sich widerstandslos festnehmen.

Aufgrund dieser Vorkommnisse verzichtete die Seekriegsleitung auf das Auslaufen zum Gefecht und beorderte das III. Geschwader mit den arretierten Matrosen nach Kiel zurück, wo sie in die dortigen Gefängnisse eingeliefert wurden. Zwar haben die kommandierenden Offiziere den Aufstandsversuch der Matrosen ersticken können, aber sie verzichteten auf den Kriegseinsatz ihrer Schiffe, womit die Matrosen ein wichtiges Ziel erreicht haben. Dafür drohte jedoch den gefangengesetzten Matrosen der Tod oder hohe Zuchthausstrafen.

In Kiel angekommen, schickten die bisher nicht meuternden Matrosen eine Abordnung zur Marineortskommandantur, mit der Aufforderung alle inhafierten Seekriegsleute freizulassen, was ihnen verweigert wurde. Schließlich hatten alle Matrosen, die für den Kriegseinsatz vorgesehen waren, den meuternden Kameraden voraussichtlich ihr Leben zu verdanken und dafür sollten diese jetzt möglicherweise zum Tode verurteilt werden. Dies konnten sie nicht zulassen. Auf diese Verweigerung hin traf sich die Matrosenversammlung mit anderen Soldaten und Arbeitern, die der USPD nahestanden, im Kieler Gewerkschaftshaus und berieten, wie weiter vorzugehen sei. Als sie am folgenden Tag, den 2. November ihre Beratung im Gewerkschaftshaus fortsetzen wollten, fanden sie das Gewerkschaftshaus verschlossen und von bewaffneten Posten bewacht. Sie beschlossen, sich am folgenden Tag auf einem Exerzierplatz zu versammeln.

Zur Versammlung strömten neben den Matrosen auch viele Arbeiter und weitere Soldaten. Nach verschiedenen Reden und Diskussionen stellten sie unter der Losung „Brot und Frieden" die Forderung nach Freilassung der Meuterer, die Beendigung des Krieges und eine bessere Lebensmittelversorgung auf. Sie formierten sich zu einem Demonstrationszug mit dem Ziel, die gefangenen Matrosen aus der Arrestanstalt zu befreien. An einer Straßenkreuzung wurden sie von einer bewaffneten Patrouille aufgehalten und nach der Aufforderung des kommandierenden Offiziers auseinanderzugehen, schoss diese in die Menge. Sieben Demonstranten wurden getötet und 29 schwer verwundet (Wikipedia, Novemberrevolution). Der kommandierende Offizier und ihm zur Hilfe kommende andere Soldaten wurden von aufgebrachten Matrosen zwar schwer verwundet aber wie in anderen Berichten angegeben, nicht getötet. Nach den

Auseinandersetzungen zerstreute sich der Demonstrationszug, die Patrouille zog sich ebenfalls zurück.

Am nächsten Tag, den 4.November (Montag) verbreiteten sich diese Neuigkeiten wie ein Lauffeuer durch die Stadt und auf den Schiffen. Die bisher eher zögerlichen Matrosen bildeten Soldatenräte, entwaffneten ihre Offiziere, bewaffneten sich selber und hissten auf den Schiffen die rote Fahne. Ein einziges Schiff, die „Schlesien" entzog sich dem Umschwung und floh auf die hohe See. Der Kapitän der „König" verteidigte mit 2 weiteren Offizieren mit der Waffe den Flaggenmast auf ihrem Schiff, wobei die beiden Offiziere im Kampf erschossen und der Kapitän verletzt wurde.

Bewaffnete Matrosen, angeführt von den Soldatenräten durchstreiften die Stadt, besetzten das Militärgefängnis und befreiten ihre Kameraden. Weitere wichtige öffentliche Gebäude wurden ebenfalls besetzt. Die Marinekommandantur setzte zur Niederschlagung angeforderte Heeressoldaten ein. Doch diese wurden nach Verbrüderungsszenen von den Matrosen entwaffnet, viele schlossen sich ihnen an, andere kehrten in ihre Kasernen zurück. Die in Kiel stationierten Marinesoldaten erklärten sich mit den aufständischen Matrosen solidarisch und verweigerten den Einsatz gegen sie. Der Standortkommandant, der über keine verlässlichen Soldaten mehr verfügte, kapitulierte gegenüber den Soldatenräten. Viele Arbeiter sympathisierten mit den aufständischen Soldaten und traten in den Streik. Am Abend des 4.Novembers war Kiel in der Hand von 40.000 aufständischen Matrosen und Soldaten.

Die Regierung in Berlin, die von den Vorgängen in Kiel erfuhr, schickte zwei Abgesandte, den Sozialdemokraten Noske und den bürgerlichen Staatssekretär

Haußmann in die Revolutionsstadt. Diese wurden in vollem Vertrauen von den Aufständischen begrüßt und Noske zum Vorsitzenden des Soldatenrates gewählt und nach einigen Tagen zum Gouverneur der aufständischen Gebiete ernannt. Die beiden von der Regierung geschickten Abgesandten waren jedoch mit dem Auftrag nach Kiel geeilt, die Revolte im Keim zu ersticken und ein Übergreifen auf das Reich zu verhindern.

Den Matrosen war jedoch bewusst, sollten sie nicht auf verlorenem Posten verbleiben, musste sich das ganze Reich ihrer Revolution anschließen. Matrosenabordnungen fuhren deshalb in die größeren Städte und machten die Ereignisse im übrigen Reich bekannt. In den meisten Städten fiel ihre Botschaft auf fruchtbaren Boden und überall bildeten sich Arbeiter- und Soldatenräte, die die Macht in den Kommunen übernahmen. Es war, als wenn die Soldaten und Arbeiter nur auf das Signal zur Revolution gewartet hätten. Nur in Berlin und wegen seiner Bedeutung als Hauptstadt des Reiches wurden dessen Verkehrsverbindungen in die Provinz von den Militärbehörden abgeschnitten und es blieb zunächst ruhig (Haffner, S.59-65).

Die Arbeiter- und Soldatenräte entmachteten neben den Fürsten die allmächtigen militärischen Generalkommandos. Die zivilen Behörden wie Stadtverwaltungen, Polizei und Gerichte blieben im Allgemeinen unangetastet und wurden aufgefordert unter der Kontrolle der Arbeiter- und Soldatenräte weiterzuarbeiten. Beschlagnahmungen von Eigentum und Betriebsbesetzungen fanden kaum statt. Die Eigentumsfrage sollte von einer künftigen Nationalversammlung und gewählten Regierung geregelt werden.

In Bayern wurde am 7.November die erste Landesrepublik in Deutschland von Kurt Eisner (USPD) ausgerufen und Eisner vom Arbeiter- und Soldatenrat zum Ministerpräsidenten gewählt (Wikipedia, Novemberrevolution).

Um in Berlin den Ausbruch der Revolution zu verhindern, forderte der sozialdemokratische Parteivorsitzende Ebert seit dem 6.November nachdrücklich den Thronverzicht des deutschen Kaisers. Bereits am 28.Oktober hatte der sozialdemokratische Staatssekretär Scheidemann in einem Schreiben an den Reichskanzler Max von Baden den Thronverzicht von Kaiser Wilhelm II gefordert. Der Kaiser verließ danach seinen Amtssitz und begab sich in das Große Hauptquartier nach Spa in Belgien. Unabhängig vom Revolutionsgeschehen in Deutschland stimmte die Entente unter der Bedingung deutscher Reparationsleistungen am 5.November der Aufnahme von Waffenstillstandsverhandlungen zu.

Es begann nun ein wahrer Wettlauf zwischen der Absetzung des Kaisers und dem Ausbruch der Revolution in Berlin. Nach der Zusage von Waffenstillstandsverhandlungen durch die Entente wog sich der Kaiser noch in der Hoffnung, dass er mithilfe freiwerdender Fronttruppen den Aufruhr im Reich niederschlagen könne. Die Frontkommandeure erklärten ihm jedoch, dass die Truppen mit ihm zurück ins Reich ziehen würden, jedoch wegen Unzuverlässigkeit nicht einsetzbar wären. Sie würden nicht auf ihre Landsleute schießen. Ebert erklärte am 7.November dem Reichskanzler: „Wenn der Kaiser nicht abdankt, dann ist die soziale Revolution unvermeidlich. Ich aber will sie nicht, ja ich hasse sie wie die Sünde" (Wikipedia, Novemberrevolution).

Am Abend, des 8. November hatte die USPD Versammlungen in Berlin einberufen, auf denen ihre Redner für den nächsten Tag den Generalstreik und Massendemonstrationen ankündigten. Daraufhin forderte Ebert, dem die Aktivitäten der Unabhängigen zugetragen wurden, vom Reichskanzler ultimativ die Abdankung des Kaisers.

Der Kanzler verlegte jedoch ein besonders zuverlässiges Jägerregiment nach Berlin. Doch dieses Regiment war nicht bereit, auf Landsleute zu schießen. Eine Abordnung der „Jäger"-Soldaten wollte sich am Morgen des 9.November bei der sozialdemokratischen Parteizeitung „Vorwärts" über die Geschehnisse erkundigen. Der anwesende Reichstagsabgeordnete Wels erklärte sich bereit, die Soldaten über die politische Situation aufzuklären. Er forderte in der Kaserne die Soldaten auf, nicht auf demonstrierende Arbeiter zu schießen und der neu zu bildenden Regierung zu dienen, was auf breite Zustimmung der versammelten Soldaten stieß. Danach fuhr er noch in weitere Kasernen und forderte die Soldaten ebenfalls auf, nicht in das Geschehen einzugreifen.

Wels und andere Sozialdemokraten (USPD und MSPD) hatten erreicht, dass die Berliner Truppen nicht gegen demonstrierende Arbeiter vorgingen und somit ein mögliches Blutbad verhindert (Haffner, S.81).

Tage zuvor wurden an öffentlichen Plätzen und Einrichtungen noch Soldaten postiert und vor Massenansammlungen von den Militärbefehlshabern öffentlich gewarnt worden, erst am Revolutionstag, den 9.November um 13 Uhr 35 erließ das regionale Oberkommando den Befehl an alle militärischen und polizeilichen Einheiten, nicht von der Schusswaffe Gebrauch zu machen.

Das spielte keine Rolle mehr, da die Revolution schon die Oberhand gewonnen hatte.

Wie dies u.a. vonstattenging, schilderte der spätere Polizeipräsident Eichhorn (USPD): Nachdem die Soldaten, die zum Schutz des Polizeipräsidiums dorthin kommandiert waren, sich bereit erklärten, nichts gegen die Demonstranten zu unternehmen, gerieten die Polizisten in Panik. Im Hof des Präsidiums entwaffneten sie sich selber, warfen die Pistolen und Säbel auf einen Haufen und entschwanden über verschiedene Ausgänge, wobei keinem von ihnen von den Demonstranten etwas zu leide getan wurde. Die Menge jedoch, die in das Polizeipräsidium hineinströmte, bewaffnete sich mit den zurückgelassenen Polizeiwaffen. Es ist schon erstaunlich, wie schnell die Moral eines Unterdrückungsapparates, der im Januar noch gegen streikende Arbeiter voll einsetzbar war, in sich zusammenbrach (Müller, S.244).

Im Großen Hauptquartier in Spa überstürzten sich die Ereignisse. Als bekannt wurde, dass eine Eliteeinheit, die Gardedivision mit kaiserlichen Leibregimentern, die von der Front über Aachen nach Köln in Marsch gesetzt wurde, um gegen den dortigen Arbeiter-und Soldatenrat gewaltsam vorzugehen, sich den Befehlen ihrer Offiziere verweigerte, und die Frontkommandeure über keine zuverlässigen Truppen mehr verfügten, war klar, dass dem Kaiser sein wichtigstes Machtmittel, das Militär nicht mehr zur Verfügung stand. Des Kaisers Überlegungen, auf den deutschen Kaiser-, aber nicht auf den preußischen Königsthron zu verzichten, wurden ebenfalls irrelevant. Es kam zu hitzigen Telefonaten zwischen der Reichskanzlei, dem Hauptquartier und Ebert.

Ebert wusste von den Arbeitsniederlegungen in den Berliner Fabriken und dass sich die Arbeiter, viele auch mit ihren Familien, seit dem Vormittag in großen Demonstrationszügen auf das Stadtzentrum zubewegten. Er wollte unbedingt als Beruhigung für die Massen und als seinen Erfolg die Abdankung des Kaisers verkünden und machte Druck auf den Reichskanzler.

Dieser konnte jedoch nicht die Zusage des Kaisers erreichen. Daraufhin entschloss er sich, am 9. November mittags die bereits vorgefertigte Abdankungserklärung ohne die Zustimmung des Kaisers über die Nachrichtenagentur zu veröffentlichen. Dies war natürlich für einen dem Kaiser bisher treu ergebenen deutschen Aristokraten ein gewaltiger Schritt, es war eine Verschwörung gegen seinen Herrn. Gedrängt von Ebert, der unbedingt die Abdankung des Kaisers erreichen wollte, um die Monarchie zu retten, sah sich der badische Prinz gegen seine Standesüberzeugungen zu dieser Handlung genötigt, nur um die Revolution abzuwenden. Als die Abdankungserklärung in Spa bekannt wurde, floh Wilhelm am nächsten Tag aus dem besetzten Belgien ins niederländische Exil. Erst am 28.November unterzeichnete er die Abdankungserklärung, dies bedeutete, dass der deutsche Kaiser Fahnenflucht beging und viele Monarchisten bestürzt zurückließ.

Kurz nach der unautorisierten Bekanntgabe des Kaisers Abdankung war Ebert mit einer Abordnung des SPD-Vorstandes bei dem Reichskanzler erschienen und forderte vom Reichskanzler die Übertragung der Kanzlerschaft, was dieser auch bereitwillig tat. Eine spätere Nachfrage von Ebert an Prinz Max von Baden für eine Übergangszeit bis zur endgültigen Festlegung der Staatsform als sog. Reichsverweser zu amtieren, lehnte dieser jedoch ab.

Sofort nach der verfassungswidrigen Ernennung (kein Kanzler kann die Kanzlerschaft einem anderen Politiker übertragen) erließ Ebert eine Bekanntmachung an die Berliner Bevölkerung und vor allem an die Demonstranten, dass ihm vom bisherigen Reichskanzler die Kanzlerschaft übertragen wurde. Es wurde jedoch nicht die Abdankung des Kaisers erwähnt. Die neue Regierung sei eine im Einvernehmen mit den anderen Parteien gebildete Volksregierung, die dem deutschen Volke so schnell wie möglich den Frieden bringen und die Versorgungslage sichern werde. Die Demonstranten werden aufgefordert, die Straßen zu verlassen und für Ruhe und Ordnung zu sorgen (Haffner, S.82 f).

Der Aufstand der Arbeiter, unterstützt von Soldaten in Berlin wurde von den revolutionären Obleuten konspirativ vorbereitet. Sie haben während des Krieges in 3 Massenstreiks mit gesteigerter Intensität ihre Kampferfahrungen gesammelt. Die revolutionären Obleute waren aktive Gewerkschafter und Vertrauensleute, die in schroffer Opposition zur Gewerkschaftsführung und deren Burgfriedenspolitik standen. Sie als gewerkschaftlich engagierte Kollegen hatten großes Ansehen in den Belegschaften. Sie mussten verdeckt politisch arbeiten und hatten die Polizei und Militärbehörden genauso zu fürchten wie die höheren Gewerkschaftsfunktionäre, die jeden Streik während der Dauer des Krieges strikt ablehnten. Führende Köpfe der revolutionären Obleute waren Richard Müller, der spätere Vorsitzende des Vollzugsrates, Emil Barth, dem späteren Volksbeauftragten und Ernst Däumig, der viele Soldaten davon überzeugte, sich den Arbeiterdemonstrationen anzuschließen. Politisch standen die meisten Obleute der USPD nahe, ohne sich jedoch von ihr vereinnahmen zu lassen.

Am Abend des 8.November hatte die USPD 26 Versammlungen in Berlin einberufen, auf denen der Generalstreik und Massendemonstrationen für den nächsten Tag angekündigt wurden (Wikipedia, Novemberrevolution). Am Samstag, den 9.November verließen nach der Frühstückspause um 9 Uhr tausende Arbeiter ihre Arbeitsstätten, bildeten große Kolonnen und zogen, begleitet von bewaffneten Arbeitern und Soldaten, von den Industriebezirken am Rande Berlins Richtung Regierungsviertel im Stadtzentrum.

Im Laufe des ganzen Tages sind bewaffnete Arbeiter und Soldaten zur revolutionären Tat übergegangen. Sie besetzten das Polizeipräsidium, das Haupttelegraphenamt, das Rathaus und andere wichtige öffentliche Gebäude. Sie befreiten Gefangene, unter ihnen den führenden Spartakisten Jogiches. Es fuhren Lastwagen mit bewaffneten Arbeitern und Soldaten durch die Straßen, um nötigenfalls jeden Widerstand zu unterdrücken. Offiziere wurden entwaffnet und ihnen ihre Rangabzeichen heruntergerissen.

Ob auf Lastwagen, öffentlichen Gebäuden oder Kasernen, überall wurden rote Fahnen gehisst. Von Seiten des kaiserlichen Militärs gab es keine Anzeichen zur Gegenaktion. Im Gegenteil, die Soldaten öffneten den revolutionären Arbeitern und Soldaten die Kasernentore. Nur in der Maikäferkaserne wurde die Menge durch Maschinengewehrfeuer der Offiziere überrascht, wobei es drei Tote gab. Die Menge drang trotzdem in die Kaserne ein und überwältigte die schießenden Offiziere (Gesch. der Arbeiterbew.VI, S.101). Ebenso gab es Schusswechsel am Marstall, an der Universität und Bibliothek unter den Linden. Bewaffnete Revolutionäre konnten die Gefahrenherde, kleine Gruppen von bewaffneten Offizieren schnell ausheben (Müller, S.245f).

Um die Mittagszeit erreichten immer mehr Demonstrationszüge die Stadtmitte und besetzten die Plätze vor dem Reichstag und dem Schloss. Um ein Uhr, als Ebert mit Scheidemann und anderen Abgeordneten im Reichstag beim Mittagstisch saßen, stürmten aufgebrachte SPD-Abgeordnete in den Speisesaal und forderten die führenden Sozialdemokraten auf, zur Menge zu sprechen. Scheidemann begab sich darauf zu einem Fenster des Reichstagsgebäudes und hielt dort seine berühmte Ansprache, in der er die Abdankung des Kaisers, dessen Verschwinden und das Ende der Monarchie verkündete sowie die Republik hochleben ließ. Weiterhin führte er aus, dass der neue Reichskanzler Ebert eine Arbeiterregierung bilden wird, der alle sozialistischen Parteien angehören werden. Es dürfe jedoch nichts geschehen, was der Arbeiterbewegung zur Unehre gereiche und forderte die Demonstranten auf, einig, treu und pflichtbewusst zu sein.

Nach Beendigung der Ansprache wurde er von Ebert zornig gemaßregelt, dass er die Republik ausgerufen hatte. Nach Eberts Vorstellungen sollte eine noch einzuberufende Nationalversammlung über die künftige Staatsform entscheiden.

Sebastian Haffner hat die ereignisreichen Stunden und die Gemütsverfassungen der wichtigsten Personen des 9.November in seinem Buch unter dem Kapitel „Der 9.November" S.79-94 ausführlich dargestellt.

Ungefähr zur gleichen Zeit hatte Liebknecht im Berliner Lustgarten die freie sozialistische Republik Deutschland ausgerufen. In seiner Rede stellte er fest, „dass die Herrschaft des Kapitalismus, der Europa in ein Leichenfeld verwandelt hat, gebrochen ist" (Wikipedia, Novemberrevolution). Er forderte die Umgestaltung der Wirtschaft, des Militärs und der Justiz. Schon vor der Einberufung der Nationalversammlung sollten einige kriegswichtige Wirtschaftszweige sozialisiert werden, d.h. sie würden der direkten Kontrolle der Arbeiterräte unterstellt. Liebknechts Ziele waren unvereinbar mit den Vorstellungen der führenden MSPD-Leute.

Um die revolutionäre Stimmung, die im Berliner Zentrum herrschte, zu beschwichtigen, bot Ebert der USPD, ja auch Liebknecht, der allerdings Bedingungen stellte, die Aufnahme in die neue Regierung an. Die USPD-Vertreter konnten wegen der Abwesenheit ihres Vorsitzenden Haase am gleichen Tag noch keine Zusage machen.

Gegen 20 Uhr desselben Tages besetzten ca. 100 revolutionäre Obleute der Berliner Großbetriebe den Plenarsaal des Reichstagsgebäudes und bildeten ein Revolutionsparlament. Die revolutionären Obleute waren maßgeblich an den Januar- und Sommerstreiks beteiligt. Sie sahen sich als Avantgarde der Arbeiterklasse und waren zum größten Teil Mitglieder oder Anhänger der USPD. Sie beschlossen für den nächsten Tag (Sonntag) in jedem Betrieb und jedem Regiment Wahlen zu den Arbeiter- und Soldatenräten abzuhalten, die dann eine aus beiden Arbeiterparteien bestehende Revolutionsregierung bestimmen sollten (Wikipedia, Novemberrevolution).

Um die Bedeutung des 9.Novembers für die Geschichte Deutschlands nochmals hervorzuheben 2 Zitate aus „Eine Geschichte der November-Revolution" von Müller:

1.) S.245: „Das Charakteristische an diesem Aufstand liegt in der elementaren Wucht seines Ausbruchs, in dem alles umfassenden Maße seiner Ausdehnung und der einheitlichen, fast methodischen Handlung in allen Teilen des riesigen Gebietes von Groß-Berlin. Der Aufstand entwickelte sich nicht aus Teilaktionen zu einer Gesamtaktion, er setzte als Ganzes ein und entwickelte sich so planmäßig, wie die großen Kampfhandlungen der Massenheere des Weltkrieges: man könnte annehmen, die Millionen der Arbeiter und Soldaten seien von einer Stelle aus geleitet worden. Dies trifft in diesem Sinne nicht zu."

2.) S.247 Am 10.November schrieb der deutsche Publizist Theodor Wolff im Berliner Tagblatt: „Die größte aller Revolutionen hat wie ein plötzlich losbrechender Sturmwind das kaiserliche Regime mit allem, was oben und unten dazu gehörte, gestürzt. Man kann sie die größte aller Revolutionen nennen, weil niemals eine so fest gebaute, mit so soliden Mauern umgebene Bastille so in einem Anlauf genommen worden ist. Es gab noch vor einer Woche einen militärischen und zivilen Verwaltungsapparat, der so verzweigt, so ineinander verfädelt, so tief eingewurzelt war, dass er über den Wechsel der Zeiten hinaus seine Herrschaft gesichert zu haben schien. Durch die Straßen von Berlin jagten die grauen Autos der Offiziere, auf den Plätzen standen wie Säulen der Macht die Schutzleute, eine riesige Militärorganisation schien alles zu umfassen, in den Ämtern und Ministerien thronte eine scheinbar unbesiegbare Bureaukratie. Gestern früh war, in Berlin wenigstens, das alles noch da. Gestern Nachmittag existierte nichts mehr davon." Natürlich frägt sich der Autor und bestimmt auch der Leser, warum diese Revolution trotz ihres großartigen Aufbruchs letztlich unvollendet geblieben ist.

Die SPD-Führung, die von den im Reichstag verfassten Beschlüssen der revolutionären Obleute erfuhr, schickte Redner zu allen wichtigen Betrieben und Regimentern, um die vorzunehmenden Wahlen in ihrem Sinne zu beeinflussen. Vom Vormittag bis zum Abend des folgenden Sonntags agierten die SPD-Vertreter mit der Losung „Einigkeit" und „kein Bruderkampf" für die politischen Vorstellungen ihrer Partei und gegen weitergehende Forderungen der Linken in der USPD und vor allem der Spartakisten. Besonders in den Kasernen erhielten die SPD-Redner viel Zuspruch und konnten die meisten Soldaten auf ihre Seite ziehen und für die sozialdemokratisch geführte Regierung gewinnen.

Haffner beschrieb die Stimmung am Tag nach der Revolution als großen Stimmungsumschwung. Waren viele Demonstranten am 9.November noch wütend und aufgebracht, auch revolutionär eingestellt, waren viele am nächsten Tag über das erreichte zufrieden: Abdankung des Kaisers, Ausrufung der Republik und voraussichtlich eine vereinigte Arbeiterregierung. Viele waren froh, dass dies ohne großes Blutvergießen (lt. Müller, S.247 15 Tote auf der Seite der Aufständischen, auf der Gegenseite nicht bekannt aber geringer) über die Bühne ging (Haffner, S.111).

Da die revolutionären Obleute der SPD misstrauten, planten sie der Räteversammlung einen Ausschuss vorzuschlagen, der die Tätigkeit der Arbeiter- und Soldatenräte koordinieren sollte. Auf der vorbereiteten Namensliste war jedoch kein SPD-Vertreter eingetragen (Haffner, S.115).

Am Nachmittag des 10.November wurde die Versammlung der Berliner Arbeiter- und Soldatenräte im Circus Busch eröffnet. Die überwiegende Zahl der Teilnehmer stand durch deren gute Vorarbeit der MSPD nahe. Außerdem konnte Ebert die Zustimmung der USPD zur Bildung einer Arbeiterregierung den Anwesenden verkünden. Wie erwartet wurde als Regierung ein Rat der Volksbeauftragten mit drei MSPD-Mitgliedern (Ebert, Scheidemann und Landsberg) sowie den 3 USPD-Mitgliedern Haase (Vorsitzender), Barth (revolutionäre Obleute) und Dittmann (Reichstagsabgeordneter) von der Versammlung gewählt. USPD und MSPD hatten sich vor der Versammlung auf folgende Punkte geeinigt:

- Als Volksbeauftragte nur Mitglieder von USPD und MSPD

- Fachminister nur technische Gehilfen, Beistand durch 2 Minister aus beiden Parteien

- Politische Gewalt in den Händen der Arbeiter- und Soldatenräte

- Konstituierende Versammlung erst nach Konsolidierung der durch die Revolution geschaffenen Zustände (Müller S.258).

Die in Aussicht gestellte MSPD/USPD-Regierung entsprach dem Wunsch der meisten Teilnehmer nach Einigkeit in der Arbeiterbewegung. Liebknecht, der nach Ebert und Haase das Wort ergriff, hielt der SPD ihr Sündenregister vergangener Kriegsjahre vor, worauf vor allem die Soldatenvertreter seine Rede mit Einigkeit-Rufen skandierten, und ihn immer wieder in seiner Ansprache unterbrachen. Der im Laufe der Versammlung von den revolutionären Obleuten eingebrachte Antrag, zusätzlich zum Rat der Volksbeauftragten einen Aktionsausschuss als Kontrollorgan zu wählen, löste nach Eberts Feststellung, dass für dieses vorgesehene Gremium keine (M)Sozialdemokraten vorgesehen seien, vor allem unter den Soldatendelegierten tumultartige Szenen aus.

Nach einer Sitzungsunterbrechung, in der sich die führenden Teilnehmer auf einen 28 - köpfigen Vollzugsrat mit 14 Soldatenvertreter und 14 Arbeitervertreter, diese je zur Hälfte von der USPD und der SPD besetzt, einigten, wurde der Vorschlag von der Versammlung mehrheitlich angenommen. In diesem Gremium hatte die MSPD das klare Übergewicht, denn die Soldatenvertreter konnte man zu ihrem Lager zählen. Vorsitzender des Vollzugsrates wurde Richard Müller von den revolutionären Obleuten. Der Vollzugsrat beschloss, für Dezember einen Reichsrätekongress, in dem Arbeiter- und Soldatenräte aus dem ganzen Reich vertreten sind, nach Berlin einzuberufen (Haffner, S.116-119).

In der programmatischen Erklärung der Vollversammlung der Berliner Arbeiter- und Soldatenräte „An das werktätige Volk" wurde zunächst festgestellt, dass die alte Ordnung, die für Lug und Trug stand, zusammengebrochen und Deutschland eine sozialistische Republik geworden ist. Die Träger der politischen Macht sind jetzt Arbeiter- und Soldatenräte. Aufgabe der provisorischen Regierung sei es, einen Waffenstillstand abzuschließen. Es wird festgestellt, dass eine rasche und konsequente Vergesellschaftung der kapitalistischen Produktionsmittel je nach sozialer Struktur und Reifegrad ohne starke Erschütterung durchführbar ist. Dies ist notwendig für den Aufbau einer neuen Wirtschaftsordnung, um die Versklavung der Volksmassen und den Untergang der Kultur zu verhüten. Alle Kopf- und Handarbeiter, die von diesen Grundsätzen überzeugt sind, sind zur Mitarbeit aufgerufen. Es wird die Bewunderung gegenüber der russischen Revolution ausgedrückt und die Regierung aufgefordert, sofort völkerrechtliche Beziehungen zur russischen Regierung aufzunehmen. Der Arbeiter- und Soldatenrat ist sich bewusst, dass die durch den vierjährigen Krieg verursachten Verwüstungen, Verbrechen und Fehler des alten Regimes nicht mit einem Schlag gutzumachen sind. Der Aufruf schließt mit dem Satz: „Die sozialistische Republik ist allein imstande, die Kräfte des internationalen Sozialismus zur Herbeiführung eines demokratischen Dauerfriedens auszulösen. Es lebe die deutsche sozialistische Republik!" (Jörg Berlin, S.167-168).

Am Abend des 10.Novembers erhielt Ebert auf einer direkten Geheimleitung im Kanzleramt einen unerwarteten Telefonanruf aus dem Hauptquartier in Spa. Am anderen Ende der Leitung war der Generalquartiermeister Groener, der Nachfolger von Ludendorff. Der Inhalt des ersten Gesprächs wurde nicht bekannt, aber in der Folgezeit telefonierte Ebert täglich abends mit Groener und sprach die politischen Schritte mit ihm ab. Nach einer späteren Aussage Groeners bot dieser die loyale Zusammenarbeit der Armee an, forderte jedoch dafür von Ebert den Kampf gegen den sog. „Bolschewismus", schnellste Beendigung des „Räteunwesens", baldmöglichste Einberufung einer Nationalversammlung und „Rückkehr zu geordneten Zuständen" (Haffner, S.120).

Dass diese Vorstellungen auch im Sinne Eberts waren, kann man aus seinen politischen Handlungen in den folgenden Wochen im nach hinein klar erkennen. Ebert spielte dabei ein auch für ihn gefährliches Doppelspiel: nach außen als Vertreter der revolutionären Arbeiterklasse agieren und insgeheim mit den alten Mächten und hier besonders mit der Armee paktieren. Letztendlich hat er diese Manöver wahrlich hervorragend gemeistert, gedankt wurde es ihm vor allem in der Endphase seiner Präsidentschaft von den Repräsentanten der alten Eliten jedoch nicht.

Ebenfalls am 9.November, parallel zu den Revolutionsereignissen trafen sich Gewerkschaftsführer, angeführt von Carl Legien, dem Vorsitzenden der gewerkschaftlichen Generalkommission mit Vertretern der Großindustrie mit Stinnes und Siemens an ihrer Spitze. Den Industriellen war es wichtig, Bündnispartner in der Arbeiterbewegung gegen die Forderung der Linken in der USPD nach Vergesellschaftung und Demokratisierung vor allem der kriegswichtigen Schwerindustrie zu finden.

Am 15. November wurde ein Arbeitsgemeinschaftsabkommen, das sog. Stinnes-Legien-Abkommen unterzeichnet, in dem die Gewerkschaften zusagten, für einen geordneten Produktionsablauf zu sorgen, wilde Streiks zu beenden, den Einfluss der Räte zurückzudrängen und eine Sozialisierung des Privateigentums zu verhindern. Im Gegenzug sagten die Arbeitgeber den Achtstundentag zu und erkannten die Gewerkschaften als Arbeitnehmervertreter an. Beide Vertragspartner bildeten einen paritätisch besetzten Zentralausschuss und auf Verbandsebene Schlichtungsausschüsse, die in Konfliktfällen vermitteln sollten. Weiterhin sollten in Betrieben mit mehr als 50 Arbeitern Betriebsausschüsse gebildet werden, die mit den Unternehmensleitungen die Einhaltung der Tarifverträge überwachen (Wikipedia, Novemberrevolution). Mit diesem Abkommen sind die Gewerkschaftsführer den revolutionären Arbeiterräten in den Rücken gefallen und haben zu ihren Lasten und mit Hilfe der Kapitalseite ihre Position gestärkt.

In der Regierungsarbeit des Rates der Volksbeauftragten lief alles auf Ebert und seine beiden MSPD-Kollegen zu. Der bisherige Verwaltungsapparat blieb mit beigeordneten Vertretern der beiden Regierungsparteien bestehen und arbeitete im Sinne von Ebert. Am 12.November wurde das Regierungsprogramm veröffentlicht. Es sah die Aufhebung des Belagerungszustandes aus der Kriegszeit, der Zensur und der Gesindeordnung vor. Weiterhin wurde das Frauenwahlrecht ab 20 Jahre und Bestimmungen zur Vereinsversammlungs- und Pressefreiheit erlassen sowie der 8-Stundentag als Arbeitszeit festgelegt. Leistungen der Erwerbslosenfürsorge sowie der Sozial-und Unfallversicherung wurden verbessert. Außerdem wurde eine Sozialisierungskommission unter dem Vorsitz von Kautsky eingerichtet, die prüfen sollte, welche Industrien sozialisierungstauglich seien (Wikipedia, Novemberrevolution). Diese Kommission war nur beratend tätig, hatte eine reine Alibifunktion und wurde ergebnislos im April 1919 aufgelöst. Man sieht, es wurde nur die Erfüllung demokratischer Grundforderungen und sozialer Verbesserungen im Rahmen der bürgerlich-kapitalistischen Ordnung angekündigt, die von den Arbeiter- und Soldatenräten geforderten gesellschaftliche Umwälzungen wurden völlig außer Acht gelassen.

Die Zusammenarbeit zwischen Regierung und Vollzugsrat ging immer mehr zu dessen Lasten. Besonders Ebert wollte sich nicht hineinregieren lassen. Außerdem waren die meisten Ratsmitglieder unerfahren im Politikgeschäft. So zog der Vollzugsrat seinen Beschluss vom 12.November, 2000 sozialistisch geschulte und politisch organisierte Arbeiter zum Schutz der Revolution (Rote Garden) zu bewaffnen unter dem Druck der Soldatenräte, die bekanntlich der SPD nahestanden, zurück. Auch seine Ermächtigung der Arbeiter- und Soldatenräte, Beamte, die ihre Amtstätigkeit nach dem alten System fortsetzen, abzusetzen und bei Widerstand Waffengewalt anzuwenden, wurde nur in wenigen Städten mit starken und entschlossenen Räten umgesetzt (Gesch. d. Arbeiterbew.VI, S.120).

In der Provinz war die Durchsetzung des Rätesystems sehr unterschiedlich. Von der großzügigen Oberaufsicht der bisherigen Verwaltung und baldigem Rückzug der Arbeiter-und Soldatenräte bis zur Auflösung der Stadtverwaltungen, einzelnen Verhaftungen kaiserlicher Beamter und Absetzung bisheriger Konzernleitungen reichte ihre Bandbreite. Die meisten Arbeiter- und Soldatenräte standen unter dem Einfluss der SPD, sahen ihre Tätigkeit nur als Übergangslösung an oder beschränkten sich auf bestimmte Aufgaben wie die Verteilung von Lebensmitteln oder die Betreuung und Versorgung der heimkehrenden Frontsoldaten. In Bremen, im Ruhrgebiet und München wurden die Arbeiter- und Soldatenräte jedoch zu einem Machtfaktor, der die alten Gewalten aus ihren Ämtern vertrieb (Wikipedia, Novemberrevolution).

Die kurze Münchner Räterepublik wurde im Mai 1919 von Freikorps und Reichswehr, die von bayerischen

MSPD-Führern zu Hilfe gerufen wurden, brutal mit Waffengewalt unterdrückt. Hunderte von Toten auf Seiten der Anhänger der Räterepublik waren zu beklagen. Danach entwickelte sich München zum Hort der Reaktion und des Faschismus (Wikipedia, Münchner Räterepublik).

Die erste militärische Auseinandersetzung zwischen der Revolution und Konterrevolution fand in Berlin am 6.Dezember statt. Um den Reichskongress der Arbeiter- und Soldatenräte, der für den 16.Dezember vorgesehen war, zu verhindern, wurden Fronttruppen von Groener in Absprache mit Ebert nach Berlin beordert. Die Hauptstadt sollte am 15.Dezember wieder unter Kontrolle der OHL gebracht werden.

Ein Regiment handelte jedoch auf eigene Faust, zog zur Reichskanzlei und rief dort Ebert zum Reichspräsidenten aus. Ebert sprach mit den Soldaten und wiegelte mit der Feststellung ab, dass er sich erst mit seinen politischen Freunden beraten müsse. Ein anderer Truppenteil verhaftete den im Abgeordnetenhaus tagenden Vollzugsrat, eine weitere Truppe feuerte ohne Warnung auf eine unbewaffnete Spartakus-Demonstration mit 16 Toten und vielen Verwundeten. Der Vollzugsrat wurde jedoch bald in Freiheit gesetzt und die auf eigene Faust handelnden Soldaten kehrten in ihre Kasernen zurück (Haffner, S.134). Der damalige Kommandant der Volksmarinedivision Graf Metternich war in diese Ereignisse verwickelt, wurde jedoch von Divisionsangehörigen entlarvt und von den Matrosen abgesetzt (Müller, S.395). Niemand wurde wegen dieses Vorfalls mit Toten und Verwundeten zur Rechenschaft gezogen.

Am 10.Dezember wurden 10 heimkehrende Divisionen u.a. von Ebert mit den Worten „Kein Feind hat Euch überwunden! Nun liegt Deutschlands Einheit in Eurer Hand" begrüßt. Die Soldaten hatten jedoch nur das Bedürfnis, in ihre Heimatorte zu ihren Familien zurückzukehren. Das nahende Weihnachtsfest verstärkte noch diesen Wunsch. Schnell lösten sich die Fronttruppen bis auf einen kleinen Rest auf und waren nicht mehr für einen Schlag gegen die Revolution einsetzbar (Haffner, S.135).

Der Reichsrätekongress, der am 16.Dezember im preußischen Abgeordnetenhaus eröffnet wurde, bestand in der überwiegenden Mehrheit aus MSPD-Anhängern. Ganz in ihrem Sinne wurde gegen die Schaffung eines Rätesystems gestimmt und die Wahlen zur Nationalversammlung auf den 19.1.1919 festgesetzt. Es wurde ein 16-köpfiger Zentralrat gebildet, der jedoch keine Gesetzgebungs- sondern nur Überwachungskompetenz über die Regierung bis zum Zusammentritt der Nationalversammlung hatte. Die Unabhängigen blieben deshalb dem neuen Gremium fern, sodass dieser nur aus MSPD-Parteigänger und Sympathisanten bestand.

Aber auch die der MSPD nahestehenden Delegierten stimmten einem Antrag zu, die Regierung mit der unverzüglichen Sozialisierung aller hierzu reifen Industrien insbesondere des Bergbaus zu beauftragen (Jörg Berlin, S.145).

Besonders in der Militärfrage befand sich der Reichsrätekongress konträr zur MSPD-Führung. Die Macht der Offiziere sollte gebrochen werden. Oberste Kommandogewalt sollte bei den Volksbeauftragten unter Kontrolle des Zentralrates liegen, die Disziplinargewalt bei den Soldatenräten verankert werden, dazu freie Offizierswahl, keine Rangabzeichen, kein Vorgesetztenverhältnis außer Dienst.

Man kann sich lebhaft vorstellen, wie dieser von der Hamburger Delegation als „Hamburger Punkte" eingebrachter und vom Plenum verabschiedeter Forderungskatalog auf die dem alten Regime treu ergebenen Offiziere gewirkt haben muss. Für sie stand nun endgültig fest, dass sie den Kampf gegen die Revolution aufnehmen werden. Groener, der nach Berlin geeilt war, drohte bei deren Annahme mit seinem Rücktritt, auf der Gegenseite drohte die USPD ebenfalls mit Rücktritt der 3 Volksbeauftragten, wenn die Hamburger Punkte nicht umgesetzt würden. Ebert, lt. Groener „der Meister im Abbiegen" wollte Zeit gewinnen und vertröstete die Arbeiter- und Soldatenräte auf künftige Ausführungsbestimmungen, d.h. die Hamburger Punkte wurden niemals umgesetzt (Haffner, S.136-138).

Für die Delegierten des Reichsrätekongresses war nicht ersichtlich, dass Groener mit Ebert einen heimlichen Pakt zu Lasten der Revolution geschlossen hat. Es war ein Fehler, darauf zu vertrauen, dass die Volksbeauftragten in Zusammenarbeit mit dem Zentralrat dieses ambitionierte Programm umsetzen werden.

Liebknecht und Luxemburg hatten kein Mandat für den Reichsrätekongress erhalten, auch ein Antrag, sie als Gäste zuzulassen, scheiterte. Ebenso konnte eine von ihnen vor der Tagungsstätte angeführte Massendemonstration dies nicht erreichen.

Nach dem dilettantisch ausgeführten Militäreinsatz wollte die OHL zusammen mit führenden Sozialdemokraten den Kampf gegen die Volksmarinedivision, die einzige bewaffnete Truppe, die zum Schutz der Revolution nach dem 9. November gebildet wurde, aufnehmen. Sie bestand aus Matrosen, die nach den Kieler Ereignissen nach Berlin geeilt waren, hier jedoch verhaftet und am 9. November von Revolutionären aus dem Gefängnis befreit wurden. Hinzu kamen Seekriegsleute, die aus Berlin stammten und sich nach ihrer Heimkehr ihnen anschlossen. Der Divisionsstab war im Schloss und die Mannschaften im dazugehörigen Marstall untergebracht. Ihre Höchststärke erreichte sie mit 3000 Mann. Kurz vor Weihnachten war sie jedoch auf 1000 Mann gesunken (s. auch ausführliche Darstellung von Müller, S.413-426).

Der Volksmarinedivision wurde vom Berliner Stadtkommandanten Wels vorgeworfen, Gemälde aus dem Schloss gestohlen zu haben und verweigerte den ihnen zustehenden Sold. Die Plünderungen fanden jedoch vor ihrem Einzug statt. Den ausstehenden Sold würden die Soldaten nur erhalten, wenn sie das Schloss verließen. Außerdem sollte die Truppe auf 600 Mann reduziert werden. Eine Abordnung der Matrosen verhandelte ergebnislos mit dem Berliner Stadtkommandanten.

Am 23.Dezember wollte eine Abordnung der Matrosen die Angelegenheit in der Reichskanzlei klären. Dort wurde ihnen mitgeteilt, sie sollten die Schlossschlüssel abliefern, dann bekämen sie ihren Lohn. Als sie die Schlüssel dem Volksbeauftragten Barth übergeben hatten, telefonierte dieser mit Wels. Dieser weigerte sich mit der Bemerkung, dass er nur von Ebert Anordnungen entgegennähme, den ausstehenden Sold zu zahlen. Da Ebert sich einem Gespräch mit den Matrosen verweigerte, verloren diese endgültig die Geduld, sperrten alle Ausgänge der Reichskanzlei, besetzten die Telefonzentrale und kappten alle Leitungen. Sie setzten die Anwesenden in der Reichskanzlei fest.

Voller Wut stürmte ein Trupp von ihnen zur Kommandantur und überwältigten die Posten, die ihnen den

Zutritt verwehrten. Jedoch gab es auf Seiten der Eindringlinge durch den Einsatz eines Panzerwagens drei Tote. Es half Wels nichts mehr, dass er ihnen jetzt die Soldauszahlung anbot. Sie nahmen das Geld, aber auch Wels und zwei seiner Untergebenen als Gefangene mit und brachten sie in das Schloss. Da die Matrosen durch das Verhalten von Wels und dem Tod ihrer drei Kameraden sehr aufgebracht waren, wurden die Gefangenen von ihnen ruppig behandelt aber nicht misshandelt.

Über die geheime Telefonleitung rief inzwischen Ebert bei der OHL an und bat um militärische Hilfe. Die OHL setzte Truppen aus der Umgebung von Berlin in Marsch, insgesamt 800 Mann, die mit einer Batterie Feldartillerie ausgerüstet waren. Das Vorrücken der auswärtigen Truppen blieb der Volksmarinedivision nicht verborgen. Ihr Kommandeur eilte zu Ebert und wollte wissen, was dieser Truppenaufmarsch zu bedeuten habe. Zu diesem Gespräch fanden sich zufällig auch die Kommandeure der herbeigerufenen Truppen ein. Man vereinbarte, dass die Volksmarinedivision sich in das Schloss und die auswärtigen Truppen sich in den Tiergarten zurückziehen. Am nächsten Tag sollte das herbeigerufene Kabinett eine Entscheidung treffen.

Jedoch in der Nacht auf den 24.Dezember (Heilig Abend) wurde den OHL- Truppen der Befehl zum Angriff auf die im Schloss untergebrachte Marinedivision gegeben. Eine Stunde nach dem Angriffsbefehl tauchte der inzwischen freigelassene Wels in der Reichskanzlei auf. Am frühen Morgen begann der Angriff mit dem Einsatz von Feldhaubitzen. Die Matrosen verfügten nicht über schwere Waffen, sondern verteidigten sich hauptsächlich mit MG´s, hielten jedoch ihre Stellung.

Durch die Kanonade, die weit zu hören war, strömten immer mehr Menschen zum Kampfplatz, ebenso Bewaffnete, die der Volksmarinedivision zur Hilfe eilten. Aufgrund der ihnen feindlichen Stimmung und der zunehmenden Überzahl von Kämpfern auf Seiten der Volksmarinedivision gaben die OHL-Truppen mittags ihren Kampf auf und zogen sich zurück.

Ebert und die anderen MSPD-Führer hatten wahrlich Glück an diesem Heiligabend. Die Macht lag nach der Abwehr der Konterrevolution auf der Straße, ein entschlossener Revolutionsführer hätte sie nur ergreifen brauchen. Zwar hatte die Volksmarinedivision gegen die OHL-Truppen einen Sieg errungen und ihre Soldauszahlung ertrotzt, jedoch war Heiligabend und dies war für die Matrosen ein Grund zum Feiern und nicht zum Weiterkämpfen.

Am 25. Dezember veröffentlichte das Spartakus-Zentralorgan „Die rote Fahne" unter der Überschrift „Eberts Blutweihnacht" eine Darstellung der Ereignisse rund um die Volksmarinedivision. Da die Volksbeauftragten der USPD in die Vorkommnisse von Ebert nicht eingeweiht wurden und dessen Paktieren mit der OHL nun offensichtlich wurde, traten sie am 29.Dezember aus dem Rat der Volksbeauftragten aus, an ihrer Stelle traten die SPD-Mitglieder Noske und Wissell ein (Haffner, S.139-151).

In diesen ereignisreichen Tagen zum Ende des Jahres 1918 versuchte Rosa Luxemburg einen Parteitag der USPD einzuberufen, was von deren Führung allerdings abgelehnt wurde. Sie hatte immer die Hoffnung, die USPD zu einer Partei der revolutionären Tat und nicht nur der Worte zu bewegen, dem sich jedoch vor allem der rechte Flügel versagte.

Aufschlussreich ist die Charakterisierung der USPD durch sein Mitglied und führenden Kopf der revolutionären Obleute, Richard Müller (Müller, S.260): „Wie die Dinge lagen, konnte die USPD die Regierung allein nicht bilden. Sie war stark gewesen als Oppositionspartei gegen den Krieg; in der Revolution war sie nur ein schwacher Faktor. Als Oppositionspartei hatte sie durch ihr Wirken die Revolution kräftig vorbereiten helfen, als politische Partei in der Revolution wirkte sie nicht nur hemmend, sondern gab der anderen sozialistischen Partei die Kraft zur gegenrevolutionären Politik. Während des Krieges war sie durch die Verhältnisse und durch die revolutionären Kräfte in ihren Reihen, vor allem durch die revolutionären Obleute, vorwärts gepeitscht worden, ihre rechtsstehenden Mitglieder wagten nicht zu opponieren. Nach dem Umsturz peitschten die Linken, aber die Rechten hielten nicht mehr still. Um nach außen eine geschlossene und starke Partei zu zeigen, gab sie revolutionäre Phrasen und Gesten von sich, machte aber praktisch eine opportunistische Politik. Angesichts dieser Tatsachen gab es nur ein Mittel, die Errungenschaften des 9.November sicherzustellen und weiter auszubauen: die revolutionären Arbeiter und Soldaten und die durch den Aufstand ins politische Leben hinein gestoßenen Massen mussten die schwankende USPD vorwärtstreiben und den gegenrevolutionären Willen der SPD brechen."

Dass dies mit der USPD gelingen könnte, davon waren Ende 1918 maßgebliche Spartakisten und weitere Linksradikale nicht mehr überzeugt. Daraufhin trennte sich der Spartakusbund am 29.Dezember von der USPD und schon am nächsten Tag wurde der Gründungskongress der KPD eröffnet. Der Gründungstag war der 1.Januar 1919. Außer den Mitgliedern des Spartakusbundes schlossen sich der KPD die Bremer Linksradikalen und die internationalen Kommunisten an. Liebknecht versuchte, auch die revolutionären Obleute für die neue Partei zu gewinnen, der sich jedoch vor allem ihr Führer Richard Müller versagte.

Neben politischen Erwägungen (Spaltung der revolutionären Arbeiterbewegung, Verhältnis zu Gewerkschaften und Teilnahme an den Wahlen zur Nationalversammlung) sollen auch persönliche Aversionen zwischen den beiden Führern Liebknecht und Müller eine Rolle gespielt haben. Später, nach dem Tod von Liebknecht trat Müller der KPD ebenso wie viele revolutionäre Obleute nach der Spaltung der USPD 1920 bei. Müller wurde jedoch 1924 wieder aus der KPD ausgeschlossen (Wikipedia, KPD, Müller).

Gegen Ende 1918 wurde eine wahre Schmutz- und Verleumdungskampagne bürgerlicher Presseorgane, aber auch des sozialdemokratischen „Vorwärts" gegen die Errungenschaften, aber besonders ihre Träger, die führenden Köpfe der Revolution betrieben. Stampfer vom „Vorwärts" und Baecker von der „Deutschen Tageszeitung" taten sich hervor, über angebliche Geldverschwendung beim Vollzugsrat, Einmarsch von Ententetruppen bei Fortführung des revolutionären Prozesses, Verweigerung der Lieferung amerikanischer Lebensmittel bei Nichtrückkehr zu geordneten Verhältnissen, Besetzung der Reichsfunkstation und ganz allgemein die Errichtung einer bolschewistischen Diktatur mit Bürgerkrieg, Not und Elend für das ganze Volk lügnerisch zu berichten. Die linken Kräfte konnten sich nicht adäquat gegen diese Pressehetze wehren (Müller, S.401 f).

Die endgültige Niederlage erlitt die deutsche Revolution in den Januarkämpfen. Nachdem die USPD-Volksbeauftragten aus der Regierung ausgeschieden sind, sollte noch eine ihrer letzten wichtigen Machtposition, die des Berliner Polizeipräsidenten geräumt werden. Der in der Arbeiterschaft überaus beliebte Amtsinhaber Emil Eichhorn, der zum linken Flügel der USPD gehörte, wurde vom sozialdemokratisch geführten preußischen Innenministerium am 4.Januar entlassen. Insgeheim wurde ihm zur Last gelegt, dass er die Volksmarinedivision gegen die OHL-Truppen unterstützte und ein Waffenlager im Verlagsgebäude des „Vorwärts" ausheben ließ. Müller hat die entscheidenden Kämpfe im Kapitel „Die Januarkämpfe 1919 in Berlin" (Müller, S.530-597) ausführlich dargestellt.

Eichhorn akzeptierte die Entlassung jedoch nicht, sondern wandte sich an die Berliner Ortsgruppe seiner Partei. Noch am selben Tag berieten im Polizeipräsidium der Vorstand der Berliner USPD, die revolutionären Obleute, Liebknecht und Pieck von der KPD. Sie beschlossen für den nächsten Tag, einen Sonntag zu einer Protestdemonstration um 14 Uhr gegen die Absetzung von Eichhorn aufzurufen. Jedoch schon vormittags zogen riesige Kolonnen von Arbeitern Richtung Innenstadt und um die Mittagszeit waren alle wichtigen Straßen und Plätze von den Demonstranten besetzt. Es war wie ein nochmaliger 9.November. Nachmittags hatten sich aus der Menge Gruppen von bewaffneten Arbeitern gebildet, die alle großen Zeitungsverlage u.a. auch den „Vorwärts" besetzten, die Maschinen stilllegten und die Redaktionen nach Hause schickten. Dass diese Gruppen von Spitzeln und Agents provoquateurs durchsetzt waren, stellte sich erst später heraus. Sie handelten auf jeden Fall nicht im Auftrag des Revolutionsausschusses (s.u.).

Am Abend versammelten sich wiederum im Polizeipräsidium 70 revolutionäre Obleute, 10 Vorstandsmitglieder der USPD, zwei Soldaten und ein Matrosenvertreter sowie die beiden KPD-Vertreter Liebknecht und Pieck. Beeindruckt von der gewaltigen Massendemonstration wurde in euphorischer Stimmung beraten wie weiter vorzugehen sei. Der Vertreter der Volksmarinedivision vermittelte den Anwesenden ein falsches Bild über die Soldaten in den Berliner Kasernen. Er meinte, die Berliner Truppen würden die Revolutionäre beim Sturz der Regierung Ebert-Scheidemann unterstützen, wobei die beiden Soldatenvertreter auf die schwankende Haltung der meisten Soldaten hinwiesen. Abends wurde von der Versammlung ein Aufruf an die Arbeiter verfasst, am kommenden Montag die Betriebe zu verlassen und um 11 Uhr in der Siegesallee sich einzufinden. Es gelte, den letzten Anschlag der blutbefleckten Ebert-Regierung zuschanden zu machen, die Revolution zu festigen und durchzuführen. Der Aufruf endet mit den Schlachtrufen: „Auf zum Kampfe für den Sozialismus! Auf zum Kampfe für die Macht des revolutionären Proletariats! Nieder mit der Regierung Ebert-Scheidemann!" Weiterhin wurde von den Anwesenden ein 53-köpfiger „provisorischer Revolutionsausschuss" mit Liebknecht, Ledebour von den Unabhängigen und Scholze gebildet. Der Revolutionsausschuss, der am Vormittag hoffnungsfroh noch seine Besprechungen in den Marstall der Volksmarinedivision verlegt hatte, erklärte etwas verfrüht die Regierungsgeschäfte übernommen zu haben. Der Aufruf wurde am Montag noch zahlreicher befolgt als am Sonntag. Es gab von der Organisation keine Aufforderung an die Masse der Menschen wie weiter vorgegangen werden sollte. Von bewaffneten Gruppen wurde noch ein paar öffentliche Gebäude besetzt, aber zum Sturm auf die Regierungsgebäude wurde nicht aufgerufen, obwohl der Sturz der Regierung in den Flugblättern angekündigt worden war.

Um die Regierung zu schützen, waren vor der Reichskanzlei eilig herbeigerufene bewaffnete SPD-Mitglieder zusammengezogen worden. Als weiter nichts geschah, zerstreuten sich gegen Abend die Massen und die ganze Aktion war ein Schlag ins Wasser.

Im Laufe des Nachmittags hatten die Mitglieder des Revolutionsausschusses erfahren, dass sie nicht mit der Unterstützung Berliner Truppen rechnen konnten. Auch wurde der Revolutionsausschuss von Vertretern der Volksmarinedivision, die sich daraufhin für neutral erklärten, aufgefordert, das Gebäude zu verlassen, worauf man sich am Abend wieder im Polizeipräsidium versammelte.

Ebert und Noske sammelten inzwischen die Gegenkräfte zur Niederschlagung des Aufstandes. Am Sonnabend wurde in Zossen ein neugebildetes Landesjägerkorps von den beiden Sozialdemokraten besucht. Am Montagabend boten die drei ehemaligen USPD-Regierungsmitglieder ihre Vermittlung an.

Ebert stellte jedoch eine Bedingung: Aufhebung der Zeitungsbesetzungen, was vom Revolutionsausschuss abgelehnt wurde. Da Ebert sich in einer immer stärker werdenden Position fühlte, kam ihm das Nein der Revolutionäre sehr entgegen und in einem Aufruf vom 8.Januar ließ er verkünden, dass die Stunde der Abrechnung naht. Ebert verhandelte mit der Betonung, dass kein Blut vergossen werden sollte, zum Schein trotzdem weiter. Am 9.Januar rückten Truppen der berüchtigten „Maikäferkaserne", das Eberttreue „Regiment Reichstag" und das neue „Freiwilligenregiment Reinhard" in die Innenstadt ein und eroberten nach schweren Häuserkämpfen ein öffentlich besetztes Gebäude nach dem anderen, schließlich das besetzte Polizeipräsidium sowie die Zeitungsverlage zurück. Der schwerste Kampf wurde um das Verlagsgebäude des „Vorwärts" geführt. Da die Belagerer das besetzte Verlagsgebäude mit Kanonen beschossen, hatten die Besetzer, die nur leicht bewaffnet waren, keine Chance. Als sich von den Besetzern sechs Parlamentäre mit weißer Fahne den Belagerern näherte, wurde einer mit der Aufforderung nach bedingungsloser Übergabe zurückgeschickt, die anderen 5 misshandelt und anschließend erschossen. Die restlichen Besetzer ergaben sich darauf. Der kommandierende Offizier rief in der Reichskanzlei an und fragte, was er mit den Gefangenen tun solle, worauf ihm entgegnet wurde „Alle erschießen"! Wer jedoch diesen Befehl gab, konnte nicht ermittelt werden. Obwohl der Offizier, dem noch soldatische Ehre etwas bedeutete, diesem Befehl nicht nachkam, wurden die gefangen genommenen Arbeiter von den Soldaten schwer misshandelt.

Ein Vorfall, der das Verhältnis zur Gewalt der beiden Seiten deutlich machte, ereignete sich, als ein von den Arbeitern gefangen genommener Offizier sich im Anschluss an die Freilassung bei den revolutionären Arbeitern für deren gute Behandlung mit Handschlag bedankte, von der Soldateska ebenfalls misshandelt wurde (Haffner, S.155-164). Besonders die nachrückenden Freikorps machten keine Gefangene. Nach der brutalen Räumung von besetzten Gebäuden wurden die Besetzer von ihnen standrechtlich erschossen. In diesen Januar-kämpfen, die am 12. des Monats mit dem Sieg der kon-terrevolutionären Truppen zu Ende gingen, waren über 156 Opfer zu beklagen (Wikipedia, Novemberrevolu-tion).

Obwohl die Januarkämpfe von bürgerlicher Seite oft als Spartakusaufstand bezeichnet wurde, hatten die Ver-treter der KPD -ehemals Spartakus- nur einen geringen Einfluss auf die Geschehnisse. Sie waren im Revoluti-onsausschuss klar in der Minderheit und nicht führend bei der Besetzung der Zeitungsverlage beteiligt, was spontan durch revolutionär eingestellte Arbeiter er-folgte. Auch die neugegründete Partei KPD sah diesen Aufstandsversuch sehr kritisch und Rosa Luxemburg machte Liebknecht heftige Vorwürfe, weil er nicht das Programm der KPD beachtet hatte. Jedenfalls waren die SPD-Führer als Arbeiterverräter demaskiert und den klassenbewussten Berliner Arbeitern wurde eine Lek-tion in Brutalität der Konterrevolution erteilt.

Die beiden herausragenden Führer der Linken, Rosa Luxemburg und Karl Liebknecht wurden am 15. Januar verhaftet, in das Hauptquartier der Garde-Kavallerie-Schützen-Division im Hotel Eden gebracht, unter Miss-handlungen verhört, anschließend mit dem Auto fortge-bracht und ermordet. Rosa Luxemburgs Leiche fand man erst im Mai 1919 im Landwehrkanal. Sebastian Haffner hat ihr Schicksal ausführlich in seinem Kapitel „Die Verfolgung und Ermordung Karl Liebknechts und Rosa Luxemburgs" (Haffner, S.169-182) dargestellt.

In den Kämpfen im März behielten die konterrevolu-tionären Truppen klar die Überhand und zeichneten sich durch zahlreiche Erschießungen wie die von ehemaligen

Matrosen der inzwischen verbotenen Volksmarinedivision aus. Noske: „Einer muss den Bluthund machen", seit Anfang Januar Volksbeauftragter für Heer und Marine erlässt nach einer Falschmeldung von über 60 von Spartakisten ermordeten Polizisten einen Schießbefehl gegen jede Person, die mit der Waffe in der Hand kämpfend gegen die Regierungstruppen angetroffen wird. Besonders grausam tun sich die neu gebildeten Freikorps hervor, die nach der Auflösung der kaiserlichen Armee neu aufgestellt wurden.

Die meisten Soldaten des ersten Weltkriegs hatten nach Kriegsende genug vom Soldatentum und wünschten nichts Sehnlicheres als nach Hause zurückzukehren. Diejenigen Soldaten und besonders ihre Offiziere, die keine familiäre Bindungen hatten, denen das Soldatsein Spaß machte und ihr Vergnügen daran hatten, anderen Menschen Leid zuzufügen, hatten in diesen Kämpfen ein weites Betätigungsfeld. Sie konnten nun ihr ganzes soldatisches Heldentum an weit unterlegenen Gegnern beweisen und nach deren Gefangennahme sich bis zum Exzess austoben. Gedeckt wurden sie von den Befehlshabern und von der sozialdemokratischen Regierung, finanziell unterstützt von den Industriellen und vom verängstigten Bürgertum mit Freude begrüßt.

Auch in der Phase des Kapp-Putsches im März 1920 zeigte sich die Regierungs-SPD zwiespältig. Einerseits nahmen ihre Regierungsvertreter mit Ebert an der Spitze den von der vereinigten Arbeiterbewegung ausgerufenen und getragenen Generalstreik als Hilfe gern an, jedoch setzten sie nach dem Zusammenbruch des Putsches dieselben Putschtruppen ein, um den von der Arbeiterbewegung getragenen und zunächst erfolgreichen Ruhraufstand blutig niederzuschlagen.

Bewertung der deutschen Revolution

Die deutsche Revolution 1918/19 war kein Ruhmesblatt der Revolutionsgeschichte, sie war ein Trauerspiel. Liegt es am deutschen Charakter, dass wir mit so mancher Kulturleistung (Musik, Dichtung, Philosophie und Naturwissenschaft) und mit so mancher Erfindung die Menschheit beglücken konnten, aber auf dem Gebiet des gesellschaftlichen Fortschritts totale Versager sind? Über unseren Volkscharakter lässt sich trefflich debattieren, führt aber in der Erkenntnis der Historie nicht weiter.

Beim Lesen der Bücher und Schriften über die deutsche Revolution kommt man manchmal aus dem Kopfschütteln nicht heraus oder man möchte wütend das Buch in die Ecke werfen. Klar, im nach hinein lässt sich gut reden und herablassend beurteilen.

Die handelnden Personen waren alle Kinder ihrer Zeit. Sie waren im preußischen Wilhelmismus mit seinen obersten Werten der Ordnung und des Gehorsams, aber auch des sich freiwilligen Einfügens in die sogenannte Volksgemeinschaft erzogen worden und noch befangen in seinem Geiste. Man hatte diese Werte verinnerlicht, gerade auch bei den Sozialdemokraten, deren programmatisches Ziel im ausgehenden 19. Jahrhundert noch der Sozialismus war, aber berauscht durch ihre parlamentarischen Erfolge vor dem ersten Weltkrieg so weit vom Ziel abkamen, dass sie sich von einer Klassenkampfpartei zu einer wichtigen zivilen Stütze des alten Kaiserreiches entwickelte. Von ihrem Programm her gesehen waren sie verpflichtet, die überkommenen Klassenverhältnisse zu überwinden. Im verbalen immer radikal, im politischen Handeln jedoch immer auf der Suche nach Kompromissmöglichkeiten mit den Herrschenden. Ich nehme ihnen ab, dass es ihr erstrebenswerte Ziel war, die Lage der Arbeiterklasse zu verbessern, aber nicht durch eine Revolution, sondern durch Reformen, eben auf revisionistischem Wege. Dass eine solche Politik für den einzelnen Sozialdemokraten gefahrloser und für das persönliche Glück viel erträglicher war, liegt auf der Hand. Für die Kämpfer- und Märtyrerrolle waren die meisten von ihnen nicht geeignet. Diese Einschätzung gilt besonders für die Sozialdemokraten in den Großstädten mit viel Industrie und einer starken Arbeiterschaft. Anders sah es in den Klein- und Mittelstädten sowie auf dem flachen Land aus. Aufgrund der größtenteils konservativen Bevölkerung gehörte schon ein gewisser Mut dazu, sich zur Sozialdemokratie zu bekennen und auch ihre Politik und Ziele in der Öffentlichkeit zu vertreten.

Die fortschrittliche Arbeiterschaft schloss sich über Partei und Gewerkschaft hinaus in allen möglichen Lebensbereichen zusammen. Ob dies die sportliche Betätigung, das Musizieren, die Bildung, Wandern oder das Wohnen und Einkaufen war, überall entstanden entsprechende Arbeitervereine und Einrichtungen, die für die Arbeiterschaft eine eigene Lebenswelt, ja ihren kleinen Kosmos bedeuteten. Die SPD- und Gewerkschaftsmitglieder sahen darin mehr ein defensives Schutz- und Trutzbündnis als ein offensives Kampfbündnis gegen die Kräfte des Kapitals und des Obrigkeitsstaates. Neben der Parlamentarisierung trug diese Entwicklung einerseits zur Verbesserung ihrer Lebenssituation, andrerseits zu ihrer Beruhigung und Integration in die bestehenden Gesellschaftsverhältnisse bei.

Ein Mann dieser Lebenswelt war Friedrich Ebert, der auf seinem Weg zum Parteivorsitzenden als sozial engagierter Abgeordneter der Bremer Bürgerschaft, Parteisekretär und Verbindungsmann zu den Gewerkschaften von allen führenden Sozialdemokraten den besten Einblick in das Los der einfachen Arbeiter und ihrer Familien sowie in das Parteileben an der Basis hatte und am besten vernetzt war. Für viele sozialdemokratisch orientierte Arbeiter war er in der Revolution und danach zu einer Art „Ersatzkaiser" geworden.

Wie anders Rosa Luxemburg und Karl Liebknecht, stellvertretend für viele andere Linke genannt, die konsequent ihren revolutionären Weg bis zum bitteren Ende gegangen sind. Sie haben in den Parteiversammlungen mit ihren klaren Forderungen und durch ihre herausragende Rednerbegabung bei den Anwesenden für eine revolutionäre Stimmung gesorgt, andrerseits haben sie die reformistisch eingestellten Führungskader genervt und permanent die Mauscheleien zwischen der SPD und den Herrschenden angeprangert. Sie bedeuteten eine ständige Provokation für die etablierten Sozialdemokraten, weil sie ihnen den Spiegel ihrer Mutlosigkeit und Inkonsequenz gegenüber dem grundlegenden Erfurter Programm vor Augen hielten. Dies erzeugt Wut und schließlich tödlichen Hass.

Rosa Luxemburg und besonders Karl Liebknecht waren in großen Teilen der Arbeiterschaft aufgrund ihrer Standfestigkeit, für die sie ins Zuchthaus gingen, äußerst populär, aber in eine revolutionäre Macht konnten sie ihr Prestige nicht umsetzen. Karl Liebknecht, der herausragende Politiker, der das Doppelspiel der führenden Sozialdemokraten durchschaute und die Gefährlichkeit der Reaktion erkannte, konnte sich nicht mit

Richard Müller, einem der Führer der revolutionären Obleute und Vorsitzenden des Vollzugsrates der Arbeiter- und Soldatenräte auf das weitere Vorgehen verständigen. Was der eine an politischer Einsicht hatte, verfügte der andere über reale Macht. Was Lenin durch die Einbeziehung von Trotzki, dem großen Organisator der Oktoberrevolution gelang, blieb Liebknecht versagt. Trotzki und mit ihm auch andere Bolschewiki waren nicht von Anfang an auf Lenins Linie, nach der bürgerlichen Februarrevolution setzte er jedoch seine ganze Tatkraft für das Gelingen der sozialistischen Revolution ein. Liebknecht und Müller waren eben nicht „Klein-Lenin und Klein-Trotzki".

Welch ein groteskes komödienartiges Trauerspiel bot die Volksmarinedivision dar. Wenn es um ihren Sold ging, standen die Matrosen ihren Mann und schlugen auch mutig den Angriff der Konterrevolution zurück. Aber in den entscheidenden Momenten der beginnenden Januarkämpfe schwadronierte ihr Kommandant über die Unterstützung durch die Berliner Garnison, um dann, als dies nicht eintraf, sich der weiteren Beteiligung zu entledigen und für neutral zu erklären. Entweder war dieser Anführer ein eingebildeter Blender oder ein Agent der Gegenseite. Jedenfalls war die Volksmarinedivision noch nicht einmal ein Hauch der Kronstädter Matrosen.

Überhaupt war der Revolutionsausschuss in den entscheidenden Januarkämpfen 1919 nicht entschlussfähig. Die Arbeitermassen waren bereit, die Revolution zu retten und weiterzuführen. Sie warteten nur auf das Signal zum Sturm auf die Regierungsgebäude. Aber nichts geschah. Sie waren von ihrer Führung zur Passivität verurteilt, wohingegen in diesen Stunden entschlossenes

Handeln gefordert war. Der Revolutionsausschuss, mehrheitlich von revolutionären Obleuten besetzt, war wie gelähmt. Die Aufforderung zum Sturm auf die Regierungsgebäude war anscheinend eine Nummer zu groß für sie. Andrerseits waren sie nicht fähig, die Besetzung der anderen Gebäude und vor allem der Zeitungsverlage zu beenden und überließen die Besetzer ihrem Schicksal, dem Angriff einer inzwischen an Soldaten und Waffen übermächtigen Konterrevolution ausgeliefert zu sein.

Von Seiten der revolutionären Arbeiter und Soldaten wurden keine Gräueltaten im Gegensatz zur Konterrevolution begangen. Die letzteren lebten ihre ganze Aggression in Misshandlungen und Massenerschießungen aus. War das Verhalten der revolutionären Massen eher zögerlich und großmütig, so war die andere Seite in ihrem „Heldentum" gegenüber einem schwachen Feind und wehrlosen Opfern nicht zu übertreffen.

Bekannt ist Ludendorffs Aussage und man kann davon ausgehen, dass er für die Einstellung der meisten führenden Militärs spricht: „Die größte Dummheit der Revolutionäre war es, dass sie uns alle am Leben ließen. Na, komme ich einmal wieder an die Macht, dann gibt' s kein Pardon. Mit ruhigem Gewissen würde ich Ebert, Scheidemann und Genossen aufknüpfen und baumeln lassen" (Haffner, S.124). Man sieht, diese Kreise machten keinen Unterschied zwischen linken und rechten Sozialdemokraten. Sie benutzten zunächst die MSPD, um einen Keil in die Arbeiterbewegung zu treiben, sie zu schwächen und zuerst mit der revolutionären Linken und anschließend mit den rechten Sozialdemokraten (Novemberverbrecher) abzurechnen, was ihnen im Faschismus auch gelang. Dass die rechten Sozialdemokraten diese Gefahr nicht erkannt haben, kann der Leser der Revolutionsgeschichte nur mit großer Verwunderung zur Kenntnis nehmen.

Und damit zur Rolle der SPD in der Novemberrevolution. Ohne dass den meisten Arbeitern und SPD-Anhängern bekannt wurde, war die SPD besonders in den letzten Kriegswochen in die Machtstruktur des Kaiserreiches integriert worden. Das alte Klassenkampfvokabular hielten sie bei: Arbeiter, Proletarier auch Revolution ging den meisten von ihnen wie selbstverständlich über die Lippen. Wenn schon Revolution, dann aber unter ordentlichen Umständen und nicht so chaotisch und gewalttätig wie die französische und russische Revolution.Und Ebert, der die Revolution wie die Sünde hasste, wollte die Arbeiterschaft von den Straßen weghaben, er wollte in Verhandlungen mit den bisher Herrschenden, auch in Zusammenarbeit mit den Gewerkschaften für die Arbeiterschaft soziale und gesellschaftliche Errungenschaften auf dem revisionistischen Weg ohne jegliche Revolution erreichen.

Schon in den Januarstreiks und nach dem Matrosenaufstand in Kiel traten führende Sozialdemokraten in die Streikleitungen sowie Arbeiter-und Soldatenräte ein, nur um die Streiks und den Aufstand so schnell wie möglich zu beenden und sie nicht auf das Reich übergreifen zu lassen. Aus der gegebenen Situation das Beste zu machen, den politischen Gegner zu täuschen, die Nichtbeachtung oder Verschleppung ihm widerstrebender Beschlüsse der Rätekongresse, den Gegner zu unüberlegten Handlungen zu provozieren, bei eigener Schwäche Verhandlungsbereitschaft und Friedensliebe zu signalisieren, um dann bei eigener Stärke den Bürgerkriegsgegner rücksichtslos anzugreifen und zu vernichten, dies war die politische Klaviatur, die Ebert meisterlich beherrschte. Man kann dieses politische Vorgehen auch für ein Lehrbuch zu dem von der breiten Öffentlichkeit als „schmutziges Geschäft" bezeichneten Politikbetrieb verwenden.

Entgegen kam ihm, dass die meisten Arbeiter ohne Führungsfunktion instinktiv die Einheit der Arbeiterklasse wünschten, um ein Gegengewicht gegen die alten Mächte bilden zu können. Dies begünstigte Ebert, denn er konnte somit die Linken als dauernde Störer und Spalter hinstellen. Dass hingegen Ebert durch sein Bündnis mit der OHL die Einheit der Arbeiterklasse zerstörte, war für die meisten von ihnen nicht erkennbar. Die alten Mächte, die, um eine revolutionäre Umwälzung zu verhindern, sich auf ein Bündnis mit dem ungeliebten Ebert und seinen Gesinnungsgenossen einließen, trugen durch ihre Kooperationsbereitschaft zur Selbsttäuschung und zur illusionären Politik bei den führenden Sozialdemokraten bei. Man konnte sich in seinem Selbstwertgefühl gestärkt fühlen, auf gleicher Augenhöhe nun mit Vertretern des bisherigen Systems kommunizieren zu können. Das tat einer Arbeiterseele schon richtig gut, zu sehen, wie die Gegenseite von ihr abhängig ist. Nur hat dies nicht zur Versöhnung zwischen organisierter Arbeiterschaft und der Junker- und Kapitalseite beigetragen, sondern deren Ohnmachtsgefühle während der Revolutionszeit hat ihre Wut auf alles Sozialdemokratische und Sozialistische in offenen Hass gesteigert.

Karl Liebknecht und Rosa Luxemburg, die dieses Spiel durchschauten und in ihrem Zentralorgan „Rote Fahne" anprangerten, mussten auch aus diesem Grund sterben, sonst hätten sie durch ihre Überzeugungskraft längerfristig zu einer Gefahr für die Achse Ebert-Groener werden können. Dieses Doppelspiel war auch für Ebert nicht ungefährlich, wie schnell hätte er zwischen den beiden Blöcken zerrieben werden können. Aber er verstand es meisterlich, große Teile der Arbeiterschaft zu täuschen. Die alten Kräfte nahmen in ihren schweren Stunden gerne Eberts Kumpanei an, gedankt haben sie es ihm freilich nicht. Der Kapp-Putsch und die Verleumdungskampagnen in der letzten Zeit seiner Präsidentschaft zeugen davon.

Dadurch, dass er die alten Kräfte geschont und wesentlich zu ihrem Wiedererstarken beigetragen hat, hat er die Grundlagen für die spätere Entwicklung zum Faschismus geschaffen. Sicher hätte er und dies wäre ihm zu glauben, wenn er vorausgesehen hätte, wie Deutschlands Weg in die nächste Katastrophe vonstatten ging, reumütig festgestellt: „Das habe ich nicht gewollt".

Darauf kommt es letztendlich nicht an. Er hat objektiv noch nicht einmal eine gegenüber 1848 nachholende bürgerliche Revolution mit der Beseitigung der alten Militärgewalt wie es vom mehrheitlich mit SPD-Anhängern besetzten Reichsrätekongress gefordert wurde, zugelassen. Er hat durch Vertröstung und Verschleppung die Beseitigung der überkommenen Strukturen verhindert. Objektiv hat er diese Strukturen geschützt und wieder zu neuer Macht entstehen lassen. Auch das Hinauszögern, Verschleppen und schließlich Aufheben der Beschlüsse zur Sozialisierung der großen Industrie trugen zum Wiedererstarken des Großkapitals bei. Diese Kreise wurden die Finanziers zunächst der Freikorps, der rechten Parteien und schließlich der faschistischen Bewegung. Nur durch ihre Unterstützung konnte Hitler an die Macht gelangen.

Man stelle sich vor, dass in einer sportlichen Auseinandersetzung zwischen 2 Mannschaften ein führender Kopf des einen Teams heimlich mit dem anderen zusammenarbeitet und damit Misstrauen und Streit in die eigene Mannschaft hineinträgt, so ist das Spiel dieser Mannschaft bereits verloren, bevor es eigentlich losgeht.

Der Spruch „Wer hat uns verraten, Sozialdemokraten" ist unter diesem Gesichtspunkt voll berechtigt und diese schlechten Erfahrungen haben zu großer Bitternis und Misstrauen bei den klassenbewussten Arbeitern geführt. Andrerseits hat die KPD unter Stalins Einfluss die SPD-Mitglieder als Sozialfaschisten bezeichnet, so die Gefahr seitens des Faschismus verharmlost und wesentlich dazu beigetragen, dass SPD, KPD und die anderen linken Kräfte sich nicht wie während des Kapp-Putsches zu einer Einheitsfront gegen den Faschismus zusammenschließen konnten.

Sicher war Eberts Argument, die Eroberung der staatlichen Macht durch die Linken hätte Bürgerkrieg und Intervention der Entente wie in Russland bedeutet, nicht ganz von der Hand zu weisen. Wie auch immer der Bürgerkrieg ausgegangen wäre, ein Aufstieg des rassistischen Hitler-Faschismus mit der Katastrophe für Deutschland und ganz Europa wäre weniger wahrscheinlich gewesen. Weitere Spekulationen verbieten sich jedoch von selbst.

3. Revolutionen im Vergleich

3.1. Schlussfolgerung aus den bedeutenden Revolutionen

Vergleicht man die amerikanische, französische, russische und deutsche Revolution, dann können bei der Beschäftigung mit ihren Ursachen Gemeinsamkeiten festgestellt werden. Alle 4 Revolutionen sind in Zeiten ausgebrochen, in denen die jeweiligen Herrschaftssysteme in äußerst kritische und für sie bedrohliche Entwicklungen geraten sind, die ein „weiter so" im gewohnten Stil unmöglich machten. So wie bisher das Volk regiert wurde, dies konnte nicht so fortgesetzt werden. Um die Systeme zu retten, wären einschneidende Änderungen erforderlich gewesen. Die herrschenden Eliten hätten quasi über ihren Schatten springen und neue Wege gehen müssen. Dazu waren alle Herrscher nicht in der Lage. Sie waren mental und emotional gefangen in ihrem Klassensystem. Durch ihre Überheblichkeit auch aufgrund ihrer bisherigen Herrschaftserfahrungen und beeinflusst durch ihre Hofkamarilla war es ihnen unmöglich, diese inneren Barrieren zu überwinden. Um adäquat reagieren zu können, hätten sie ebenso die neuen Entwicklungen vorurteilsfrei erkennen müssen.

Hauptursachen der amerikanischen sowie der französischen Revolution waren die zerrütteten Staatsfinanzen und die Behebung des großen Staatsdefizits durch Erhöhung der Steuereinnahmen.

England war durch den Siebenjährigen Krieg, den es zwar erfolgreich überstanden und der in Nordamerika auch zu großen Gebietserweiterungen geführt hat, hoch verschuldet. Um das Defizit auszugleichen, führte man im Warenverkehr mit den nordamerikanischen Kolonien neue Steuern ein, die insbesondere in deren Städten zu viel Verärgerung und auch zu Unruhen unter der dortigen Bevölkerung führte.

Die amerikanischen Kolonisten waren der Auffassung, durch ihre Beteiligung an der kriegerischen Auseinandersetzung mit Frankreich hätten sie bereits ihren Anteil gegenüber dem Mutterland geleistet. Die Einführung der Steuern forderte zu passivem Widerstand heraus, sodass u.a. die Stempelsteuer wieder abgeschafft werden musste. Schließlich wurde die Teesteuer eingeführt, was zu Gewaltaktionen gegen Sachen führte. Die Kolonisten standen auf dem Standpunkt, dass ohne Vertretung im englischen Parlament keine Steuer erhoben werden dürfe. Einerseits die Zurücknahme von nicht durchsetzbaren Steuergesetzen, andererseits die Verschärfung durch weitere Steuern und schließlich der Einsatz des Militärs führte zu einer ständigen Eskalation. Provokationen gegenüber dem Militär trugen dazu bei, dass die Soldaten schließlich von ihren Waffen Gebrauch machten und so die ersten Märtyrer auf der Seite der Kolonisten schufen.

Dies war das Signal für die Bevölkerung, Milizen zu bilden, sich zu bewaffnen und Waffenlager anzulegen. Darauf sah sich das englische Militär herausgefordert, die Waffendepots auszuheben, wobei es zu den ersten kriegerischen Auseinandersetzungen mit den Kolonisten kam. Und so war die Entwicklung zum Unabhängigkeitskrieg nicht mehr aufzuhalten. Die von den Kolonisten einberufenen Kongresse, auf denen die Delegierten heftig darüber diskutierten, ob die amerikanischen Kolonien sich vom Mutterland unabhängig erklären sollten und wie ihr Innenverhältnis danach auszusehen habe, machten die entscheidenden politischen Schritte hin zur Unabhängigkeit. Auch war die verfassungsmäßige Struktur nicht so demokratisch ausgeprägt wie man es vermuten könnte. Hier standen sich in Fragen des Wahlrechts progressive und konservative Kräfte in den Einzelstaaten gegenüber. Während die Konservativen das Wahlrecht von den Einkommensverhältnissen der Wähler abhängig machen wollten, setzten sich die Progressiven für ein allgemeines Wahlrecht ein, das jedoch nicht für die schwarzen Sklaven galt. Die indirekte Wahlentscheidung des Volkes kann man auch heute noch am Wahlmännersystem erkennen. Die Entscheidung über den Erfolg der Revolution fand jedoch auf dem Schlachtfeld zwischen einer zunächst weit unterlegenen aber im Laufe des Unabhängigkeitskrieges erstarkenden Milizarmee der Kolonisten und der englischen gut ausgerüsteten Kolonialarmee statt.

Die Zerrüttung der französischen Staatsfinanzen war die Folge von Kriegen, die die Leistungskraft der Nation überstiegen, einer tief gestaffelten Staatsbürokratie und einer ausschweifenden Hofhaltung. Nur widerwillig erklärte sich der König bereit, die Generalstände zur Erhebung neuer Steuern einzuberufen. Die Versammlung der drei Stände im Versailler Schloss machte die überkommene Staatsstruktur mit ihren 3 Ständen deutlich. Der erste (Adel) und zweite Stand (Klerus) waren mit reichlich Privilegien ausgestattet und nicht bereit, ihren Beitrag zu den Staatseinnahmen zu leisten und schließlich der dritte Stand des Volkes, der ohne Privilegien der Steuerzahler der Nation war. Schließlich die Abstimmungen nach Ständen, in denen der dritte Stand im Abstimmungsergebnis stets unterlegen war. Die Ungerechtigkeiten waren mit Händen zu greifen und so offensichtlich, dass von Seiten der Krone der Entwicklung zur Nationalversammlung höchstens hinhaltender Widerstand entgegengesetzt wurde und viele Adlige die Zeichen der Zeit erkannten, sich der Nationalversammlung anschlossen und auf ihre Privilegien verzichteten.

Das Volk von Paris, das seinen täglichen Existenzkampf gegen die Brotknappheit und des daraus folgenden Preiswuchers, Schieberei usw. führen musste, beschleunigte durch sein revolutionäres Auftreten die Geschehnisse.

Auf der einen Seite der offensichtlich nachgiebige König, der insgeheim jedoch gegen die Revolution konspirierte und auf der anderen Seite das aufrührerische Volk ließen für eine ausgleichende Entwicklung keinen Raum. Als die Flucht des Königs verhindert sowie seine Konspiration gegen die gesellschaftlichen Umwälzungen offenbar wurde und die in das Land einfallenden ausländischen Mächte dumpfe Drohungen aussprachen, gab es für das einfache Volk kein Halten mehr, sich am König und den Adligen, denen man habhaft werden konnte, blutig zu rächen. Der König konnte mit seinem halbherzigen Durchlavieren seine Herrschaft nicht retten. Wegen der zweideutigen Handlungen im Volk verhasst, hat er schließlich sich selbst zum Opfer gemacht.

Die radikalen Kräfte wurden immer stärker und setzten mit Terror ihre ideologisch überhöhten Vorstellungen durch bis sie zum Opfer der selbst geschaffenen Terrorherrschaft wurden. Früher idealistisch gebildete Bürger entwickelten sich zu Führungsfiguren der Revolution und gingen zur Durchsetzung ihrer Ideologie äußerst gewalttätig gegen Andersdenkende vor.

Nach vielen Turbulenzen stieg schließlich der erfolgreiche Revolutionsgeneral Napoleon zum Alleinherrscher und Kaiser auf. Er war als Regent immer ein herausragender Feldherr geblieben, der zwar manche Erfolge der Revolution festigte aber andererseits eine neue Monarchie installierte. Schließlich musste er sich den vereinigten europäischen Herrscherhäusern geschlagen geben.

Wie in der deutschen Revolution waren die Ursachen der russischen Systemkrise der imperialistische erste Weltkrieg. Es wurde eine Politik wie im Ränkespiel zwischen miteinander verwandten aber verfeindeten Mafia-Clans betrieben. Koalitionen wurden geschmiedet, im Konkurrenzkampf versucht, das Einflussgebiet weltweit zu vergrößern, die ökonomische aber auch die militärische Macht ausgebaut, um schließlich in der großen europäischen Auseinandersetzung die Oberhand zu gewinnen und eine hegemoniale Position in Europa und damit weltweit durchzusetzen. Die Wochen und schließlich Tage nach dem Attentat auf den österreichischen Thronfolger bis zum Beginn des ersten Weltkriegs waren ein Ringen zwischen Kriegstreibern und besonnenen Politikern, die das Schreckensausmaß und die Folgen des ersten Weltkriegs klar vorausgesehen haben. Für die politischen Kreise, die den Krieg befürworteten, war das Attentat eine willkommene Gelegenheit, mit den europäischen Konkurrenten „aufzuräumen."

Die unvorhergesehene lange Dauer des Krieges zehrte an den Kräften der kriegsteilnehmenden Länder. Nach 2

Kriegsjahren war der Hurrapatriotismus der Verzweiflung gewichen.

Russland, das die größte Armee besaß, war auf den Krieg unzureichend vorbereitet und sein Heer schlecht ausgerüstet. Das innere Gefüge der zaristischen Armee war durch den Standesdünkel der meist adligen Offiziere gegenüber den unteren Dienstgraden geprägt. Nach verlustreichen und verloren gegangenen Schlachten war die Armee durch Desertionen und sinkender Kampfmoral ihrer Soldaten stark geschwächt.

Schlechte Versorgung und Hunger an der Front und in den Heimatgebieten, sowie die schlechte Führung durch die Offiziere trugen maßgeblich zu einer starken Zerrüttung der zaristischen Machtbasis, die Armee bei. Die gefühlsmäßige Bindung an „Väterchen" Zar konnte diese Entwicklung nicht mehr aufhalten. Die ganze alte Feudalordnung geriet durch den ersten Weltkrieg ins Wanken und der Sturz der Staatsspitze war nicht mehr zu vermeiden.

Wie in Russland wirkte sich in Deutschland der 1.Weltkrieg, da er nicht die erwarteten Erfolge brachte, immer belastender für die Front und die Heimat aus. Dabei wurden die Völker von ihren Regierungen in einem wahren Nationalrausch aufeinandergehetzt. Aufgestachelt durch patriotische bis chauvinistische Reden und Kundgebungen wurde die Kriegsbegeisterung entfacht. Die Medien haben ihren wesentlichen Beitrag zur allgemeinen Kriegshysterie geleistet. Beigetragen dazu hat auch die Erziehung in Schule und Elternhaus sowie das Gefühl einer großen Volksgemeinschaft anzugehören (Kaiser Wilhelm II: Ich kenne keine Parteien mehr, ich kenne nur noch Deutsche). Diesem Sog konnten sich auch die Sozialdemokraten, die in der II. Internationale und auf Demonstrationen Wochen vor dem Krieg Stellung dagegen bezogen haben, nicht entziehen.

Der erste Weltkrieg wurde mit starken Geschützen und modernen Waffen geführt und die Verluste an Menschen und Material waren immens. Trotz Durchhalteparolen und dem Schwadronieren über die Kriegsziele griff die Erschöpfung der Soldaten und Zivilisten immer stärker um sich.

Aus dem kleinen Häuflein Kriegsgegner bei Kriegsbeginn wurden immer mehr und die Bereitschaft erhöhte sich unter den Soldaten und besonders den Matrosen, nicht mehr blindlings den Befehlen der Offiziere zu folgen. Die herrschende Schicht mit dem Kaiser an der Spitze haben sich wie die anderen Regenten stark über das Vernichtungsausmaß von Materialschlachten verschätzt. Diese falsche Einschätzung, ihre Überheblichkeit und das fehlende Gespür für die Erfordernisse der Zeit ließen sie geradewegs auf ihr demütigendes Ende zusteuern.

Für die Zeitzeugen war es bestimmt überraschend, dass von den nordamerikanischen Kolonien abgesehen die Macht der alten Herrschaftshäuser, die unüberwindlich erschien, wie Kartenhäuser in sich zusammenstürzten. Jedoch hatten sie noch ein festes und tragfähiges Fundament und dies war die herrschende Schicht in Verwaltung, Militär und Wirtschaft mit ihren großen und ausgedehnten Besitztümern. Obwohl es unter ihnen genug Rivalitäten und Auseinandersetzungen gab, in einem waren sie sich einig und ebenso fest entschlossen, die Revolution durch eine Konterrevolution mit allen zur Verfügung stehenden Gewaltmitteln im Keim zu ersticken. Zur Systemkrise kamen noch entscheidende Fehler der Herrschenden hinzu.

In der amerikanischen Revolution wurde der Wunsch auf entsprechende Vertretung im englischen Parlament von der Regierung nicht berücksichtigt und stattdessen Soldaten zur Niederschlagung der Unruhen in die Kolonien gesandt. In der Französischen Revolution wurden die europäischen Herrscherhäuser vom König und geflohenen Adligen aufgefordert zu Gunsten der Monarchie in Frankreich militärisch einzugreifen. Schließlich wurde das französische Volk durch die Proklamation, dass Paris dem Erdboden gleichgemacht wird, wenn dem König ein Haar gekrümmt wird, zur Weißglut getrieben und ihr revolutionärer und patriotischer Geist voll entfacht.

In Russland hatte zur Zeit der Doppelherrschaft der Ministerpräsident Kerenski den Krieg gegen die Achsenmächte fortgesetzt, obwohl er wissen musste, dass Russland erschöpft war und keine Aussicht bestand, die deutsche Armee zu besiegen. Die Bolschewisten, die sofortigen Waffenstillstand und Friedensverhandlungen ohne Kontributionen forderten, trafen damit die Erwartung der kriegsmüden Soldaten.

In Deutschland hatte der Befehl zur Seeschlacht mit der überlegenen englischen Kriegsflotte immer mehr Matrosen dazu gebracht, sich der Anordnung der Seekriegsleitung zum „Massenselbstmord" zu verweigern und in der Folge von der Meuterei zur bewaffneten Revolution überzugehen.

Was früher in krisenfreien Zeiten, als die Monarchien in der Gesellschaft noch stark und im vollen Glanz verankert waren, wie selbstverständlich gelang, verlor unter anderen Bedingungen völlig seine Durchsetzungskraft.

Hanna Arendt hat in ihrem Buch „Über die Revolution" festgestellt, dass das Ziel der Revolution letztendlich die Freiheit von Unterdrückung ist, was allerdings die Revolutionäre oft zu vergessen scheinen (Arendt S.10).

Am besten scheint dies in der amerikanischen Revolution gelungen zu sein. Angefangen beim Vertrag der Pilgerväter im frühen 17.Jahrhundert, die mit der Mayflower von England zur Besiedlung der englischen Kolonie Virginia aufbrachen bis zu den town hall meetings gab es eine breite basisdemokratische Kultur in den Siedlungen der nordamerikanischen Kolonien vor ihrer Unabhängigkeit.

Dies gipfelte in dem Anspruch, dass bei Nichtrepräsentation auch keine Steuer gezahlt werden muss. Aus der Erfahrung mit den Selbstverwaltungsorganen auf kommunaler Ebene konnten schließlich die Kontinentalkongresse für alle englischen Kolonien gebildet werden, die den entscheidenden politischen und verfassungsmäßigen Part, wenn auch nach heftigen Auseinandersetzungen zur amerikanischen Unabhängigkeit spielten.

In den 13 Kolonien Nordamerikas ging es schließlich nicht um den Sturz des Monarchen, sondern bedingt durch die räumliche Trennung um die Loslösung vom Mutterland und die Selbständigkeit. Es war damit eine Mischung aus Revolution und antikolonialen Kampf. Der Funke der Revolution sprang nicht auf das Mutterland über. Dies hat auch damit zu tun, dass in den Kolonien ein mutiger und selbstbewusster Menschenschlag, der die Enge der englischen Gesellschaft verlassen hat, um in der ungewissen Ferne sich zwar gewaltigen Aufgaben zu stellen, dafür aber frei nach eigenen Überzeugungen leben zu können, während im Mutterland die nichtprivilegierte Klasse zwar im vertrauten Trott und in sicheren Verhältnissen aber unfrei weiterleben musste.

Der entscheidende Sieg wurde bekanntlich auf dem Schlachtfeld von George Washington und seiner Bürgerarmee gewonnen. Das große Glück der USA war, dass Washington keine bonapartistischen Ambitionen hegte, sondern nach Beendigung seiner Präsidentschaft sich in das Privatleben zurückzog. Die demokratischen Institutionen wurden nicht beschädigt und konnten sich weiterentwickeln.

Was die amerikanische Gesellschaft von den europäischen Gesellschaften vor der Revolution ebenfalls unterschied, war die Abwesenheit von jeglicher Verelendung. Zwar gab es auch eine gesellschaftliche Spreizung zwischen wohlhabender und armer Bevölkerung, aber die Gesellschaften waren nicht so starr gegliedert wie im feudalen Europa und Aufstiegsmöglichkeiten aus der Unterschicht waren gegeben. War die amerikanische Revolution noch so sehr auf die Erringung der Freiheit fixiert, war in den europäischen Revolutionen die Notwendigkeit, das Massenelend zu beseitigen stark präsent.

Ob der Ruf nach Frieden und Brot in der russisch-deutschen oder in der französischen Revolution, als das Volk von Paris zusammen mit der Nationalgarde den Umzug des Königs von Versailles nach Paris erzwang und sie triumphierend riefen: „Wir bringen den Bäcker, die Bäckersfrau und den Bäckerjungen". (Wikipedia, Französische Revolution). Besonders die proletarischen Sansculottes setzten sich in den Sektionen von Paris für eine ausreichende Versorgung der städtischen Unterschichten ein.

Zur Entstehungsgeschichte der Revolutionen gehört auch die geistige Entwicklung der Gesellschaft. Das 17. und 18. Jahrhundert war die Zeit der Aufklärung. Große Denker wie John Locke, Voltaire, Rousseau, Montesquieu, Kant und andere prägten diese Ära. Man berief sich auf die Vernunft als universelle Urteilsinstanz, die Erkenntnisse der Naturwissenschaft wurden beachtet ebenso sich auf das Naturrecht bezogen.

Wie in der Präambel der amerikanischen Unabhängigkeitserklärung ausgeführt, sind alle Menschen gleich geschaffen, haben Rechte und dass zur Wahrung dieser Rechte Regierungen eingesetzt sind. Dies führte wenn auch zunächst nur dem Anspruch nach zu den allgemeinen Menschen- und Bürgerrechten sowie das Gemeinwohl als Staatspflicht. Und diese Erklärung war für die damalige Feudalzeit wirklich revolutionär. Allgemeine Bildung sollte die Menschen befähigen an der Gemeinschaft teilzuhaben und die Dreiteilung der Gewalten einer Machtanhäufung vorbeugen.

Für die russische und deutsche Revolution nahm die marxistische Gesellschaftswissenschaft einen herausragenden Platz ein. Die Geschichte als eine Geschichte der Klassenkämpfe, die Enthüllung des Kapitalismus als eine profitgetriebene Wirtschaftsordnung, die Befreiung der Arbeiter durch eine sozialistische Gesellschaftsordnung sowie der dialektische Materialismus sind Kernbestandteile des Marxismus, an dessen Erarbeitung Engels maßgeblich beteiligt war. Der Marxismus wurde von Lenin, Kautsky, Bernstein, Luxemburg und anderen maßgeblich weiterentwickelt allerdings in ganz unterschiedliche Denkrichtungen, die in der russischen und deutschen Revolution die ideologische Basis für ihr Gelingen und Scheitern bildete.

Die für uns maßgeblichen 4 Revolutionen waren jedoch nicht die einzigen großen Umbrüche, die sich weltweit ereigneten. Stellvertretend noch für andere Revolutionen möchte ich kurz auf die Bedeutung der Pariser Kommune sowie der chinesischen, kubanischen, äthiopischen Umbrüche, etwas ausführlicher die portugiesische Revolution von 1974 eingehen und die letzten Umwälzungen in Osteuropa und in Ägypten kurz behandeln.

3.2. Die Kommune von Paris

Der deutsch-französische Krieg 1870/71 wurde bereits am 1. September 70 nach der Schlacht von Sedan mit der Gefangennahme von Kaiser Napoleon III durch die Preußen und die mit ihnen verbündeten anderen deutschen Armeen vorläufig siegreich beendet. In Paris erfolgte nach der Erstürmung der Deputiertenkammer durch das Volk am 4.September die Ausrufung der Republik. Die bürgerliche Regierung Thiers kapitulierte am 28.Januar 1871 und die deutsche Armee rückte in die Außenbezirke von Paris ein, wo sie bis zur Übergabe der Ratifikationsurkunde zum Vorfrieden am 3.März verblieb.

Während die bürgerliche Regierung bereit war, in Friedensverhandlungen mit dem siegreichen Preußen zu treten, setzten sich die republikanischen Kräfte in Paris für die Fortsetzung des Krieges gegen die vereinigten deutschen Armeen ein. Die Nationalversammlung, die überwiegend bürgerlich-konservativ und royalistisch zusammengesetzt war und zwischenzeitlich in Bordeaux getagt hatte, zog Mitte März von Bordeaux nach Versailles um. Ihre Beschlüsse zur Aufhebung der Stundung von Mietrückständen und der Freigabe der Mietpreise verschärfte die soziale Situation der proletarischen Bevölkerung von Paris.

Im März wollte die Regierung Kanonen, die die Pariser Nationalgarde vor den deutschen Truppen in Sicherheit in den Bezirk Montmarte gebracht hatte, durch regierungstreue Truppen beschlagnahmen lassen. Bei der Ausführung der Regierungsanordnung verweigerten die Soldaten sich jedoch den Befehlen und töteten die beiden kommandierenden Generäle. Daraufhin floh die der bürgerlichen Regierung treu ergebene Beamtenschaft und loyale Truppen nach Versailles, das inzwischen von deutschen Truppen geräumt war, während die republikanisch gesinnten Nationalgardisten von den Arbeiterquartieren in Montmarte und Belville in das Stadtzentrum einzogen.

Das von den Pariser Nationalgarden gebildete Zentralkomitee rief zur Wahl des Pariser Gemeinderats auf. Das Wahlergebnis ergab mit der Besetzung durch linksbürgerliche, kommunistische und sozialistische Abgeordneten einen merklichen Linksruck. Ziel des Rates war vor allem der Umsturz der sozialen Verhältnisse in Frankreich, die Beseitigung des Adels und der als Ausbeuter angesehenen Unternehmer. Das Zentralkomitee der Nationalgarden war weiterhin für militärische Fragen zuständig (Marx-Forum, S.7). Die neue Ordnung sollte in Paris notfalls mit Waffengewalt verteidigt werden, wozu die allgemeine Volksbewaffnung angeordnet wurde. Paris war nicht nur gegen die Truppen der bürgerlichen Regierung zu verteidigen, sondern gegebenenfalls auch gegen die vor ihren Toren stehenden deutschen Truppen.

Im April begann die Kommune durch Erlasse die Lebenssituation breiter Bevölkerungsschichten zu verbessern. Es wurden u.a. wieder rückständige Mieten erlassen, gepfändete Güter zurückgegeben, Arbeitsschutzmaßnahmen eingeführt, für kostenlosen Schulunterricht gesorgt und die von geflohenen bürgerlichen Fabrikherren verlassenen Fabriken in Arbeiterassoziationen überführt (Marx-Forum, S.8). Außerdem wurde die Wahl von Polizeibeamten, Richter und Beamte sowie die Gleichstellung der Frau und die Trennung von Staat und Kirche eingeführt.

Jedoch hatte die Pariser Kommune nur eine kurze Lebensdauer. Um die Regierungstruppen zu stärken, wurden nach dem Friedensschluss mit Preußen am 10.5.1871 viele kriegsgefangenen Offiziere und Mannschaften entlassen, die als kampferprobte Soldaten von der Regierungsarmee übernommen wurden. Am 21.Mai gelang es ihnen, in die Befestigungsanlagen von Paris einzudringen und im Straßen- und Häuserkampf die Kommunarden zu besiegen. Besonders Ende Mai wurde in der sog. blutigen Maiwoche 30.000 Menschen getötet. Gefangene wurden sofort exekutiert, während die Regierungstruppen nur 900 Gefallene zu verzeichnen hatten.

Die konterrevolutionären Truppen richteten ein wahres Blutbad unter den Kommunarden an. Die Niederschlagung der Pariser Kommune war auch im Sinne der preußischen und der anderen deutschen Regierungen, die ein mögliches Übergreifen des Kommunegedankens auf ihre Länder befürchten mussten. Am Beispiel der Kommune kann man ganz klar und deutlich den Charakter der Konterrevolution erkennen. Lieber paktiert sie mit dem bisherigen Feind, um so gestärkt den in ihren

Augen größeren Feind, das klassenbewusste Proletariat zu vernichten. Hier gibt es kein Nationalgefühl und auch keine so oft gepriesene Volksgemeinschaft.

3.3. Die maoistische chinesische Revolution

Die chinesische Revolution war in den 30er und 40er Jahren des 20.Jahrhunderts in eine Zeit des Bürgerkriegs und der Auseinandersetzung mit dem japanischen Imperialismus, der seit Beginn der dreißiger Jahre große Teile Chinas besetzt hatte, eingebettet. Dieser Invasionskrieg und auch der Bürgerkrieg zwischen der bürgerlichen Kuomintang und den Kommunisten führte zu einer großen Anzahl an Menschenopfern unter der chinesischen Zivilbevölkerung. Durch den langen Marsch konnte der spätere Gründer der Volksrepublik China Maotsetung sich einer vernichtenden Niederlage durch die Kuomintang entziehen und nach Ende des 2. Weltkriegs gestärkt gegen diese vorgehen und 1949 besiegen.

Maotsetung rekrutierte die kommunistischen Kämpfer vor allem aus der Bauernschaft und setzte auf die Guerillataktik. Da China ein unterentwickeltes Land mit geringer Industrialisierung war, war unter den damaligen historischen Bedingungen diese Strategie die einzige Möglichkeit, den Bürgerkrieg zu Gunsten der Kommunisten zu entscheiden.

3.4. Die kubanische Revolution

Wie die chinesische Revolution so wurde auch die kubanische Revolution durch die Guerillataktik siegreich zu Ende geführt. Gegründet von dem überragenden Revolutionsführer Fidel Castro wurde die Bewegung „M 26.Juli" zu einem Sammelbecken der Oppositionellen gegen den Diktator Batista. Nach dem gescheiterten Angriff auf die Moncada-Kaserne in Santiago und einem Gefängnisaufenthalt sah Castro sich gezwungen mit seinen übrig gebliebenen Gesinnungsgenossen nach Mexiko zurückzuziehen, um nach genügender Vorbereitung 1956 auf der Yacht Grandmal wieder nach Kuba zurückzukehren. Von den 82 Kämpfern auf der Granma konnte sich die Hälfte nach Kämpfen mit Regierungstruppen in die unwegsame Bergregion der Sierra Maestra zurückziehen und von dort aus den Guerillakampf gegen die diktatorische Batista-Regierung aufnehmen. Das ursprüngliche Ziel war die Wiederherstellung der Verfassung von 1940, die u.a. soziale Rechte beinhaltete.

Die Guerillabewegung wurde von Oppositionsgruppen in den Städten mit Waffen, Lebensmitteln und der Rekrutierung von neuen Kämpfern unterstützt. Diese Gruppen führten auch Widerstandsaktionen gegen den Unterdrückungsapparat der Batista-Regierung durch. 1958 war die „M 26-7"-Bewegung stark genug, um in die Offensive überzugehen. Vom Osten des Landes drangen sie siegreich bis Havanna vor. Ende Dezember wurde Santa Clara durch die Guerillas unter der Führung von Che Guevara erobert. Daraufhin floh am 1. Januar 59 Batista mit Gefolge in die Dominikanische Republik und am Abend desselben Tages konnte Fidel Castro den Sieg der Kubanischen Revolution verkünden. Für den Revolutionsführer Fidel Castro hatte es Vorrang, für die arme Landbevölkerung bessere Lebensbedingungen zu schaffen und durch die Landverteilung eine sichere Existenzgrundlage zu ermöglichen.

Als sich der sozialistische Aspekt der Revolution immer mehr durchsetzte, verließ ein Großteil der bisher führenden Schicht Kuba in Richtung USA. Die Emigranten versuchten durch verschiedene Aktionen und mit Hilfe der USA u.a. durch die erfolglose Schweinebuchtinvasion die entstehende sozialistische Gesellschaft zu destabilisieren und schließlich zu beseitigen. Das USA-Embargo konnte Kuba mithilfe der damaligen UdSSR überstehen. Wie das chinesische Modell war die kubanische Revolution der gesellschaftliche Umbruch in einem Entwicklungsland. Beide Revolutionen sind daher auf europäische Verhältnisse nicht übertragbar (Wikipedia, kubanische Revolution).

Im Anschluss möchte ich 2 Revolutionen behandeln, in denen der Umbruch vom Militär ausging: Äthiopien und Portugal.

3.5. Die äthiopische Revolution

Äthiopien ist ein Sonderfall in Afrika. Äthiopien war eine sehr alte Monarchie und das einzige Land in Afrika, das von der kurzen italienischen Eroberung vor dem 2.Weltkrieg abgesehen nie kolonialisiert wurde.

Anfang der 70´er Jahre des 20.Jahrhunderts geriet das Kaisertum Haile Selassi in eine schwere Krise. Aufgrund einer Dürreperiode und auch wegen der Ölkrise stiegen die Preise. Dies führte zu einer Verteuerung und Unterversorgung an lebensnotwendigen Gütern. Auf dem Land konnten die Bauern gegenüber den Großgrundbesitzern ihre Abgabepflichten nicht erfüllen, daraus folgten Verschuldung und Verelendung. In den Städten demonstrierten Bürger und Studenten gegen die massive Verschlechterung ihrer Lebensbedingungen.

Teile der Armee, die gegen die Korruption in den eigenen Reihen ankämpften, gründeten einen Soldatenrat (Derg) mit Major Mengistu an der Spitze. Dieser Rat übernahm mit der Zeit immer mehr Machtbefugnisse bis im September 1974 Kaiser Haile Selassi abgesetzt und inhaftiert wurde. Im folgenden Jahr wurde die Monarchie vom Derg für abgeschafft erklärt und die Errichtung einer sozialistischen Gesellschaft angestrebt. Die Militärregierung hatte mit vielen Schwierigkeiten zu kämpfen. Die Rückständigkeit des Landes (die überwiegende Mehrzahl der Bevölkerung lebt auf dem Land und betreibt meist eine Subsistenzwirtschaft), fast die Hälfte der Bevölkerung unterernährt, dazu noch ein hohes Bevölkerungswachstum verdeutlichten die Entwicklungsschwierigkeiten eines typisch unterentwickelten Landes.

Dies kann man noch an den Entwicklungsdaten späterer Jahre erkennen. So sank die Armutsrate von 2005 mit 38,7% auf 29,6% im Jahr 2011, in diesem Jahr lebten noch 31% der Bevölkerung von weniger als 1,25 USD(ollar)/Tag. Die Analphabetenrate sank von 65 % im Jahr 2007 auf 51% im Jahr 2016.

Ihr wichtigstes Ausfuhrgut, der Kaffee ist starken Preisschwankungen ausgesetzt und die Einnahmen des Landes sind aufgrund seiner Monokultur vom Kaffeepreis auf dem Weltmarkt abhängig. 2016 betrug das Aussenhandelsdefizit 12,3 Mrd.USD, was zu einer hohen Auslandsverschuldung führte. Andrerseits verzeichnete Äthiopien 2015 mit 10,2% das höchste Wirtschaftswachstum der Welt (Wikipedia, Äthiopien).

Weiterhin kam es zu kriegerischen Auseinandersetzungen mit dem Nachbarland Somalia um die Provinz Ogaden und in Tigre und Eritrea machten Widerstandsbewegungen der sozialistischen Zentralregierung zu schaffen. Obwohl Äthiopien von den Ostblockländern und von Kuba massiv unterstützt wurde, konnte es die genannten Schwierigkeiten nicht in den Griff bekommen. Als die Sowjetunion unter Gorbatschow ihre Hilfe für Äthiopien einstellte, war das Schicksal der sozialistischen Regierung besiegelt. Eine „vereinigte revolutionäre Front der äthiopischen Völker" eroberte 1991 die Hauptstadt Adis Abeba, worauf Mengistu und weitere Derg-Mitglieder ins Ausland flohen. Das Ziel, ein unterentwickeltes Land wie Äthiopien in den Sozialismus zu katapultieren, war viel zu ambitioniert.

3.6. Die portugiesische Nelkenrevolution

Auf viel Bewunderung und Sympathie in der europäischen Linken stieß die portugiesische Nelkenrevolution vom 25.April 1974. Portugal war trotz seiner undemokratischen Salasar/Caetano-Regierung NATO-Gründungsmitglied und befand sich seit den 60´er Jahren im Kampf gegen die antikolonialen Freiheitsbewegungen in seinen afrikanischen Kolonien Mocambique und Angola, der sehr verlustreich für beide Seiten geführt wurde. Caetano wurde 1968 Nachfolger des Diktators Salasar, der bereits in den 30er Jahren einen Art Ständestaat, den Estado Novo errichtete, in dem das Volk möglichst fern von fremden Einflüssen und durch geringe Bildung unmündig gehalten werden sollte. Über ein Drittel der Portugiesen waren Analphabeten. Caetano liberalisierte zwar etwas das System Salasar, an den autoritären Grundzügen dessen Herrschaft änderte er jedoch nichts. Aufgrund des verlustreichen Kolonialkrieges wurde fast die Hälfte des Staatsbudgets zu dessen Finanzierung aufgewandt.

Der Auslöser der Nelkenrevolution war im Februar 1974 die Veröffentlichung eines Buches des stellvertretenden Generalstabschefs General Spinola über die Aussichtslosigkeit des Kolonialkrieges mit dem Titel „Portugal und die Zukunft". Darin forderte Spinola die Teilnahme des Volkes am politischen Willensbildungsprozess sowie das Recht der Kolonien auf Selbstbestimmung. Für die Bewegung der Streitkräfte (MFA), die vor allem von mittleren Offiziersrängen getragen wurde, wurde dieses Buch zum Fanal und für das Caetano-Regime der Anfang vom Ende. Als der Generalstabschef Costa Gomes und dessen Stellvertreter Spinola wegen fehlender Loyalität ihrer Ämter enthoben wurden, verstärkten die Offiziere der MFA ihre Vorbereitung zum Sturz der Caetano-Regierung. Der Ablauf der Revolution war aufgrund ihrer geringen Opfer und der großen Zustimmung und Begeisterung in der Bevölkerung ein Traum von einer Revolution.

In der Nacht zum 25.April 1974 ertönte über den katholischen Radiosender Renascenca das sehr bekannte Lied „Grandola villa morena", welches wegen der Textzeile „Das Volk regiert" verboten war. Dies war das Zeichen zum Aufbruch der MFA-Streitkräfte, angeführt von den beiden Offizieren Maia und Carvalho. Von ihrem Stützpunkt 70 km vor Lissabon fuhren sie in ihren Panzern und Truppentransportern Richtung Lissabon, das sie gegen 6 Uhr erreichten. Nach der Besetzung der Ministerien, Rundfunk- und Fernsehsendern wurde ein Teil der revolutionären Streitkräfte zur Kaserne der bewaffneten Polizeistreitkräfte beordert, um Regierungschef Caetano und weitere führende Funktionäre des alten Regimes, die sich dorthin geflüchtet hatten, festzunehmen.

Nach mehrstündiger Belagerung war Caetano bereit, aufzugeben jedoch nur unter der Bedingung, dass General Spinola sein Nachfolger wird. Obwohl Spinola nicht zur MFA gehörte und auch nicht ihr Wunschkandidat war, willigte die MFA unter Hauptmann Carvalho ein, um Kämpfe und Blutvergießen zu vermeiden. Caetano wurde zum Flughafen gebracht, wo er zunächst nach Madeira und von dort aus nach Brasilien floh. Schon während des ganzen Tages begleitete die Bevölkerung mit Begeisterung die revolutionären Truppen und steckten den Soldaten aus Zeichen ihrer Sympathie rote Nelken in die Gewehrläufe. Die rote Nelke wurde zum Symbol des Kampfes für Freiheit und Sozialismus. Bei der Erstürmung des Hauptquartiers der Geheimpolizei Pide wurden durch deren Gegenwehr 4 Menschen getötet. Die Pide-Gefangenen, von denen viele misshandelt und gefoltert waren, wurden von den Aufständischen befreit.

Viele vom Caetano-Regime verfolgte Exilpolitiker kehrten aus ihrer Verbannung zurück, wie Soares, der unter Mithilfe der SPD in Deutschland die Sozialistische Partei (PS) gegründet hatte und Cunhal, den Vorsitzenden der Kommunistischen Partei (PCP). Ein Amnestiegesetz für die Kriegsdienstverweigerer und Deserteure wurde zum 1.Mai erlassen. Der Tag der Arbeit wurde zum großen Fest der Verbundenheit des Volkes mit den revolutionären Streitkräften. Im Stadion von Lissabon kam es zu einem gemeinsamen Auftritt von Soares und Cunhal. Beide verlangten eine Einheitsregierung von der Mitte über die Sozialisten bis zu den Kommunisten. Die gemeinsame Parole der Bevölkerung und der Soldaten lautete: „O povo unido jamais será vencido- das vereinigte Volk wird niemals besiegt!" (Wikipedia, Nelkenrevolution).

Bis im folgenden Jahr wurden alle Kolonien in ihre Freiheit entlassen. Aber in Angola folgte ein jahrelanger Bürgerkrieg, den die sozialistische Bewegung MPLA erst mit kubanischer Unterstützung gegen die westlich orientierte Befreiungsbewegung UNITA und südafrikanische Truppen siegreich beendete.

Jedoch auch die glorreiche portugiesische Revolution erlitt ihr Schicksal in der Frage wie viel Sozialismus umgesetzt werden kann. Nach der erfolgreichen Revolution wurde eine 7-köpfige Junta von Offizieren unter Einschluss des ersten nachrevolutionären Präsidenten Spinola und seines Nachfolgers Costa Gomes gebildet. Diese Junta bestand bis 1976. Ihre ersten Amtshandlungen waren die Auflösung des bisherigen Staatsrates und der Nationalversammlung.

Mitte Mai wurde Spinola Präsident Portugals und der frühere Oppositionspolitiker Palma Carlos erster Ministerpräsident. Seine Regierung war eine Regierung der nationalen Einheit von der politischen Mitte bis zu den Kommunisten. Der spätere konservative Ministerpräsident Sa Carneiro wurde Minister ebenso wie Soares Verteidigungsminister und Cunhal Außenminister. Aufgrund ihrer Zusammensetzung waren die Gegensätze in der Regierung unüberwindbar, die Regierungsarbeit gelähmt, worauf Palma Carlos im Juli zurücktrat.

Nachfolger wurde einer der führenden Köpfe der MFA, Oberst Vasco Goncalves, der bis September 75 als Ministerpräsident der provisorischen Regierung amtierte. Goncalves versuchte ein dezidiert sozialistisches Programm umzusetzen, wozu die Bodenreform, die Verstaatlichung wichtiger Industrien, Banken und Versicherungen, die Einführung eines Mindestlohnes und des

13.Monatsgehaltes gehörten. Außerdem wurde das Kolonialreich aufgelöst. Seine politischen Maßnahmen stießen auf Widerspruch in Teilen der MFA und der sozialistischen Partei. Nachdem seine ihn unterstützende Gruppe politischen Einfluss in der Revolutionsbewegung verloren hatte, trat er im September zurück und wurde auch aus dem obersten Revolutionsrat ausgeschlossen (Wikipedia, Goncalves).

Während der Regierungszeit von Goncalves musste Spinola nach einem vereitelten Putschversuch im März 75 fliehen, Nachfolger wurde Costa Gomes, der frühere Generalstabschef und Förderer des MFA. Costa Gomes war ein Mann der politischen linken Mitte. Nachdem Goncalves für seine sozialistische Politik die Unterstützung in der Bewegung der Streitkräfte verloren hatte, ernannte Gomes als dessen Nachfolger den früheren Marineoffizier Azevedo zum Ministerpräsidenten.

Vor seinem Amtsantritt hatten in Portugal Wahlen zur verfassungsgebenden Versammlung stattgefunden, die von zentristisch und rechts-sozialistischen Parteien gewonnen wurden. Die weiter links orientierten Kräfte der MFA organisierten sich in der Bewegung SUV (die vereinigten Soldaten werden siegen). Gemeinsam mit Kommunisten und radikalen Gewerkschaften riefen sie im Sommer 1975 zu Massendemonstrationen auf, es kam zu Radio- und auf dem Land zu Landbesetzungen, wogegen sich die Großgrundbesitzer mit Hilfe von bewaffneten Gruppen wehrten. Im November wurden die aufständischen Soldaten von regierungstreuen Einheiten unter General Eanes, dem späteren Nachfolger von Costa Gomes, entwaffnet. In den am 25.April 1976 stattgefundenen Parlamentswahlen gewann die Sozialistische Partei unter Soares, der zum zivilen Nachfolger von

Azevedo berufen wurde. In den im Juni stattfinden Präsidentenwahlen gewann General Eanes die Wahl (Wikipedia, Azevedo).

Mit der Wahl der beiden Vertreter der antisozialistischen Richtung wurde ein dezidiert sozialdemokratischer Weg mit der Beendigung der Landreform, neuen Orientierung in der Wirtschaftspolitik, Konsolidierung der Staatsfinanzen und dem Bemühen um die Aufnahme in die europäische Gemeinschaft, die 1985 vollzogen wurde, eingeschlagen. Bürgerliche Regierungen lösten später die Regierung Soares ab (Wikipedia, Soares).

Die sozialistisch orientierten Offiziere und Soldaten um Carvalho fanden für ihr sozialistisches Programm nicht genügend Unterstützung innerhalb der MFA und in der Bevölkerung. Zwar kam es zu Landbesetzungen im Alentejo, jedoch war besonders in Nordportugal die Bevölkerung stark religiös und konservativ geprägt. Für den Sieg über das autoritäre Caetano-Regime gab es allgemeine Zustimmung, zu einer sozialistischen Umgestaltung der Gesellschaft war jedoch nur eine Minderheit bereit.

Auch spielte die verdeckte Einflussnahme der übrigen Nato-Partner auf das politische Geschehen in Portugal eine bedeutende Rolle. Portugal war für die westliche Gemeinschaft ein viel zu wichtiges Mitglied, als dass man in der Zeit der damaligen Ost-Westspannungen es zu einem sozialistischen Land sich entwickeln lassen würde. Der Sozialismus in Portugal stand daher von Anfang auf verlorenem Posten.

In der portugiesischen Revolution waren die beiden wichtigen Voraussetzungen gegeben: Das politische System durch den Kolonialkrieg in der Krise und die falsche

Reaktion der Regierung auf Spinolas Buch. Anstatt dies als Mahnung für einen breiten Volksdialog aufzunehmen, wurden die beiden aufmüpfigen Spitzenmilitärs Spinola und Gomez sanktioniert und somit unfreiwillig dem Elan der Bewegung der Offiziere neuer Schwung verliehen.

3.7. Die osteuropäischen Umwälzungen

Waren die politischen Umwälzungen in Osteuropa Revolutionen oder konnte man sie als Konterrevolutionen bezeichnen? Schließlich wurden Regime gestürzt, die ursprünglich einen humanistischen und sozialistischen Anspruch vertraten.

Nachdem 1985 Gorbatschow zum Generalsekretär der KPDSU berufen wurde und mit seiner Politik der Perestrojka und Glasnost eine Erneuerung des Sozialismus in der Sowjetunion eingeleitet hatte, war das Streben nach mehr Freiheit in den anderen sozialistischen Ländern nicht mehr aufzuhalten. Ob in Polen, Tschechoslowakei, DDR, Ungarn, Bulgarien oder schließlich Rumänien überall protestierten immer mehr Menschen gegen die Parteidiktatur und für mehr Freiheit aber auch gegen die ungenügende Versorgungslage.

Anders wie in früheren Zeiten hielt sich bei den Umwälzungen in Mittel-/Osteuropa die Sowjetunion zurück und so verlief der Sturz der Regierungen des real existierenden Sozialismus bis auf Rumänien größtenteils unblutig.

Der Sozialismus war in einer Einparteienherrschaft erstarrt, seine führenden Funktionäre im Denken des weltweiten Klassenkampfs so befangen, dass die Wünsche der Bevölkerung aber auch deren Wut über ihre Nichterfüllung überhaupt nicht von ihnen verstanden wurde. Gerade der von Gorbatschow angestoßenen offenen Diskussion verweigerten sich die meisten führenden Funktionäre der osteuropäischen Länder.

Die sozialistischen Länder sind aufgrund ihres ökonomischen und technologischen Rückstandes auch aufgrund der aus der Konkurrenz zum kapitalistischen Westen bedingten Hochrüstung in schwieriges Fahrwasser geraten. Anstatt den Dialog mit der Bevölkerung zu den ökonomischen Problemen und ihre Beseitigung zu führen, sahen die führenden Parteikader hinter jeder Kritik den Einfluss des kapitalistischen Westens und verweigerten sich dem Diskurs. Sie waren wie andere Herrscher, die wir in der Revolutionsgeschichte kennengelernt haben, in ihrem System befangen und konnten die Zeichen der Zeit nicht erkennen.

Ein offenes Geheimnis ist, dass andrerseits der Westen Einfluss auf die Geschehnisse im Ostblock nahm. Man kann es daraus ersehen, dass aus den Reformwünschen der Bevölkerung bald der Ruf nach Sturz der sozialistischen Gesellschaftsordnung laut wurde, was natürlich auch einen konterrevolutionären Aspekt hatte. Nur haben die führenden Parteikader ungewollt an dieser Entwicklung ihren maßgeblichen Anteil. Dass in der Bevölkerung sozialistische Vorstellungen („In der DDR war auch nicht alles schlecht") noch vorhanden sind, kann man an den Wahlergebnissen erkennen, in denen die Nachfolgeparteien der ehemaligen sozialistischen Parteien immer wieder gute Wahlergebnisse erzielen und sich mit den bürgerlichen Parteien bei der Übernahme der Regierungsmacht in einem ständigen Wechselspiel befinden.

3.8. Der arabische Frühling in Ägypten

Die tunesische Jasminrevolution war der Beginn des sog. arabischen Frühlings, in der ein verzweifelter Kleinhändler durch seinen spektakulären Freitod das Fass an Unterdrückung, unwürdigen Lebensverhältnissen und Perspektivlosigkeit zum Überlaufen und fast die gesamte arabische Welt in Bewegung brachte. So unterschiedlich die Länder wie Libyen, Syrien und Ägypten auch sind, so entwickelte sich der arabische Frühling nicht zum positiven, sondern, Tunesien ausgenommen, verlief überwiegend in sehr dramatischen Bahnen. Bekanntlich stehen Syrien und Libyen für heftige Bürgerkriege.

In meinen weiteren Ausführungen möchte ich mich auf Ägypten beschränken, das eine verhängnisvolle Entwicklung nahm von einer Militärdiktatur über den Volksaufstand zu einer Hegemonie der politisch-religiösen Parteien, um letztendlich wieder in einer Militärdiktatur zu landen. Die ägyptische Revolution ist deshalb von Bedeutung, da es eine rein innere Entwicklung gab und offensichtlich nicht wie in Libyen und Syrien von außen eingegriffen wurde.

Ursachen für den ägyptischen Volksaufstand im Januar 2011 war die weit verbreitete Wut auf das autoritäre Regime des Präsidenten Mubarak mit seinem rücksichtslosen Unterdrückungsapparat und der weit verbreiteten Korruption in den staatlichen Stellen. Fehlende Arbeitsplätze auch aufgrund des Bevölkerungswachstums von 50 auf 85 Millionen Menschen innerhalb der letzten 25 Jahre sorgten für viel Unmut, besonders unter der jungen Generation. Dazu noch steigende Lebensmittelpreise und stagnierende Löhne führten zu einer immer größer werdenden Armut. Vielen gut ausgebildeten jungen Erwachsenen blieb nichts anderes übrig als ihr Glück im Ausland und hier besonders in den reichen Golfstaaten zu suchen, die jedoch die Zuwanderung von Ägyptern immer mehr einschränkten.

Schon Anfang dieses Jahrhunderts bildete sich eine Oppositionsbewegung mit der Bezeichnung Kaja (= es reicht) und die Jugendbewegung 6.April, die sich stark sozial orientierte und Ausstände von Arbeitern unterstützte. So kam es im ersten Zehntel des neuen Jahrhunderts zu Studentenunruhen, Arbeiterstreiks in Textilbetrieben und 2008 zu Massenkundgebungen wegen der mangelhaften Versorgung mit Brot.

Die modernen Kommunikationsmittel wie e-mail und sms hatte einen großen Anteil an der Mobilisierung großer Menschenmassen. Die von Ahmed Maher und Abdel Fattah gegründete Facebookgruppe wollte unabhängig von politischen Richtungen ihre Landsleute im Kampf gegen das autoritäre Mubarakregime und für ein demokratisches Ägypten mobilisieren. Ob es Muslime, Christen, Linke oder Bürgerliche waren, immer breitere Schichten schlossen sich den Oppositionsbewegungen an. Die Regierung versuchte zwar, den Zugang zum internationalen Netz zu sperren, aber aufgrund der weiten Verbreitung von Handys war eine Massenkommunikation möglich.

Ende Januar 2011 kam es zu großen Massenprotesten in Kairo und anderen Städten wie Sues, wo die Polizei das Feuer auf Demonstranten mit Toten und Verletzten eröffnete. Am 28. Januar, dem Tag des Zorns fanden die heftigsten Auseinandersetzungen in Kairo statt, in deren Verlauf die Zentrale der Regierungspartei NDP in Kairo in Brand gesteckt wurde. Die Demonstranten forderten den Rücktritt von Mubarak, der daraufhin eine Regierungsumbildung sowie demokratische und wirtschaftliche Reformen ankündigte. Davon ließen sich jedoch die Demonstranten nicht beschwichtigen.

Am 30. Januar gingen vom Kairoer Tahrir-Platz, der immer stärker zum Sammelpunkt der Demonstranten wurde, gewaltige Massenkundgebungen mit Erstürmungen und Anzünden von Polizeiwachen sowie der zeitweiligen Besetzung von Gerichtsgebäuden aus. Dabei ist jedoch zu berücksichtigen, dass viele Polizisten ihre Stationen aus Angst vor dem Volk verlassen hatten oder nicht zum Dienst erschienen waren. Leider kam es wie in den Vortagen auch zu Plünderungen und Beschädigungen in den staatlichen Museen, die daraufhin von Oppositionsgruppen geschützt wurden. Die Plünderungen erfolgten oft vom eigenen Sicherheitspersonal.

Die staatliche Macht war mit Kampfhubschraubern, Panzern und zahlreichen Soldaten präsent. Die Massen ließen sich jedoch von der Militärpräsenz nicht einschüchtern.

Am 1.Februar wurde der Marsch der Millionen verkündet, die bis dahin größte Massendemonstration mit bis zu 2 Millionen Menschen. Daraufhin verkündete Mubarak in einer Fernsehansprache, dass er nicht für eine weitere Amtszeit kandidieren und er das Gespräch mit der Opposition suchen wolle. Zwar war nur ein Teilziel der Opposition damit erreicht, das Militär drängte jedoch am darauffolgenden Tag auf die Beendigung des Massenprotestes. Es kam zu Auseinandersetzungen mit Anhängern von Mubarak, die mit Kamelen und Pferden auf den Tahrir-Platz ritten und auf die Demonstranten einschlugen, sie auch mit Messer und Schusswaffen angriffen bis es der Armee gelang, die beiden Konfliktparteien zu trennen.

In den folgenden Tagen wurde der Protest, der sich immer mehr auf den Tahrir-Platz konzentrierte, stets begleitet von Auseinandersetzungen mit Mubarak-Anhängern und dem Militär, fortgesetzt, worauf die Regierung mit Regierungsumbildungen und politischen Versprechungen antwortete. Die Opposition bestand jedoch stets auf den Rücktritt von Präsident Mubarak. Schließlich verkündete am Abend des 11.Februar der Vizepräsident Omar Suleiman, dass Mubarak sein Amt aufgibt und der Oberste Militärrat mit seinem Oberkommandierenden Tantawi an der Spitze die Macht übernommen hat. Nach ägyptischer Verfassung wären jedoch als Nachfolger des zurückgetretenen Präsidenten nur der Präsident des Parlaments oder der Vorsitzende des Verfassungsgerichts in Frage gekommen. Die Übernahme der Macht durch das Militär war somit illegal. Zwar wurden vom Militärrat die politischen Forderungen der Demonstranten akzeptiert und nacheinander erfüllt, die Opposition blieb jedoch misstrauisch. Im ganzen Land fanden vom 11.bis 12. Februar Freudenfeste über den gelungenen Sturz von Präsident Mubarak statt. Hierbei kam es zu Verbrüderungsszenen zwischen Militärangehörigen und Demonstranten.

Von der neuen Regierung wurde die berüchtigte Sicherheitspolizei aufgelöst. Als Demonstranten erfuhren, dass Angehörige dieser besonderen Polizeieinheiten ihre Akten verbrannten, wurde zum Teil erfolgreich versucht, dies zu verhindern.

Da der neugebildete Militärrat mit dem Rücktritt von Mubarak die wichtigste Forderung der Demonstranten als erfüllt ansah, ließ er den Tahrir-Platz durch Soldaten räumen. Hierbei kam es zu Auseinandersetzungen zwischen ihnen und den Besetzern, die sich weiterhin für das Ende des Ausnahmezustandes und die Auflösung des Parlamentes aus der Mubarakzeit einsetzten. Auch verschiedene Berufsgruppen streikten und protestierten für bessere Arbeitsbedingungen.

Im Staatsfernsehen wurde am 13.Februar eine Volksabstimmung über eine neue Verfassung und dass Wahlen für September vorgesehen sind, angekündigt. In der Folgezeit gingen die Proteste auf dem Tahrir-Platz weiter, um eine wirkliche Demokratisierung durchzusetzen und auf der Regierungsseite wurde immer wieder die Regierung umgebildet ohne dass grundsätzlich sich etwas änderte. Als Verbeugung der Armee vor den Protestierenden konnte ihre Entschuldigung für das gewaltsame Vorgehen auf dem Tahrir-Platz gewertet werden. Zur Beruhigung der oppositionellen Kräfte sprach der Premierminister Scharaf am 4. März auf dem Tahrir-Platz zu zehntausenden von Ägyptern.

Nochmals stürmten Demonstranten landesweit die Gebäude der Sicherheitspolizei, um die Aktenvernichtung zu verhindern. Ebenso wurden Anfang März 47 Offiziere der Sicherheitspolizei verhaftet und unter Anklage gestellt. Mitte April wurde die frühere Regierungspartei NDP aufgelöst.

Immer wieder kam es zu Auseinandersetzungen zwischen Protestierern und den Sicherheitskräften, so am 9. März beim ägyptischen Museum, als ein Zeltlager von Soldaten gewaltsam geräumt wurde.

Mitte März wurde schließlich vom Militärrat die Auflösung der Sicherheitspolizei bekanntgegeben, was eine wichtige Forderung der Opposition war. Anfang April wurde vom Gesundheitsministerium bekanntgegeben, dass bei den bisherigen Unruhen 800 Menschen getötet und 6400 verletzt wurden. Menschenrechtsgruppen schätzten diese Zahlen jedoch weit höher ein. Auch Anfang April kam es zu gewalttätigen Zusammenstößen zwischen Militär und Demonstranten, die die Absetzung der Militärregierung unter Tantawi forderten. Diese Proteste wiederholten sich im Juli und Anfang August. Am 13. April wurden Mubarak, der bis dahin unter Hausarrest stand, mit seinen beiden Söhnen in Untersuchungshaft genommen, was wiederum mit einem Freudenfest der Protestierer begrüßt wurde.

Außer Regierungsumbildungen, Erhebung von Anklagen gegen frühere führende Funktionäre und Minister des Mubarakregimes kam es immer wieder zu Auseinandersetzungen um die Forderung nach Rücktritt der Militärregierung, so am 23.Juli und 1. August.

Am 3.August begann der Prozess gegen Mubarak. Mitte November flackerten wiederum Proteste auf dem Tahrir-Platz mit der Forderung nach Rücktritt der Militärregierung auf.

Bei den in drei Etappen erfolgten Parlamentswahlen wurde Mitte Januar 2012 die islamische Freiheits- und Gerechtigkeitspartei mit 45% zur stärksten Kraft, gefolgt von der salafistischen Partei des Lichts mit 24%, die Liberalen erreichten 15% und das Parteienbündnis „Die Revolution geht weiter" ging mit 2% leer aus. Am 31. Mai wurde schließlich als eine weitere wichtige Forderung der Opposition der Ausnahmezustand aufgehoben.

Die am 16. und 17. Juni stattfindende Präsidentenwahl gewann in der Stichwahl Mursi von der islamistischen und wirtschaftsliberalen Freiheits- und Gerechtigkeitspartei, die der politische Arm der Moslembrüder ist, mit 51% vor dem Luftwaffenoffizier und ehemaligen Ministerpräsidenten unter Mubarak Schafiq (Wikipedia, Revolution in Ägypten 2011). Am 30. Juni 2012 trat Mursi sein Amt als 5.Präsident Ägyptens an (Wikipedia, Mursi).

Die neue Verfassung der Verfassungsgebenden Versammlung, in der die Moslembrüder und Salafisten die Mehrheit hatten, wurde in einer Volksabstimmung von der ägyptischen Bevölkerung mit 64 % bei einer Wahlbeteiligung von nur 33% angenommen. Zwar wurden in der neuen Verfassung die demokratischen Rechte wie die Beschränkung der Macht des Präsidenten zugunsten des Parlaments, die Begrenzung der Befugnisse des Militärs, die Gewähr der Versammlungs- und Pressefreiheit und dem Verbot der Inhaftierung ohne richterlichen Beschluss gestärkt. Dafür wurde den religiösen Gelehrten der al Azahr- Universität eine wichtige Rolle im Gesetzgebungsprozess eingeräumt und die Religionsfreiheit nur auf Moslems, Christen und Juden beschränkt. Weiterhin wurde wie bisher die islamische Scharia zur wichtigsten Grundlage des Rechts erklärt. Die Bestimmungen zu den Frauenrechten wurden sehr vage gefasst (Wikipedia, Verfassung der Republik Ägypten).

Die einjährige Amtszeit von Mursi war geprägt von heftigen Auseinandersetzungen zwischen seiner Regierung und den Moslembrüdern einerseits und den früheren Eliten andrerseits. Es wurde an mehreren Fronten gleichzeitig um die Hegemonie gerungen. Auf die ständigen Versuche der Justiz, die gewählten Gremien aufzulösen, reagierte Mursi im November 2012 mit einem Selbstermächtigungsdekret. Seine Absicht war, einem juristischen Staatsstreich zuvorzukommen.

Auf die Medien hatte er nur geringen Einfluss. Auch die Strukturen des alten Machtapparates wie Geheimdienst und Polizei bildeten sich unter dem Schutz der Militärführung von neuem. Ebenso arbeitete ein großer Teil der Unternehmerschaft wie der reichste Mann Ägyptens Sawiri auf den Sturz Mursis hin. Dieser unterstützte die neue Bewegung Tamarod, die Unterschriften gegen die Präsidentschaft von Mursi sammelte und Massenkundgebungen organisierte.

Den Rückhalt in der Bevölkerung verlor er durch die Verschlechterung der Versorgungslage. Es traten Engpässe bei der Belieferung mit Strom, Wasser und Benzin auf, die Lebensmittel verteuerten sich rapide und die Arbeitslosigkeit erhöhte sich ungewohnt schnell. Aufgrund der ökonomischen und sozialen Schwierigkeiten in breiten Bevölkerungsschichten kam es ab Januar 2013 zu großen Massenprotesten, die im Juni massiv eskalierten. Auch wurden bei Angriffen auf die Büros der Moslembrüder zahlreiche Menschen getötet und verletzt. Zwischen Anhängern und Gegnern von Mursi kam es zu gewalttätigen Auseinandersetzungen. Schließlich fand am 30.Juni, dem ersten Jahrestag der Präsidentschaft Mursis die bisher größte Massendemonstration statt. Dabei wurde die Zentrale der Moslembrüder angegriffen und teilweise in Brand gesetzt. Es gab 16 Tote und über 780 Verletzte.

Aufgrund dieser großen Unruhen stellte das Militär dem Präsidenten ein 48-stündiges Ultimatum bis 3.Juli

17 Uhr, den Konflikt zu lösen. Da er demokratisch gewählt war, weigerte sich Mursi zurückzutreten, machte jedoch der Opposition weitreichende Verhandlungsangebote. Auch traf sich Mursi mit der Armeeführung und hielt vom 2. auf den 3. Juli eine Fernsehansprache, indem er den alten Kräften aus der Mubarakzeit die Schuld für die Unruhen gab. Er gestand auch eigene Fehler ein und bot eine Koalitionsregierung der Nationalen Einheit an. All diese Schritte führten jedoch zu keinem Erfolg. Zwischen seinen Anhängern und dem Militär kam es in dieser Nacht in der Nähe der Universität zu heftigen Auseinandersetzungen.

Am Abend des 3.Juni wurde um 18 Uhr vom Militär die Absetzung von Mursi bekanntgegeben. In der Fernsehansprache des Militärchefs Sisi um 21 Uhr wurde von ihm angekündigt, dass die Verfassung außer Kraft gesetzt und eine Übergangsregierung unter Vorsitz des Präsidenten des Verfassungsgerichts Mansur als Übergangspräsidenten gebildet wird.

Der Militärputsch wurde von folgenden Repräsentanten ziviler Institutionen und Organisationen begrüßt: dem koptischen Patriarchen, dem Iman der Kairoer Al-Azahr-Universität, Vertretern der Protestbewegung Tamarod, dem linksliberalen Oppositionsbündnis Nationale Heilsfront von el Baradei und schließlich auch von der salafistischen Nur-Partei. Nach dem Putsch kam es weiterhin zu heftigen Auseinandersetzungen zwischen den Moslembrüdern und dem Militär und zu zahlreichen Verhaftungen von Anhängern Mursis (Wikipedia, Militärputsch in Ägypten 2013).

Nach seiner Wahl trat Sisi am 8. Juni 2014 sein Amt als Präsident an (Wikipedia, Sisi).

Lt. Aussagen verschiedener Beobachter des politischen Geschehens soll unter seiner Präsidentschaft es in Ägypten mehr Inhaftierungen wie zu Mubaraks Zeiten geben. Durch die Anschläge verschiedener radikalislamistischer Gruppen ist der Tourismus, der eine wichtige Säule der ägyptischen Wirtschaft ist, drastisch zurückgegangen. Die soziale Lage ist angespannt, so dass die Voraussetzungen für eine neue Erhebung in Ägypten voraussichtlich bald wieder gegeben sind.

Bewertung der ägyptischen Revolution

Leider war der arabische Frühling in Ägypten recht kurz. Eigentlich ist er ganz ausgefallen. Der große Erfolg der Demonstranten vom Tahrirplatz, der Rücktritt von Mubarak wurde durch die Machtübernahme des Militärrates sofort wieder zunichtegemacht. Auch der erzwungene Rücktritt des obersten Militärs Tantawi sowie die Wahl des Vertreters der Moslembrüder zum Präsidenten war für die Opposition gegen Mubarak eine herbe Enttäuschung. So haben sie sich die Errungenschaften der Revolution bestimmt nicht vorgestellt.

Dass die Moslembrüder, die aufgrund ihres großen sozialen Engagements und ihrer zahlreichen sozialen Einrichtungen besonders bei den ärmeren Bevölkerungsschichten hoch im Kurse standen, mit der Präsidenten- und Parlamentswahl eine reiche Ernte eingefahren haben, war überhaupt nicht im Sinne der städtischen Jugend, die den Kern der Protestbewegung gebildet hat. Zwar wurden die Moslembrüder von Mubarak und früheren Regimen stark verfolgt, aber der breiten Protestbewegung konnten sie sich aufgrund deren Laizismus und Modernität nicht anschließen. Dass bei den Wahlen zum Parlament die Religiösen 65% der Stimmen, die liberalen Parteien und die die Revolution tragenden Organisationen sich in einer hoffnungslosen Minderheitenposition befanden, konnte nach den bisherigen Ereignissen als große Überraschung gewertet werden.

Daraus ist zu schließen, dass es in Ägypten ein starkes Stadtlandgefälle gibt mit modern und westlich geprägten Stadtmenschen und einer sehr traditionell und religiös geprägten Gesellschaft auf dem Lande. Interessant ist noch die starke Konkurrenz zwischen Moslembrüdern und Salafisten, die sogar den Militärputsch gegen Präsident Mursi begrüßten.

Die Revolutionsbewegung von 2011 konnte letztendlich ihre Ziele einer durchgehenden Demokratisierung nicht erreichen, weil der Machtblock des Militärs festgefügt blieb. In der Regierungszeit Mursis sammelten sich alle möglichen alten Strukturen wieder um diesen Block: Mitglieder des bisherigen Polizei- und Sicherheitsapparates, die Medien, die Kirchen, die Unternehmerschaft und neue Protestbewegungen. Von den alten Seilschaften wurde in der Bevölkerung die Stimmung gegen die Regierung angeheizt. Trotz einer ursprünglich breiten Verankerung im Volk konnte keine Gegenstimmung gegen die von den alten Eliten gesteuerte oder initiierte Antihaltung erzeugt werden.

Da ein starkes Misstrauen zwischen ursprünglicher Protest- und Moslembewegung bestand, konnten beide sich nicht zusammenfinden, um gemeinsam gegen die Fundamente des ägyptischen Autoritarismus vorzugehen.

Für die westliche Öffentlichkeit ist es schwer nachvollziehbar, dass Moslembrüder für Demokratie stehen und bereit sind dafür zu kämpfen, während säkular und liberal eingestellte Stadtmenschen einer neuen Militärherrschaft den Weg ebnen. Hier kann im Weltbild z.B. der Europäer einiges durcheinandergeraten, da das Feindbild des autoritären Islam auf Ägypten bezogen, nicht stimmt.

3.9. Zusammenfassung

Wenn man die ganze menschliche Entwicklung betrachtet, sind Revolutionen, wie wir sie verstehen, eine ziemlich neue Erscheinung. Vom Übergang der Urzeit zur Sklavenhaltergesellschaft haben wir keine Zeugnisse irgendeiner Revolution. Schließlich gab es in der Urzeit keine ausgeprägten Herrschaftsverhältnisse und es kann davon ausgegangen werden, dass durch die Entstehung des Privateigentums an Produktionsmitteln wie Werkzeuge, Herden und Ackerfläche sich allmählich die Gesellschaftsverhältnisse hin zum Sklavenhalterstaat entwickelt haben. In der römischen Antike wurde dieser nicht durch den Sklavenaufstand von Spartakus und anderen beseitigt, sondern durch das permanente Anrennen und Kampf der germanischen Stammesgesellschaften gegen das römische Sklavenhalterimperium.

In meinem Buch „Die Gesellschaft der Zukunft" habe ich diese Übergänge genau beschrieben (Manfred Norwat, Gesellschaft der Zukunft, S.14-20). Erst der Übergang vom Feudalismus zum Kapitalismus wurde politisch durch die neuzeitigen Revolutionen wie zunächst die „glorious revolution" in England, dann die amerikanische und schließlich die Französische Revolution eingeleitet. Im Mutterland der Revolutionen benötigte es nach der großen Revolution von 1789 aufgrund der monarchistischen Restaurationen noch der Revolutionen von 1830, 1848 und schließlich der in die Zukunft weisenden Kommune von 1871 bis sich das Bürgertum endgültig gegen das Feudalsystem aber auch gegen die proletarische Bewegung durchsetzte.

Die revolutionäre Ergreifung der staatlichen Macht bedeutet nicht zwangsläufig die durchgehende Umwälzung der gesellschaftlichen Verhältnisse. Dies kann man gut am ersten großen sozialistischen Experiment der Geschichte, der russischen Oktoberrevolution und ihre Folgen erkennen. Hatten die Bolschewiki die Staatsmacht erobert und verteidigt, so konnten sie die russische Gesellschaft auch nicht durch Erziehung und mit Zwangsmitteln völlig im sozialistischen Sinne durchdringen. Auch eine sogenannte nachholende Industrialisierung unter sozialistischen Bedingungen hebt diesen Geburtsfehler des ehemaligen real existierenden Sozialismus nicht auf. Dass ihnen im Laufe ihrer Epoche vom kapitalistischen Ausland alle möglichen Hindernisse bis zum Kampf auf Leben und Tod gegen den deutschen Faschismus in den Weg gelegt wurden, relativiert zwar die Aussage über die Unreife der russischen Gesellschaft für den Sozialismus. Es mussten aufgrund o.g. interner und externer Faktoren von den sowjetischen Menschen jedoch zu viele Opfer erbracht werden, die ihren Enthusiasmus und ihr notwendiges Engagement für eine sozialistische Gesellschaftsordnung erlahmen ließen. Dies negiert aber grundsätzlich nicht die Erkenntnis über die verfrühte russische Umwälzung, sondern bestätigt sie.

Die gesellschaftlichen Verhältnisse müssen durch die Entwicklung der Produktivkräfte herangereift sein, damit über die bloße Machtergreifung hinaus eine durchgehende Umwälzung der gesellschaftlichen Verhältnisse stattfinden kann. Auf unsere heutige Zeit bezogen bedeutet dies, dass die Produktivkräfte wie gut ausgebildete Arbeiter und Angestellte, hochentwickelte Technologien, moderne Maschinen usw. in einen permanenten Konflikt mit den gesellschaftlichen Verhältnissen des Privateigentums an Produktionsmitteln und der kapitalistischen Ausbeutung zur Steigerung des privatwirtschaftlichen Profits geraten und falls die hauptsächlichen Nutznießer des kapitalistischen Systems in ihrer Kurzsichtigkeit die Widersprüchlichkeit auf die Spitze treiben, sich dieser Antagonismus in einer großen Umwälzung auflösen wird. Karl Marx hat dies in seinem Vorwort zur Kritik der politischen Ökonomie klar und deutlich herausgearbeitet (Marx, Karl, Band 13, S.7-11)

Friedrich Engels hat zu Revolution selbst ausgeführt: „Das Proletariat ergreift die öffentliche Gewalt und verwandelt kraft dieser Gewalt die den Händen der Bourgeoisie entgleitenden gesellschaftlichen Produktionsmittel in öffentliches Eigentum. Durch diesen Akt befreit es die Produktionsmittel von ihrer bisherigen Kapitaleigenschaft und gibt ihrem gesellschaftlichen Charakter volle Freiheit, sich durchzusetzen, eine gesellschaftliche Produktion nach vorherbestimmten Plan wird nunmehr möglich. Die Entwicklung der Produktion macht die fernere Existenz verschiedener Gesellschaftsklassen zu einem Anachronismus. In dem Maß, wie die Anarchie der gesellschaftlichen Produktion schwindet, schläft auch die politische Autorität des Staates ein. Die Menschen, endlich Herren ihrer eigenen Art der Vergesellschaftung, werden damit zugleich Herren der Natur, Herren ihrer selbst – frei" (MEW 19, S.228).

Im Vergleich zu bisherigen Revolutionen führte Engels weitblickend aus: „Die Zeit der Überrumpelungen, der von kleinen bewussten Minoritäten an der Spitze bewusstloser Massen durchgeführten Revolutionen ist vorbei. Wo es sich um eine vollständige Umgestaltung der gesellschaftlichen Organisation handelt, da müssen die Massen selbst mit dabei sein, selbst schon begriffen haben, worum es sich handelt, für was sie mit Leib und Leben eintreten. Das hat uns die Geschichte der letzten 50 Jahre gelehrt. Damit aber die Massen verstehen, was zu tun ist, dazu bedarf es langer, ausdauernder Arbeit, und diese Arbeit ist es gerade, die wir jetzt betreiben und das mit einem Erfolg, der die Gegner zur Verzweiflung bringt" (MEW 7, S.523).

In allen bisherigen Revolutionen ging es um die Auflehnung gegen ein autoritäres System in welcher Form auch immer. In künftigen Revolutionen geht es zusätzlich um die Machtergreifung in einem formaldemokratischen System, das aber aufgrund der krisenhaften Zuspitzung zu Repressionsmaßnahmen greifen muss und deshalb gezwungen ist, einen Großteil seiner demokratischen Prinzipien aufzugeben. Die Demokratie verflüchtigt sich im selben Maße wie die Systemkrise sich verschärft.

Zur Systemkrise führt Deppe richtig aus: „Für die Revolutionäre leitet sich die Legitimation der Revolution daraus ab, dass das alte Regime seine Legitimation gegenüber dem eigenen Volk und gegenüber der Geschichte längst verspielt hat. Die Rolle der Gewalt in der Geschichte ist nicht durch die Revolutionen erklärbar. Sie beruht auf den Herrschafts- und Gewaltverhältnissen, die in Klassengesellschaften der Politik und dem

Staat eingeschrieben sind und die in Perioden von Krisen, Kriegen und Hegemonieverlust besonders deutlich an die Oberfläche treten. Zugleich leiten die Führungskräfte der Revolution ihre „Mission" daraus ab, dass ihr Handeln durch die eigenständige Aktion der Massen, die nicht geplant oder künstlich erzeugt werden kann, legitimiert wird. Das heißt: Der Bruch mit der Legalität ist nicht Ziel subjektiver Entscheidungen revolutionärer Kleingruppen, sondern Folge des Zusammenbruchs der alten Ordnung und von Massenbewegungen, die eine neue Ordnung fordern" (Deppe, 1917/2017, S.58).

Im Einzelnen können in der Beurteilung von Revolutionen folgende Erkenntnisse festgehalten werden:

- Es muss sich eine existenzgefährdende Systemkrise in der alten Gesellschaft gebildet haben.

- Durch ihr überhebliches und unsensibles Auftreten in der Öffentlichkeit haben die Eliten viel Kredit verspielt und ihre ganze Glaubwürdigkeit verloren, sie sind in den Augen breiter Bevölkerungsschichten moralisch diskreditiert. Das bedeutet, ihre bisherige Hegemonie in der Massenbeeinflussung hinein bis in die Lebensgestaltung des einzelnen geht in die Brüche.

- Die Herrschenden finden aufgrund ihrer mentalen und psychischen Befangenheit keine adäquaten Mittel, die Systemkrise zu lösen.

- Im Gegenteil, mit ihren alt hergebrachten Methoden tragen sie zu ihrer Verschärfung bei (z.B. Steuererhöhung, Militäreinsatz, Kriegsoffensive).

- Auch die bisherigen das System stützende Apparate (Militär, Polizei usw.) werden innerlich zersetzt und fallen als Gewaltmittel zum Teil oder ganz aus.

- Die meisten abhängig Beschäftigten und ihre Familien müssen durch die gesellschaftliche Krise materiell und moralisch betroffen sein.

- In breiten Bevölkerungsschichten muss eine Stimmung herrschen, dass es so wie bisher nicht weitergehen kann. Das Bewusstsein, wie es weitergehen soll, entwickelt sich mit dem Fortschreiten der Revolution.

- Es müssen sich engagierte, kluge, vor allem mutige, entschlossene und allgemein anerkannte Menschen bereitfinden, das Volk in die Auseinandersetzung mit den alten Gewalten zu führen.

- Diese Führungspersonen müssen schon vorher politisch aktiv gewesen sein, über genügend Erfahrung verfügen und untereinander vernetzt sein.

- Eine Partei der Berufsrevolutionäre ist abzulehnen. Obwohl eine solche Partei in der Revolutionsphase effizienter und machtvoller agieren könnte, ist analog zur Sowjetunion von einer Entwicklung zu einer dauerhaften und nicht nur vorübergehenden Diktatur auszugehen.

- Eine beständige Aufklärungs- und Überzeugungsarbeit sowie die damit verbundene Diskussion ist zwar langwieriger und anstrengender, zahlt sich aber langfristig aus und stärkt die Basisdemokratie.

- In der Revolution muss sich eine sinnstiftende Idee wie Freiheit, Gleichheit, Brüderlichkeit oder Brot und Frieden verbreiten, unter dessen Losung sich das Volk vereinigen kann.

- Gleichzeitig muss eine sich selbst tragende Begeisterung über die Beseitigung der alten Unterdrückung und die Hoffnung auf ein besseres Leben im Volk verbreiten. Daraus muss sich eine Opferbereitschaft für das Gelingen der Revolution entwickeln.

- Nach erfolgreicher Revolution muss so schnell wie möglich eine revolutionäre Macht etabliert werden, die alle Strömungen der Revolution, jedoch ohne Opportunisten und bisherige Klassenkollaborateure umfasst. Maßgeblich für die Mitgliedschaft sind die revolutionäre Einstellung sowie die persönliche und sachliche Kompetenz ihrer Mitglieder.

- Die Gefahr der in- und ausländischen Konterrevolution darf vom revolutionären Volk, seinen Vertretern und deren neuen Machtorganen niemals unterschätzt werden und es sollte gut darauf vorbereitet sein.

- Von der revolutionären Macht müssen sofortige Maßnahmen ergriffen werden, um die schlimmsten Übel des alten Regimes zu beseitigen. Das Volk sollte so schnell wie möglich die ersten Früchte seiner Revolution ernten können.

- Die Revolution ist nicht statisch, im Gegenteil sie ist sehr dynamisch, sie kann sich in Etappen oder in Sprüngen fortentwickeln und mit der Zeit radikalisieren, was zu Auseinandersetzungen in der revolutionären Bewegung führen kann. Aber auch mit Rückschritten und Abweichungen vom revolutionären Ziel sowie mit unterschiedlichen Vorgehensweisen in den verschiedenen Räten ist zu rechnen.

- Die revolutionäre Macht basiert auf dem Vertrauen des Volkes. Die revolutionären Errungenschaften dürfen nicht durch innere Machtkämpfe gefährdet werden. Meinungsverschiedenheiten müssen solidarisch und demokratisch gelöst werden.

- Bisherige Revolutionen waren mit viel Gewalt und menschlichem Leid verbunden. Es kommt darauf an, dass künftige Revolutionen dies vermeiden und trotzdem zum Erfolg geführt werden.

- Gewalt darf daher nur zur Verteidigung der Revolution angewandt werden. Tötungen sind auf jeden Fall inakzeptabel. Jedoch kann Vertretern der alten Gesellschaftsordnung die Freiheit entzogen und sie nach Untersuchung ihrer bisherigen Vergehen verurteilt werden. Der Freiheitsentzug bzw. die Nichtbeteiligung am politischem Geschehen darf aber nur vorübergehend sein.

4. Die künftige Revolution

Geht man von den historischen Erfahrungen mit Revolutionen aus, so sind wie im letzten Kapitel aufgeführt eine die gesamte Gesellschaft umfassende tiefe Krise und die falschen Reaktionen der politischen und wirtschaftlichen Eliten die wahrscheinlichen Auslöser einer künftigen Revolution. Die Krise könnte z.b. der ökonomische Kollaps aufgrund des Zusammenbruchs systemrelevanter Banken, starke Exporteinbrüche und daraus folgender Massenarbeitslosigkeit, eine ernsthafte Kriegsgefahr, die Auswirkungen eines Atomunfalls usw. sein. Im ökonomischen Krisenszenario würden viele abhängig Beschäftigte ihre Arbeit verlieren oder/und könnten nicht mehr über ihre Bankkonten verfügen. Dies wäre natürlich ein tiefer Einschnitt in das bisher gewohnte Leben jedes Betroffenen.

Ein weiterer Grund könnte in der gewaltsamen Machtübernahme durch reaktionäre bis faschistische Kräfte bestehen, das bedeutet in der umgekehrten Reihenfolge zuerst die Konterrevolution und in Reaktion darauf die Revolution. Ein Beispiel aus der Geschichte ist die erfolgreiche Abwehr des Kapp-Putsches 1920 durch den Generalstreik der vereinigten Arbeiterbewegung und des darauffolgenden gescheiterten Kampfes der roten Ruhrarmee aufgrund der erneut gespaltenen Arbeiterbewegung. Aber auch das Überschwappen von revolutionären Ereignissen aus anderen Ländern in das eigene Land, das zwar ohne große Krise aber aufgrund trüber Zukunftsaussichten mit einer unruhigen Bevölkerung zu tun hat, kann revolutionäre Entwicklungen auslösen. Krisenverschärfend ist das mögliche zeitliche Zusammentreffen der oben aufgeführten und weiteren Krisenursachen.

Das Ausmaß der Krise kann nicht demoskopisch mit der Frage, ob eine Revolution nötig ist, erfasst werden. In der Krise wird die Bevölkerung sehr unruhig, d.h. es wird viel diskutiert, es kommt zu Menschenaufläufen, auch zu heftigen Auseinandersetzungen zwischen einzelnen Menschen und Menschengruppen. Aufrufe zu Kundgebungen und Demonstrationen, denen in ruhigen Zeiten einige tausend Teilnehmer nachkamen, werden nun von vielen Tausenden, ja Millionen befolgt. Diese Massenmobilisierung kann nicht durch irgendwelche politische Aktionen wie Aufrufe, Flugblattverteilungen, Plakate usw. auf längere Sicht vorbereitet werden. Es ist, als wenn ein unruhiger Geist alle Gesellschaftsglieder erfassen und auf die Straße treiben würde. Die Breite der Massenbewegungen wird auch dadurch ersichtlich, dass Bürger daran teilnehmen, die zuvor noch niemals auf einer Kundgebung oder Demonstration waren. Der ganze Verdruss und die aufgestaute Wut über die gesellschaftlichen Verhältnisse bricht sich Bahn und aus ihren Rinnsalen erwächst ein mächtiger Strom, der viel alt hergebrachtes mit sich reißt und in ein Meer von Veränderungen mündet.

Viele Gewissheiten, die das Alltagsleben der Bürger bisher bestimmten, gehen in einer Revolution zu Bruch. Wenn ich anständig bleibe, im Arbeitsleben mich anstrenge, mich um meine Familie kümmere und mich auch in meiner örtlichen Gemeinschaft einbringe, kann mir eigentlich, Krankheit und Unfall ausgenommen, nicht viel passieren. Ich kann mir etwas Wohlstand leisten und die kleinen Hobbies gönnen. Und plötzlich wird diese ganze bisher erlebte Wohlfühlrealität für den einzelnen wie von einem Tsunami weggeschwemmt. Viele verzweifelte Menschen, die zu irrationalem Handeln neigen können, bleiben zurück.

Kaum jemand einschließlich dem Verfasser sehnt sich nach der Revolution. Sie ist mit vielen Unwägbarkeiten und Risiken verbunden. Nur richten sich die gesellschaflichen Zustände nicht nach den Wünschen einzelner sondern sie sind das Resultat jahrzehntelanger Entwicklungen.

In der Revolutionsphase geraten besonders gehobene bürgerliche Bildungsschichten (Betriebswirte, Ingenieure, Juristen, Ärzte, Lehrer usw.) in eine Art Schockstarre. Alles, was sie bis jetzt durch Bildung und Medien über Demokratie, Wirtschaft und Gesellschaft sich angeeignet haben und als ewig geltend verinnerlicht haben, bricht zusammen und hinterlässt ein geistig-politisches Vakuum. Diese Experten, die man als Fachkräfte für den Aufbau einer neuen Gesellschaft benötigt, wieder aus der Ohnmacht herauszuholen und für die Mitarbeit zu gewinnen, ist eine wichtige Aufgabe für die fortschrittlichen Kräfte.

Andrerseits sind viele Angehörige aus gehobenen und hohen Bildungsschichten Protagonisten einer künftigen gerechten Gesellschaftsordnung. Ob als Hochschullehrer, Vortragender, Publizist oder als Mitglied in einer Bürgerinitiative, sie sind Aufklärer im besten Sinne des Wortes und engagieren sich auf vielfältige Weise gegen Unterdrückung, Verarmung und Ungerechtigkeit. Mit ihnen ist in der Zeit der Umwälzung besonders zu rechnen.

Wie gesagt, die Massenphänomene einerseits der erforderlichen gesellschaftlichen Unruhe aber auch der gesellschaftlichen Lähmung kann keine politische Partei oder Gruppe erzeugen, auch wenn sie sich mit Aktivitäten in der Öffentlichkeit noch so engagiert. Wir wissen aus der jüngsten Vergangenheit, dass auf Aufrufe zur Demonstration immer die gleichen Aktivisten in übersichtlicher Zahl teilnahmen. Es gab wenige Ausnahmen wie die großen Friedens- und Antiatomdemonstrationen in den 80er Jahren des 20. Jahrhunderts, DGB-Kundgebungen zu mehr sozialer Gerechtigkeit in den 90´er Jahren, Stopp-TTIP und auf lokaler Stuttgarter Ebene Stopp S-21-Demonstrationen. Auf die politischen Eliten machten sie jedoch wenig Eindruck. Sie handelten weiterhin nach dem Motto: Die demonstrieren, wir regieren.

Trotz der großen Teilnahme breiter Bevölkerungsschichten hegten sie überhaupt keine Befürchtungen, dass aus den Demonstrationen heraus sich weitere Aktionen bis zu ernsthaften Auseinandersetzungen mit der Staatsmacht entwickeln und ihr Regierungshandeln gefährden würden. Da es keine umfassende Krise gab, hatten die bisherigen Massenaktionen keinerlei revolutionäre Tendenzen.

Lenin hat 1920 in der Auseinandersetzung mit linksradikalen Strömungen das Grundgesetz der Revolution entwickelt: „Zur Revolution genügt es nicht, dass sich die ausgebeuteten und unterdrückten Massen der Unmöglichkeit, in der alten Weise weiterzuleben, bewusstwerden und eine Änderung fordern; zur Revolution ist es notwendig, dass die Ausbeuter nicht mehr in der alten Weise regieren können. Erst dann, wenn die „Unterschichten" das Alte nicht wollen und die „Oberschichten" in der alten Weise nicht mehr können, erst dann kann die Revolution siegen. Mit anderen Worten kann man diese Wahrheit so ausdrücken: Die Revolution ist unmöglich ohne eine gesamtnationale (Ausgebeutete wie Ausbeuter erfassende) Krise. Folglich ist zur Revolution notwendig: erstens, dass die Mehrheit der Arbeiter (oder jedenfalls die Mehrheit der klassenbewussten, denkenden, politisch aktiven Arbeiter) die Notwendigkeit des Umsturzes völlig begreift und bereit ist, seinetwegen in den Tod zu gehen; zweitens , dass die herrschenden Klassen eine Regierungskrise durchmachen, die sogar die rückständigen Massen in die Politik hineinzieht (das Merkmal einer jeden wirklichen Revolution ist die schnelle Verzehnfachung, ja Verhundertfachung der Zahl der zum politischen Kampf fähigen Vertreter der werktätigen und ausgebeuteten Masse, die bis dahin apathisch war), die Regierung kraftlos macht und es den Revolutionären ermöglicht, diese Regierung schnell zu stürzen" (Lenin, Band III, S.453 f.).

1.Exkurs

Bevor ich auf mögliche revolutionäre Entwicklungen eingehe, möchte ich mich jedoch mit dem heutigen Bewusstseinsstand und dem allgemeinen Befinden des sogenannten Durchschnittsbürgers befassen. Am besten lässt sich dies an einem verkürzten Lebenslauf und sozialen Stand unseres Normalbürgers „Michael" aufzeigen: nach 10 Jahren Schulzeit Realschulabschluss, danach Ausbildung zum EDV-Kaufmann; nach Abschluss der Ausbildung Wechsel als EDV-Administrator zu einer Versicherungsgesellschaft, wohnhaft in einer Mittelstadt von 30 Tausend Einwohner im Umfeld der Landeshauptstadt. Von Kind an aktiver Fußballspieler und in der Jugend größerer Freundeskreis in einer Kleinstadt im Schwarzwald. Mit 28 Jahren Gründung einer

Familie mit 2 Kindern, Hinzuverdienst der Ehefrau, Eigentumswohnung mit 20-jähriger Tilgungszeit, 2x jährlich Urlaub, eigenes Auto, durchschnittliche Konsumausgaben, Sparrücklage von 200 € monatlich.

Michael ist politisch interessiert, liest regelmäßig die Lokalzeitung, manches Jahr geht er auch zur 1.Mai-Kundgebung seiner Gewerkschaft. Regelmäßig besucht er jedoch die Heimspiele seines Fußballvereins und beteiligt sich aktiv am Vereinsleben.

Michael regt sich natürlich über viele Dinge auf wie das sinkende Rentenniveau und das steigende Renteneintrittsalter, die sich öffnende Schere zwischen Arm und Reich, die Armut in der Dritten Welt und dass man etwas dagegen tun müsse. Aber letztendlich sind die gesellschaftlichen Probleme im In- und noch mehr die des Auslands so weit weg von ihm, dass er zwar von Zeit zu Zeit darüber nachdenkt und auch mit Bekannten und Kollegen diskutiert aber sie betreffen ihn nicht wirklich. Trotz des Berufsstresses und der Konkurrenz unter den Kollegen geht er optimistisch davon aus, dass er aufgrund seiner aktuellen und künftigen Bezüge seinen Lebensstandard auch für die Zukunft zumindest halten kann. Aber ein Rest Unsicherheit für sich und seine Familie bleibt bestehen, da die Aussicht, einmal seinen Arbeitsplatz, aus welchen Gründen auch immer, zu verlieren, ihn ständig wie ein drohendes Unwetter begleitet. Die anderen gesellschaftlichen Probleme sind zu differenziert und zu schwierig zu erfassen. Solange sie nicht in seinen privaten Bereich eindringen oder nur am Rande tangieren, sind sie für ihn nicht wirklich relevant. Die politische Orientierung von Michael kann man als linksliberal bezeichnen. Seine Wahlneigungen tendieren in die grün-sozialdemokratische Richtung.

Rechte Tendenzen sind jedoch auch in den Mittelschichten verbreitet. Sie sind geprägt von Xenophobie,
der Überheblichkeit gegenüber deklassierten Mitmenschen und einer überbordenden Selbstgerechtigkeit.

Weiterhin gilt für alle Bürger unseres Landes, dass
sie persönlichen Gefährdungen durch Kriege, Terror
und heftigen gesellschaftlichen Auseinandersetzungen,
die in vielen Ländern tagtäglich sind, ganz entwöhnt
sind. Bei einem Großteil der mittleren Schichten hat
sich tief in das Bewusstsein eingegraben, dass bei eigenen Anstrengungen zumindest der Wohlstand gehalten
werden kann und heutige sowie künftige Generationen
mit Kriegen gleich welcher Art nicht konfrontiert werden. Die Verunsicherung über die allgemeinen Zukunftsaussichten nimmt jedoch trotz aller Selbstver-
ständlichkeiten ständig zu.

Schon heute trifft der Ideallebenslauf und Sozial-
stand eines deutschen Arbeitnehmers wie der Michaels
für immer mehr Bürger, die in prekären Verhältnissen
leben wie Alleinerziehende, Geringverdiener, Leihar-
beiter, befristet Beschäftigte, Solo-Selbständige, Ar-
beitslose usw. nicht mehr zu. Das sogenannte Prekariat,
das inzwischen ca. 1/5 der Gesamtbeschäftigten aus-
macht, verfestigt sich immer mehr und ein Ausstieg daraus ist für die Betroffenen aber auch für ihre Kinder
kaum noch möglich. Mit viel Kraftaufwand, Verunsicherung über die eigene Zukunft und dem permanenten
Verzicht auf die vielen verlockenden Konsumangebote
versuchen sie ihren Alltag zu meistern.

Eigentlich müsste diese Bevölkerungsschicht allen
Anlass haben, sich gegen ihre Lebens- und Arbeitsum-
stände aufzulehnen. Gerade die Unsicherheit und die
Beschwernisse ihres Alltags hindern sie jedoch daran,

sich für ihre Angelegenheiten zu engagieren. Sie würden immer mit der Angst leben, ob sie eingebildet ist oder nicht, durch ihren Einsatz gegen gesellschaftliche Missstände auch den letzten Halt ihrer Existenz zu verlieren. Auch kreisen ihre Gedanken mehr um die Bewältigung des Alltags als dass sie ein wirkliches und nicht nur oberflächliches Interesse für das politische Geschehen aufbringen könnten.

Oft sind sie einfach zu müde und resigniert, um sich gesellschaftlich zu engagieren. Und keine politische Partei kann ihnen eine schnelle Besserung ihrer persönlichen Situation verbindlich zusagen. Politisches Engagement bedeutet stets dicke Bretter bohren, Niederlagen zu erleiden oder nur minimale Erfolge für die Allgemeinheit und nicht für einzelne Personen zu erzielen. Dies können letztendlich nur Menschen mit einem starken Bewusstsein, politischer Bildung sowie genügenden finanziellen und persönlichen Ressourcen leisten. Sportlich gesehen ist politisches Engagement etwas für Langstrecken- und nicht für Kurzstreckenläufer.

Noch ein paar Zeilen zu der Bewusstseinsbeeinflussung der Massenmedien.

Abgesehen von der Boulevardpresse, die der Leserschaft ein Wolkenkuckucksheim an voyeurhaften Berichten über das süße Leben der Schönen und Reichen mit ihren Schlüssellochproblemen darbietet, so haben doch die politischen Magazine einen starken Einfluss auf die breite Meinungsbildung. Es werden kritische Berichte zum Regierungshandeln veröffentlicht und mancher gesellschaftliche Skandal aufgedeckt. Dies ist zweifellos ein Verdienst der Medien. Aber aufgrund der engen Bindung vor allem der Leitmedien und ihrer führenden Redakteure zu den politisch und wirtschaftlich

Mächtigen erfolgt die Veröffentlichung kritisierbarer Zustände wohldosiert und niemals prinzipiell. Nach dem Motto unsere Gesellschaftsordnung ist immer in der Lage, Missstände zu beheben, erfolgt nie eine grundsätzliche Systemkritik in den meinungsbildenden Leitmedien. Außerdem bewirkt die häufige Veröffentlichung von Skandalen eine Abstumpfung in der Bevölkerung und schwächt somit einen evtl. entstehenden Widerstandswillen.

Kommunikation über die modernen Massenmedien wie Internet, Facebook usw. können eine größere Massenwirkung erzielen, doch so mancher „shitstorm" kann höchstens ein Strohfeuer anrichten.

Außer dem Leben in einer dem Anspruch nach aufgeklärten Wohlstandsgesellschaft, die zwar für immer mehr Menschen unerreichbar wird, aber für einen Großteil täglich noch erfahrbar ist, trägt das über die Schulen und die Massenmedien geprägte Bild der repräsentativen Demokratie als einzig mögliche Form der Volksherrschaft bei. Dass diese anerzogene und indoktrinierte Einstellung zu illusionären Vorstellungen über unsere Demokratie führt und doch mit wachsender Skepsis (Gegen die da oben kann man eh nichts machen) begleitet wird, hängt mit der Struktur dieses Regierungssystems zusammen.

*In einem **2. Exkurs** möchte ich daher einige Aspekte unseres bundesrepublikanischen Staatsaufbaus kritisch beleuchten.*

Den größten Einfluss auf die Politik kann die Bevölkerung durch Wahlen ausüben. Der Wahlakt selbst ist demokratisch. Es stellen sich jedoch mit wenigen Ausnahmen nur Kandidaten von Parteien zur Wahl. Nur die Parteien, die bisher im Bundestag vertreten waren, haben außer z.B. die erstmalige Wahl der Grünen und der PDS/Linken eine reelle Chance, dass ihre Kandidaten gewählt werden. Aufgrund der 5% Klausel haben kleinere Parteien auf Bundes- und Landesebene von vornehrein keine Aussicht auf parlamentarische Vertretung. Die sehr wirksame Propaganda der im Bundestag vertretenen Parteien lautet: Eine Stimme für die kleinen Parteien ist eine verlorene Stimme. Gegen die Bundestagsparteien mit ihren finanziellen und personellen Ressourcen und unterstützt durch die Medien haben neu entstehende Parteien nur eine Chance, wenn sie wie die AFD eine gesellschaftliche Anstrengung und z.T. Überforderung wie bei der Flüchtlingsaufnahme 2015 polemisch aufgreifen und Ängste sowie Gefühle der Ungerechtigkeit schüren.

Die größeren Parteien werben mit vielen Versprechungen für die Umsetzung einer Politik zugunsten der Mittelschichten wie der von mir beschriebene „hart arbeitende" Durchschnittsbürger „Michael" symbolisch steht. Da Menschen in prekären Lebens- und Arbeitsverhältnissen mit abnehmender Tendenz zur Wahl gehen, werden ihre Anliegen vor allem von den größeren Parteien, außer der Partei „die Linke" in ihren Wahlprogrammen vernachlässigt. In gewöhnlichen Zeiten wünscht sich der größte Anteil der Wahlbürger eine Fortsetzung der Politik der Wohlstandssicherung, Erhaltung des inneren und äußeren Friedens, garniert mit ein bisschen sozialer Gerechtigkeit und einer Ökologie, die nicht einschränkt.

Der Abgeordnete ist bekanntlich nur seinem Gewissen verpflichtet und nicht seinen Wählern. Er muss zwar die Belange seines Wahlkreises wegen der erstrebten Wiederwahl beachten, hat jedoch für die künftige Kandidatenaufstellung die Anforderungen seiner Partei zu verinnerlichen und sich im Dschungel der Interessen verschiedener Lobbyisten zurechtfinden. Er muss den Ausgleich in dem Dreieck Wahlkreis-Fraktion/Partei-Interessenvertretungen finden, um aus der erfolgreichen Gestaltung dieses Dreiecks den größtmöglichen persönlichen Nutzen zu ziehen. Dies ist er seinem Gewissen schuldig.

Dem Abgeordneten ist zuzugestehen, dass dazu politisches Talent, aber auch viel Fleiß und Engagement gehören, was durch zahlreiche nützliche Kontakte, allgemeines hohes Ansehen, einem überdurchschnittlichen Verdienst mit später überproportionaler Versorgung sowie zahlreichen Vergünstigungen wiederum mehr als hinreichend belohnt wird. Manchen Abgeordneten genügt auch das nicht, sondern sie bessern u.a. durch üppig honorierte Vorträge, Nebeneinkünfte oder lukrative Beschäftigungen nach der Abgeordnetenzeit ihre bereits guten Abgeordneteneinkommen nochmals erheblich auf.

Die Abgeordneten bilden im Parlament nach Parteizugehörigkeit Fraktionen. Entweder regiert eine Fraktion allein oder schließt sich mit anderen Fraktionen zwecks Regierungsbildung zu einer Koalition zusammen. Regierungsfraktion(en) und Regierung kann man als politische Einheit ansehen, in dem sich der Wille der Regierung und somit des/r Bundeskanzlers/in, der/die die Richtlinien der Politik bestimmt, letztendlich immer durchsetzt.

Die oppositionellen Fraktionen bilden die Minderheit und außer in Debattenbeiträgen, Mitgliedschaft in den

Ausschüssen, Fragestunden oder Einsetzung eines Untersuchungsausschusses mit gewisser Außenwirkung haben sie keinen Einfluss auf die politische Gestaltung der Gesellschaft.

Die sogenannte Gewaltenteilung zwischen Exekutive und Legislative wird zur Farce, denn die Regierungsfraktionen stützen die Regierung und sind somit als eine politische Einheit zu betrachten, während die Opposition als eigentlicher parlamentarischer Widerpart zu schwach ist, um die Regierung wirksam zu kontrollieren.

Zwar gibt es auch im Regierungslager unterschiedliche Meinungen und interessengeleitete Bindungen, die beachtet und austariert werden müssen. Hier spielen außerparlamentarische Einflussnahmen eine maßgebliche Rolle. Wurde jedoch an der Regierungsspitze eine Entscheidung getroffen, so wird sie gegenüber den Abgeordneten der eigenen Fraktionen, Gewaltenteilung und Gewissen hin oder her rücksichtslos durchgesetzt. Ein wichtiges Instrument hierfür ist die Fraktionsdisziplin, man kann sie auch als Zwang bezeichnen. Die Abgeordenten werden verpflichtet, das Regierungshandeln in der Öffentlichkeit zu vertreten, gleichgültig, ob sie davon überzeugt sind oder nicht. Sollte ein(e) Abgeordente(r) den Mut finden, gegen den Strom zu schwimmen, so wird er/sie von der übrigen Fraktion und besonders der Fraktionsführung gemobbt und die erneute Kandidatur ist sehr fraglich bis ausgeschlossen.

Der Bundesrat als die Länderkammer ändert grundsätzlich daran nichts. Auch oppositionell geführte Länderregierungen sind zunächst ihrem Land verantwortlich und können z.B. in Finanzfragen und Infrastruk-

turvorhaben, die in der Verantwortung der Bundesministerien liegen, von diesen zu einem bestimmten Abstimmungsverhalten bewegt, d.h. erpresst werden. Hier fand schon mancher „Kuhhandel" statt.

Was die parlamentarische Opposition nicht vermag, dies können die großen Wirtschaftsverbände und Unternehmen durch ihren Einfluss erreichen. Die Einflussnahme ist sehr vielfältig, angefangen bei den Abgeordneten, Kontakte zu den Ministern und ihre Bürokratie usw. Allerdings heben die verschiedenen Interessen sich oft gegenseitig auf, nur setzt sich meist der mächtigere und der über mehr Einfluss verfügende Lobbyist durch. Über die größten Einflussmöglichkeiten verfügen die Chefs der großen Unternehmen, die einen kurzen Draht zum Regierungschef haben. Gibt es irgendein Problem oder Anliegen, so wird beim/bei der Bundeskanzler/in angerufen und die Vorgehensweise besprochen und abgestimmt.

Dieses Zusammenspiel zwischen Politik und mächtigen Interessengruppen findet für die Bevölkerung unsichtbar statt. Man kann es nur daran erkennen, wenn gelegentliche fortschrittliche Gesetzesvorhaben blockiert oder entsprechend geändert werden. Auf dieses Politgeschäft hat die Wahlbevölkerung trotz oft mehrheitlicher Gegenmeinung keinen Einfluss. Sie kann sich zwar durch Petitionen, Eingaben, Demonstrationen und Kundgebungen bemerkbar machen, was erfahrungsgemäß oft wenig bewirkt (Norwat, S.37-45,257-260).

Aber auch die indirekte und öffentliche Einflussnahme kann Erfolge erzielen. So hatte der frühere SPD-Wirtschaftsminister Gabriel im letzten Wahlkampf verkündet, die Genehmigungen für den Export von Rüstungsgüter strenger anzuwenden. Nicht die Vorstände der Rüstungskonzerne wurden bei Gabriel daraufhin vorstellig. Nein, sie schickten ihre Betriebsräte öffentlichkeitswirksam zum Wirtschaftsminister. Diese waren gestandene Gewerkschafter und meist Sozialdemokraten. Mit dem Argument des Verlustes von Arbeitsplätzen haben sie den Wirtschaftsminister und vermutlich jeden anderen SPD-Minister weichgeklopft. Schließlich sind die Rüstungsexporte gegenüber den Vorjahren gestiegen. Passt den Unternehmensbossen irgendeine wirtschafts- und sozialpolitische Entscheidung nicht, wird stets wirkungsvoll mit dem Verlust von Arbeitsplätzen gedroht. Andrerseits haben dieselben Leute keine Skrupel bei Umsatzrückgang oder Verlagerung des Betriebes aus Kostengründen ins Ausland massenhaft Arbeitsplätze zu vernichten. Bei der Reduzierung der Beschäftigtenzahl sind meist die prekär Beschäftigten wie Leiharbeitnehmer und befristet Beschäftigte die ersten Opfer.

Schließlich gehört die 3. Gewalt, die Judikative auch zum Politklüngel. Die obersten Richter, die Verfassungsrichter werden je zur Hälfte vom Bundesrat und Bundestag auf Vorschlag der im Bundestag vertretenen Parteien und der im Bundesrat vertretenen Landesregierungen gewählt. Gewählt werden nach dem entsprechenden Parteienproporz den Parteien genehme Juristen. Die Gerichte orientieren sich in ihrer Rechtssprechung an den Urteilen des Bundesverfassungsgerichts.

Wie wir aus der kurzen Darstellung erkennen können, ist unsere hoch gepriesene Demokratie eine Scheindemokratie und das Prinzip der Gewaltenteilung *steht nur in den Lehrbüchern, wird jedoch in der politischen Praxis in keiner Weise umgesetzt.*

Obwohl im Grundgesetz verankert, finden auf Bundesebene keine Volksabstimmungen statt. Unsere Politkaste fürchtet Volksabstimmungen wie der Teufel das Weihwasser. In Volksabstimmungen könnte den Regierenden mancher Strich durch ihre ausgefeilten Beschlüsse und Gesetze gemacht werden. Nur eines sollte man bedenken: der Ausgang von Volksabstimmungen muss nicht immer in die fortschrittliche Richtung weisen, er kann auch ziemlich rückwärtsgewandt sein. Festzuhalten ist jedoch, dass in Art 20 (2) GG die Abstimmungen gleichberechtigt neben den Wahlen aufgeführt sind.

Was neben unserem Alltagsbewusstsein und unsere Vorstellungen über unser politisches System zum gesellschaftlichen Bewusstsein maßgeblich beiträgt, ist der Neoliberalismus. Der Neoliberalismus hat auch starken Einfluss auf unsere Alltagsmeinungen und -handlungen.

*In einem **3.Exkurs** gehe ich daher auf den Neoliberalismus ein. Der Neoliberalismus wurde ursprünglich von Lippmann, von Mises und Vertretern der Freiburger Schule wie Röpke, Euken u.a. als Antwort auf das Versagen des Kapitalismus in der Weltwirtschaftskrise Ende der 20er Jahre des letzten Jahrhunderts und in Konkurrenz zum sozialistischen System der Sowjetunion als 3. Weg entworfen. Ursprünglich sollte die ökonomische Freiheit des Individuums mit staatlichen Eingriffen zur Festsetzung von Regeln und sozialem Ausgleich verbunden werden.*

Die Freiburger Schule setzte diesen Weg unter dem Begriff „Ordoliberalismus" bis zur Einführung der so-

zialen Marktwirtschaft fort, während die amerikanische Schule unter Hayek, Friedman bis zu dem Marktfundamentalisten Soros ganz auf die Marktkräfte und den größtmöglichen Rückzug des Staates aus der wirtschaftlichen Betätigung abzielte. Der Staat sollte nur noch Schutzfunktionen übernehmen und zwar des Eigentums, der Gesellschaftsordnung und der Verteidigung nach außen. Dies hatte Auswirkungen auf die praktische Politik.

Nach der keynesianischen Periode bis Mitte der 70´er Jahre im letzten Jahrhundert mit ihren staatlichen Eingriffen zugunsten der Marktregulierung und dem Ausbau der sozialen Marktwirtschaft zu einem Wohlfahrtsstaat mit einer umfangreichen Sozialgesetzgebung, setzte aufgrund der sinkenden Profitraten des investierten Kapitals in den 70´er Jahren die neoliberale Wende ein. Die Forderungen der Neoliberalen nach Rückführung der Staatsquote, Privatisierung ehemals staatlicher Aufgaben und Deregulierung des Kapitalverkehrs (Wikipedia, Neoliberalismus) wurden zunächst von der amerikanischen (Reagan), britischen (Thatcher) und schließlich deutschen (Schröder) Regierung konsequent umgesetzt. Ob es die Privatisierung der Post, die Teilprivatisierung der Rente, die Zulassung von Hedgefonds, oder die Senkung der Kapitalsteuern zulasten der Sozialausgaben usw. waren, dies trug maßgeblich dazu bei, die Kosten für das eingesetzte Kapital zu verringern und neue Felder für Investitionen zu erschließen. Ziel war es, die Profitraten auf hohem Niveau zu stabilisieren bzw. noch zu erhöhen.

Das neoliberale Credo hielt auch Einzug in die staatliche Verwaltung und die öffentlichen Unternehmen wie

Krankenhäuser, Energieversorger usw., die ursprünglich keine Gewinnerzielungsabsichten verfolgten. Nun hatten sie sich entsprechend anzupassen. Nicht mehr die bestmögliche Versorgung der Bevölkerung war das oberste Ziel der betrieblichen Tätigkeit, sondern die Kostensenkung, um die Betriebe einerseits von staatlichen Zuschüssen unabhängig und andrerseits attraktiv für das anlagesuchende Großkapital zu machen.

Für den einzelnen Arbeitnehmer bedeutete dies die Verschlechterung der Sozialleistungen im Falle der Arbeitslosigkeit, Krankheit und im Alter sowie eine große Verunsicherung durch drohenden sozialen Abstieg. In den bisher öffentlichen Betrieben zogen Rationalisierung, Personalabbau, die Nutzung von Synergieeffekten sowie die Erhöhung des Arbeitsstresses für die Beschäftigten ein.

Parallel dazu hat die in den 70´er Jahren sich anbahnenden Verschiebung der Beschäftigtenstruktur weg von der Industriearbeiterschaft in der Schwerindustrie wie Kohle und Stahl hin zur Automobil,-elektrotechnischen, chemischen und Maschinenbauindustrie mit dem starken Anwachsen des Angestelltenbereichs sich verstärkt fortgesetzt. Besonders der tertiäre Sektor mit Dienstleistungen wie im Finanz-und Bildungswesen, IT-Branche und staatlicher Verwaltung hat überproportional zugenommen.

Für die gesamte Ökonomie galt, dass durch die Schaffung eines Niedriglohnsektors einerseits die Arbeitnehmerschaft und ihre Vertretungen, die Gewerkschaften in die Defensive gedrängt wurden, andrerseits das Kapital durch die Senkung ihrer Lohnstückkosten zur Exportoffensive übergehen konnte. Trotz der Finanz- und Wirtschaftskrise von 2008 haben die Kapitaleigner diese Entwicklung zu ihren Gunsten aber zu Lasten der Staatshaushalte gut überstanden und jeden ernsthaften staatlichen Eingriff wie die Einführung der Finanztransaktionssteuer verhindert. Die weiterhin blühenden Spekulationsgeschäfte und die enorme Vermögens- und Einkommensungleichheit führte zu großer Unsicherheit in der Beurteilung der ökonomischen Tendenzen.

Was bedeuten die Auswirkungen des Neoliberalismus auf das Alltagshandeln des einzelnen Arbeitnehmers? Da das Netz der sozialen Sicherheit inzwischen viel weitmaschiger geknüpft ist und die Interessenvertretung der Gewerkschaften über Jahre kontinuierlich geschwächt wurde, ist der einzelne, der auf den Verkauf seiner Arbeitskraft angewiesen ist, immer stärker zum Solounternehmer auf eigenes Risiko geworden und mit einem Verdienst, der im Verhältnis zu den Kapitaleinkünften immer mehr an Boden verliert. Dies führt zu einem permanenten Konkurrenzdenken unter den Beschäftigen. Um nicht aus der Beschäftigung und dem Arbeitsmarkt herauszufallen, ist ein ständiger Kampf jeder gegen jeden und die Anpassung nach oben überlebensnotwendig. Dies trägt wiederum zu einem unsozialem Verhalten bei und der Leistungs- und Anpassungsdruck macht den einzelnen krank.

Solange genug Arbeitskräfte der Kapitalseite zwecks Verwertung zur Verfügung stehen, interessieren die Auswirkungen des Neoliberalismus auf die Beschäftigten die Arbeitgeber nur in geringem Maße. In ihren Augen sind die Gesellschaft bzw. der Staat für die Systemopfer zuständig.

Die in den drei Exkursen „Wohlstandsbewusstsein, demokratische Illusionen und die Hegemonie des Neoliberalismus" aufgezeigte Essentials sind Grundpfeiler unserer kapitalistischen Gesellschaftsordnung. Obwohl sich immer stärker Brüche und Risse in ihren Stützen auftun, sind sie in der Gesellschaft und jedem einzelnen, da in „Fleisch und Blut" übergegangen, stark verankert. Ja, sie bestimmen nicht nur unser Bewusstsein, sondern prägen auch das Unterbewusstsein etwa in der Anpassung an die informellen Leistungserfordernisse, was noch viel wirkungsmächtiger für unsere Handlungen ist.

Da fragen sich Anhänger des Sozialismus sofort, sollen wir den gesellschaftlichen Umbruch hin zu einer neuen Gesellschaftsordnung auf den St. Nimmerleinstag verschieben und warten bis die große Krise kommt? Weiterhin werden sie die Frage stellen: was muss noch alles passieren, damit etwas passiert? Leider können diese Fragen nicht beantwortet werden. Es bleibt unvorhersehbar, wann der berühmte letzte Tropfen im übertragenen Sinne das Fass zum Überlaufen bringt. Es ist deshalb nicht bestimmbar, weil viel gesellschaftlich und individuell Verdrängtes in einer Revolution eruptiv zum Vorschein kommt. Auch wenn eine Umwälzung lange bis zur Überreife auf sich warten lässt, gilt ganz allgemein: die Geschichte stellt jeder Generation ihre Aufgaben, die diese zu lösen hat. Ansonsten gibt es keine Entwicklung hin zu einer wahren menschlichen Gesellschaftsordnung.

In einer bürgerlichen Scheindemokratie, die trotz aller Schwächen einen gewaltigen und mit vielen Opfern errungenen historischen Fortschritt gegenüber früheren Herrschaftsformen bedeutet, können die staatlichen Institutionen genutzt werden, um eine zukunftsweisende

Politik umzusetzen. Dies bedeutet, dass um fortschrittliche Reformen mit der herrschenden Klasse (Kapitaleigner, kapitalfreundliche Parteien, Mainstreammedien) gerungen werden muss.

Der ursprünglich positiv besetzte Begriff Reform muss man inzwischen durch das Adjektiv fortschrittlich ergänzen, denn, ob es die Schröderschen Reformen oder andere waren, sie sind durch einen reaktionären Politikansatz in ihr Gegenteil verkehrt worden.

Im Transformationsprozess spielt das Begriffspaar Reform-Revolution eine maßgebliche Rolle. Fortschrittliche Reform bedeutet im weiteren Sinne nicht nur die Verbesserung im politischen und sozialen, sondern auch im gesellschaftlichen Bereich durch die Schaffung von Freiräumen, um alternative Lebens- und Arbeitsformen einzuführen und zu praktizieren.

*In einem **4. Exkurs** möchte ich daher auf die aktuellen Aussichten einer von den bundesrepublikanischen Parteien der linken Mitte getragenen Reformagenda eingehen.*

Konkret gesprochen könnte eine rot-rot-grüne Regierung durch fortschrittliche Reformen im Renten-, Gesundheits-, Beschäftigungs-, Bildungsbereich usw. die Lage der abhängig Beschäftigten und ihrer Familien und vor allem des Prekariats ansatzweise verbessern. Dass im Sommer 2017 eine rot-rot-grüne Regierung nicht in Aussicht ist, darf dem politischen Beobachter nicht den Blick für die Zukunft verstellen. Hier muss langfristig gedacht und geplant werden. Für die beiden Parteien der sogenannten linken Mitte SPD und Grüne besteht bei einer Koalition mit der CDU, in der sie die

Rolle des Juniorpartners übernehmen, die Gefahr, völlig in den Schatten der Kanzlerpartei zu geraten. Dadurch können sie ihre ursprünglichen Inhalte, die sie großgemacht haben und die nun durch die Koalitionskompromisse bis zur Unkenntlichkeit verwässert werden, nicht mehr schlüssig ihrer Anhängerschaft vermitteln. Durch die hegemoniale CDU wird diese dezimiert und schließlich bildlich gesehen die kleinere Koalitionspartei erst entkernt und dann zum Fallobst des Parteienspektrums gemacht. Daher wäre es längerfristig optimal, wenn die drei Parteien der linken Mitte (SPD, Grüne, Linke) nach der Bundestagwahl 2017 in die Opposition gehen, ihr Profil schärfen, Gemeinsamkeiten zwischen sich suchen, eventuell mit neuem Führungspersonal und in einer gemeinsamen Front mit außerparlamentarischen Kräften die Auseinandersetzung mit einer möglichen schwarz-gelben Regierung suchen.

Bei der nächsten Bundestagswahl könnten sie eine wahre Alternative darstellen. In diesem Zusammenhang kann man die SPD nur daran erinnern, dass ihre hohe Zeit in der bundesrepublikanischen Vergangenheit die Regierungszeit von Willy Brandt war, als dieser sich aus der Umklammerung mit der CDU löste und etwas Neues wagte, nämlich die Entspannungspolitik und u.a. „mehr Demokratie wagen". Die Grünen wurden stark, als sie auf die ökologischen, sozialen, friedenspolitischen und vor allem die Energieprobleme hinwiesen und für eine Wende in diesen Fragen kämpften. Wenn sich Parteien, die sich links von der Mitte ansiedeln, durch Überanpassung an die gesellschaftlichen Verhältnisse thematisch überflüssig machen, verlieren sie den Zuspruch breiter Wählerschichten, was sie auf lange Dauer schwächt und in die Bedeutungslosigkeit versinken lässt.

Notwendige und tiefgreifende Reformen wie z.B. die Einführung der Bürgerversicherung im Renten- und Gesundheitswesen werden jedoch auf massiven Widerstand der Interessenverbände mit entsprechender medialer Begleitmusik stoßen. Obwohl man aus den Nachbarstaaten Schweiz und Österreich weiß, dass Bürgerversicherungen systemkonform sind, haben sich durch die bisherigen bundesrepublikanischen Regelungen Bevölkerungsschichten wie hohe Einkommensbezieher aber auch die Beamten große Privilegien gesichert, die sie mit „Zähnen und Klauen" verteidigen werden.

Dies gilt auch für die höhere steuerliche Belastung hoher Einkommen, denn eine Besserstellung bzw. Entlastung niederer Einkommensbezieher muss zur Finanzierung seinen entsprechenden Ausgleich finden. Man darf eine fortschrittliche Reformpolitik nicht unterschätzen, denn sie ist mit viel Arbeit und noch mehr mit heftigen Auseinandersetzungen verbunden.

Reformpolitik kann auch defensiv angelegt sein, was die Wiedereinführung früher erkämpften Errungenschaften etwa im sozialen Bereich aber auch die Verteidigung des Bestehenden gegen die Anfeindungen des Kapitalblocks und seiner politischen und medialen Verbündeten, die die ganze Republik neoliberal umgestalten wollen. Fortschrittliche Reformen haben daher oft den Charakter einer Wiederherstellung des ursprünglichen Zustandes. Durch die sogenannten Reformen der neoliberalen Regierungen wurde die Lebenssituation breiter Bevölkerungsschichten derart verschlechtert, dass die Wiederherstellung des ursprünglichen Zustandes als wahrer Fortschritt gefeiert werden kann.

Man sollte jedoch diesen sogenannten Fortschritt, der im Prinzip eine Art Rückschritt ist, nicht unterschätzen.

Er ist mit heftigen Auseinandersetzungen mit den Gegnern jeglicher Verbesserungen verbunden und bedarf der breiten Unterstützung der betroffenen Bevölkerung. In der Rentenversicherung wäre dies die Herabsetzung des Renteneintrittsalters auf höchstens 65 Jahre, die Hebung des Rentenniveaus auf 53%, Abschaffung der Riesterrente, in der Krankenversicherung die Wiedereinführung der vollen Parität.

Im kommunalen Bereich gehören die Public Private Partnership (PPP) d.h. die teilweise und ganze Übernahme öffentlicher Aufgaben durch private Investoren zur neoliberalen „Fortschritts"-politik. Es ist ein süß vergiftetes Angebot an die meist finanzklammen Gemeinden, was einerseits zunächst Geld in die Gemeindekasse spült, aber dadurch das „kommunale Tafelsilber" verramscht wird und die Leistungen für die Bürger sich verschlechtern und verteuern. Aufgrund schlechter Erfahrungen haben viele Gemeinden die Beteiligung privater Investoren inzwischen wieder rückgängig gemacht.

Auch die neueste Grundgesetzänderung zu Gunsten privater Investoren im Autobahnbereich lässt den Staat mit seinem Streben nach der „Schwarzen Null", d.h. ausgeglichenen Staatshaushalt ohne Neuverschuldung Aufgaben nach außen verlagern und trotz möglicher Verschlechterung und Verteuerung der Verkehrsinfrastruktur gegen alle wirtschaftliche Vernunft durchzusetzen. Die privaten Investoren erwarten eine Mindestverzinsung von ca. 6 %, während Kredite am Kapitalmarkt zu einem um 4%-5% niedrigeren Zinssatz von der öffentlichen Hand aufgenommen werden können. Diese fehlgeleitete Politik wurde auch vom Bundesrechnungshof, wahrlich kein Hort der Linken kritisiert.

In der fortschrittlichen Reformpolitik tut sich ein doppelter Widerspruch auf. Linke Parteien, die in ihrem Programm eine Gesellschaft des demokratischen Sozialismus anstreben, stabilisieren durch ihre fortschrittlichen Reformansätze das kapitalistische System. Gegensätze zwischen oben und unten werden gemildert, untere Einkommensbezieher zufriedengestellt, deren Kaufkraft erhöht, was schließlich durch erhöhte Konsumausgaben der einheimischen Wirtschaft wieder zugutekommt. Es ist für die Arbeit- und Kapitalseite eine ausgesprochene win-win-Situation.

Andrerseits, wenn von der Kapitalseite und ihr nahestehenden politischen Parteien jeder soziale Fortschritt blockiert, die Gegensätze zwischen Arm und Reich verschärft und eine Wirtschaftpolitik der Exportoffensive und der damit verbundenen Abhängigkeit vom Ausland, der Spekulation und der daraus resultierenden hohen Gewinne nicht eingeschränkt, sondern noch gefördert werden, trägt dies zur Destabilisierung des kapitalistischen Gesellschaftssystems bei.

Dies führt zu dem Doppelwiderspruch: Während die Linke programmatisch ein anderes Gesellschaftssystem anstrebt, stabilisiert sie andrerseits durch ihre fortschrittliche Reformpolitik das kapitalistische System, während die bürgerliche Seite auf keinen Fall ein anderes System will, tut sie jedoch durch ihre kurzsichtige, nur auf Gewinnmaximierung und Neoliberalismus setzende Handlungen alles, um das heutige System zu untergraben und letztlich ihren Beitrag zur großen Krise zu leisten. Man kann sich nun fragen, wer den größeren Beitrag zu einer kommenden Revolution leistet: der sog. bürgerliche Block oder die Reformsozialisten?

Aber auch für die Sozialisten ist diese Erkenntnis beschämend. Einerseits wollen sie durch ihre konkrete Politik die Lebenssituation des Proletariats verbessern andrerseits festigen sie das System, das sie eigentlich nicht für zukunftsfähig halten. Ja, um Regierungsverantwortung übernehmen zu können, müssen sie ihre Zukunftsvision einer humanen Gesellschaft verleugnen, um eine „realistische", d.h. den kapitalistischen Herrschaftsverhältnissen angepasste und genehme Politik zu betreiben, die oft nur die Verteidigung von sozialen und gesellschaftlichen Errungenschaften gegen deren Verschlechterung beinhaltet. Für die gesamte Linke weltweit ist es aufschlussreich aber auch frustrierend, immer wieder die Erfahrung zu machen, wie sozialdemokratische und emanzipative Parteien (z.B. Grüne) und besonders ihre führenden Vertreter vom kapitalistischen System korrumpiert werden.

*In einem **5. Exkurs** konstruiere ich einen „was wäre wenn Fall": Wie komplex und widersprüchlich die Verhältnisse sind, wird dem wohlwollenden Beobachter bewusst, wenn er sich vorstellt, die Partei die Linke würde in einer Bundestagswahl die absolute Mehrheit bzw. die relative Mehrheit gewinnen. Im ersten Fall könnte sie allein regieren, im zweiten Fall in einer Koalition. Nach der großen Siegesfeier käme im Regierungsalltag schnell die Ernüchterung. Optimistisch gesehen könnte es gut möglich sein, dass einige Reformvorhaben relativ schnell auf den Weg gebracht werden könnten, so die allgemeine Erhöhung der Rente, Anhebung des Mindestlohns, volle Parität in der Krankenversicherung, Verbesserung der Grundsicherung, leichte Erhöhung der Steuern für die Vermögenden. Wenn es aber an die Substanz geht wie die langfristige Umstellung der Rüstungsindustrie auf Friedensproduktion, Kürzung des*

Wehretats, Einführung der Bürgerversicherung, schärfere Umweltgesetze, Rückführung der Kohleförderung, strengere Auflagen für die Finanzwirtschaft hätte die linke Regierung mit der geballten Macht des Kapitals im In- und Ausland zu tun: Kapitalverlagerung ins Ausland, Investitionsstreik, Abbau von Arbeitsplätzen, Medienkampagne, außenpolitische Isolierung.

Und dabei strebt die Regierung noch nicht die Vergesellschaftung von großen Konzernen an. Die linke Regierung wäre in der Zwickmühle, sie müsste so schnell wie möglich die Erwartungen ihrer Wählerklientel auf wirklich soziale Verbesserung erfüllen, dem Verlangen der Mitglieder auf substantielle gesellschaftliche Fortschritte nachkommen und mit den Vertretern des Kapitals die Möglichkeiten von strukturellen Veränderungen ausloten und immer wieder Kompromisse schließen. Das Wissen darum, wer die eigentlichen Herren der Gesellschaft sind, die festgefügte Gesellschaftsstruktur und die Erfahrungen aus der Geschichte lässt eine linke Regierung nichts überstürzen und vorsichtig agieren. Davon sind natürlich die eigenen Anhänger nicht begeistert. In der Partei kann es zu heftigen Auseinandersetzungen kommen. Sie kann sich spalten und wird dadurch geschwächt Die Regierung hat die nächste Wahl im Blick während die radikalere Anhängerschaft gesellschaftsverändernde Schritte erwartet. Diese Spannungen im inneren und die heftigen Angriffe von außen lassen das Schlimmste befürchten. Hier gilt auch: nur durch die Mobilisierung der durch die Politik Begünstigten für die Durchsetzung weitreichender Reformschritte kann dieses doppelte Dilemma gelöst werden.

In einem **6. Exkurs** behandle ich zusammengefasst die Auswirkungen der letzten sozialdemokratisch
geführten Bundesregierung. Sobald die rot-grünen Politiker in Amt und Würden, ob im Parlament oder in der
Regierung waren, mussten sie anscheinend so schnell
wie möglich ihre Repräsentations- und Regierungsfähigkeit unter Beweis stellen, indem sie sich dem herrschenden System überanpassten und in der Regierung
eine Politik ganz zum Wohlgefallen der führenden Ka-
pitalfraktionen umsetzten. So geschehen mit der Schrö-
der-Fischer-Regierung aber auch in vielen sozialdemokratischen Regierungen auf der ganzen Welt. Nur gegenüber der eigenen Anhängerschaft wird in Wahlre-
den noch ein Hauch hohler Verbalradikalität gepflegt.

Die führenden Köpfe der Sozialdemokratie brauchen
sich nicht zu wundern, wenn ihr Wähleranteil und ihre
Anhängerschaft so dezimiert wird, dass sie schließlich
zur Bedeutungslosigkeit verkommt. Um eine kapital-
konforme Politik umzusetzen, braucht man keine sozialdemokratische Partei. Das können die Originale d.h.
die bürgerlichen Parteien viel besser. Eine sozialdemokratische Regierung wäre dann wiederum gefragt,
wenn das linksmittige Wählerpotential durch sogenannte Reformen beruhigt werden soll und um Illusionen über die wahren Machtverhältnisse zu verbreiten.
Aber dazu war bis zur Bundestagswahl 2017 die heutige
Sozialdemokratie noch nicht einmal in der Lage, sondern sie wähnte sich schon glücklich, die Rolle des Juniorpartners in einer konservativ dominierten Regierung übernehmen zu können. Dafür haben die Wähler
ihr einen ordentlichen Denkzettel verpasst.

Mit der Sozialdemokratie war immer die Hoffnung verbunden, dass durch ihre Politik etwas mehr Gerechtigkeit durchgesetzt werden kann. Es war für viele Anhänger der deutschen Sozialdemokratie die große Enttäuschung, dass die Schröder-Fischer Regierung eine lupenreine neoliberale Politik (Hartz 4, Steuersenkungen für Unternehmen und höhere Einkommensbezieher, Erleichterungen für den Kapitalverkehr usw.) umgesetzt hat, die sogar über die Erwartungen der Vermögenden hinausging. Warum betreiben die führenden sozialdemokratischen Politiker eine solche unterwürfige Politik? Sind sie bereits so weit unter den Einfluss des Neoliberalismus geraten, dass sie alle Überzeugungen und Ideale, für die sie einmal gestanden sind, einfach über Bord werfen? Was geht in ihren Köpfen vor? Oder sind die sogenannten Sachzwänge des Kapitalismus so überwältigend, dass auch eine in Ansätzen alternative Politik nur nach heftigen Auseinandersetzungen und mit verwässerten Kompromissen durchsetzbar ist?

Man kann ihnen zugutehalten, dass die kapitalistischen Herrschaftsverhältnisse und ihre Manipulationsorgane die Gesellschaft wirklich fest im Griff haben. Auch ist es schwer, ihre ineinander vernetzten Strukturen aufzubrechen und sich neue Handlungsmöglichkeiten zu erschließen. Diese illusionslose Einsicht ist geprägt durch die jahrzehntelange Erfahrung mit sozialdemokratischer Regierungspolitik hierzulande aber auch weltweit.

Aus der langen Erfahrung mit dem bundesrepublikanischen politischen System kann man das Gesetz der gesellschaftlichen Anpassung formulieren: Je bedeutender und wirkungsvoller eine Organisation (Partei, Gruppe), deren Programm eine gesellschaftliche Alternative zum bestehenden System darstellt, sich entwickelt, umso mehr wird vom herrschenden Gesellschaftssystem ein systemimmanenter Zwang zur Anpassung an die gesellschaftlichen Gegebenheiten erzeugt.

Oft geschieht dies dadurch, indem man die führenden Köpfe und die von ihnen vertretenen Strömungen gegeneinander ausspielt. So wird die dem Kapital genehmere Richtung in der Öffentlichkeit bevorzugt behandelt und medienwirksam unterstützt. Die der Ursprungsidee einer alternativen Gesellschaft treu bleibende Strömung , die sogenannten Fundamentalisten (Fundis) werden als wirklichkeitsfremd, radikal und unruhestiftend diffamiert. Erst wenn der sog. Realoflügel im wesentlichen die Parteirichtung bestimmt sowie sich die Herrschaftsstrukturen und deren Mechanismen verinnerlicht und seine Anpassungsfähigkeit nachgewiesen hat, wird er als politikfähig angesehen und bei genügendem Stimmenanteil an der Macht beteiligt.

Die in die alten Machtstrukturen Eingebundenen pflegen zur Beruhigung der eigenen Anhängerschaft und zu deren Mobilisierung vor Wahlen gelegentlich Verbalradikalität. In der Regierungsarbeit müssen sie sich jedoch kapitalkonform bewähren, ansonsten werden sie aus dem Machtkartell ausgeschlossen.

Die Mitglieder und Anhänger berauschen sich oft an guten Wahlergebnissen und träumen dann von einem geradlinigen Anstieg des Wähleranteils. Auch wenn dies so wäre, fragen sich die wenigsten in der allgemeinen Euphorie wieviel eigene substantielle Politik sie auch umsetzen können.

Andrerseits profitiert das herrschende System von Alternativen insoweit diese zur Erneuerung und Belebung des bisherigen Systems beitragen. Es werden umgangssprachlich den alternativen Konzepten die gefährlichen Zähne gezogen und der Rest wird vereinnahmt. Dies bedeutet, in einem wahren Jungbrunnen zu baden getreu dem zugespitzten Motto: Damit es bleibt wie es ist, muss sich alles ändern, dies jedoch nur an der Oberfläche.

Auch die Partei die Linke ist dagegen nicht gefeit. Noch machen sie im Bundestag gute Oppositionsarbeit, aber sobald sie an einer Landesregierung beteiligt sind, müssen sie wegen der Regierungsfähigkeit der Koalition gewaltige Abstriche von ihrem linken Anspruch machen. Sie können mit ihrer Regierungsarbeit schon zufrieden sein, wenn sie eine ausgesprochen neoliberale Politik des Bundes für ihr Land zum Teil abmildern können und ihre durch die Koalitionspartner reduzierte Reformvorstellungen im Schneckentempo umgesetzt werden.

Wie kommt die Linke aus dieser Falle heraus? Eine nicht nur sogenannte linke Regierung der vielversprechenden Worte, sondern auch der Tat muss ihren Kampf um fortschrittliche Reformen im politisch-institutionellen Raum führen. Sie kann jedoch diese Politik nur durchsetzen, wenn sie auf gesellschaftlicher Ebene massiv unterstützt wird. Es ist die große Aufgabe der linken Parteien durch Mobilisierung der Betroffenen ein genügendes Druckpotential aufzubauen, das auf die politische Gegenseite wirkt.

Die linken Parteien müssen sich mit den Verbänden, Organisationen und Initiativen der Betroffenen vernetzen, um in einer gemeinsamen Aktionsfront den außerparlamentarischen parallel zum institutionellen Kampf zu führen. Nur so kann eine fortschrittliche Reformpolitik erfolgreich durchgesetzt werden.

Aber die Mobilisierungsstrategie hat noch einen anderen Aspekt. Durch die Überzeugungsarbeit, ihr politisches Schicksal in die eigene Hand zu nehmen, werden durch die aktiven Parteimitglieder Menschen motiviert, politisch tätig zu werden. Dieser Lernprozess ist schwierig aber wichtig, um genügend engagierte und politisch erfahrene Menschen zur Verfügung zu haben, falls die große Krise kommt und gewaltigere Aufgaben zur Lösung anstehen. Dazu gehört das persönliche Kennenlernen unter den Mitgliedern vernetzter Parteien und Organisationen, den Aufbau gegenseitigen Vertrauens und die Erfahrungen aus den gemeinsamen Aktionen.

Das Einüben des gemeinsamen politischen Handelns kann man etwas spöttisch frei nach Richard Müller, dem Führer der revolutionären Obleute in der deutschen Novemberrevolution 1918 als „Revolutionsgymnastik" bezeichnen.

Die Mobilisierungsstrategie dient letztendlich dazu, die Umsetzung der Regierungsversprechen solidarisch-kritisch zu begleiten und ihre Durchsetzung durch Aktivierung der Betroffenen massiv zu unterstützten.

Zur Vollständigkeit möglicher Transformationsstrategien ist auf die Transformation durch Freiräume nach Wright (Reale Utopien, S.435) zu verweisen. Hierunter sind alle möglichen zum System des Kapitalismus alternativen Arbeits- und Lebensformen zu verstehen.

Es ist zu begrüßen, wenn Personen oder Personengruppen ihrem Gewissen folgen und beschließen, aus dem kapitalistischen Alltagswahnsinn mit all seinen Entfremdungsformen und ökologischen Belastungen auszusteigen, um noch unter kapitalistischen Gesamtbedingungen andere d.h. solidarische und umweltschonende Lebensformen zu entwickeln und zu praktizieren.

Alternative Projekte stehen allerdings, wenn sie ab einer bestimmten Größe aus ihrem Nischendasein auszubrechen versuchen, vor einem wahren Dilemma. Entweder sie professionalisieren ihre Arbeit, um ihre Effizienz zu erhöhen aber andrerseits scheibchenweise Inhalte und Ziele ihrer alternativen Lebens- und Arbeitsweise aufzugeben. Das frappierende an diesem Umstand ist: je erfolgreicher ein Alternativprojekt ist, um so gefährdeter ist es, seinen Charakter und seine Utopie zu verlieren. Oder sie behalten strikt ihren alternativ-utopischen Kurs bei. In diesem Fall scheitern sie jedoch oft, weil sie der Effizienz und dem süßen Gift des Kapitalismus mit seinem Wohlstandsversprechen auf Dauer nicht widerstehen können. Man muss schon ein starkes Bewusstsein und einen festen Charakter besitzen, um für den Rest seines Lebens ganz gegen den Strom zu schwimmen, d.h. zwar selbstbestimmt und solidarisch zu leben, gegebenenfalls sich selbst auszubeuten und auf die meisten Genüsse, die unsere Wohlstandsgesellschaft bietet, für immer zu verzichten. Die Anhänger alternativer Lebens- und Arbeitsformen müssen sich oft die Fragen stellen: Gibt es ein richtiges Leben im falschen? Ist dies möglich?

Der Kapitalismus gerät durch diese Alternativen niemals in Gefahr. Solange er die Konsumbedürfnisse breiter Bevölkerungsschichten befriedigt, der Staat für gewisse soziale Sicherheit sorgt und die kapitalergebenen Medien in der Massenbeeinflussung sich hegemonial behaupten, bleiben die gesellschaftlichen Alternativen auf eine Minderheit beschränkt und erzeugen keine Breitenwirkung. Falls doch gewisse alternative Aspekte populär werden, hat der Kapitalismus bisher es immer verstanden, diese für sich einzunehmen und profitabel zu verwerten. Jedoch können im Falle der Krise alternative Projekte im kleinen einen Vorbildcharakter übernehmen. Voraussetzung ist allerdings, dass deren Mitglieder sich politisch in die gesellschaftlichen Umwälzungen einbringen.

Nach der Befassung mit den derzeitigen gesellschaftlichen Stabilisatoren, der Reformpolitik und alternative Lebens-und Arbeitsformen kommen wir nun zum Hauptteil unseres Kapitels: Wie kann eine Revolution ablaufen, wie kann sie sich entwickeln? Auf mögliche Ursachen wurde bereits am Anfang des Kapitels näher eingegangen.

Angenommen, die große Krise in welcher Form auch immer, ist da. Die Bevölkerung ist unruhig, ja sie ist aufgebracht. Es finden überall Diskussionen, Aufläufe, auch Auseinandersetzungen statt. Die bereits vorher politisch Aktiven versuchen, diese Unruhe, Wut aber auch das Gefühl, dass es so nicht weitergehen kann und etwas getan werden muss, in Massenaktionen, wie Demonstrationen und Kundgebungen umzusetzen.

Um einer revolutionären Entwicklung zum Durchbruch zu verhelfen, muss auf diesen Massenaktionen die Losung des Generalstreiks ausgegeben werden. Die abhängig Beschäftigten, die der überwiegende Teil der Bevölkerung sind, müssen ihre stärkste Waffe, die der Arbeitsverweigerung einsetzen, getreu dem alten Arbeitermotto: wenn unser starker Arm es will, stehen alle Räder still.

Nach unserer Rechtsordnung ist der politische Generalstreik nicht durch das Streikrecht gedeckt. Es wäre ein sogenannter wilder Streik, der unter gewöhnlichen Bedingungen Entlassungen und Schadensersatzforderungen von der Kapitalseite nach sich ziehen würde. Daher käme ein Generalstreik nur in zugespitzten gesellschaftlichen Krisensituationen in Betracht, wo das ganze bisherige Gesellschaftssystem zur Disposition steht. Hier würde die Funktion der Justiz ebenfalls versagen.

In anderen europäischen Ländern wie z.B. in Frankreich wurde der Generalstreik auch zur Durchsetzung politischer Forderungen eingesetzt. Hier ist diese Kampfform nicht so außergewöhnlich wie bei uns. Daher hat der politisch geprägte Massenstreik in unserem Land eine ganz besondere Bedeutung und würde nur in außergewöhnlichen Situationen angewandt.

In der kapitalistischen Gesellschaft ist der „ordentliche" Streik die stärkste Waffe der Gewerkschaft in der Auseinandersetzung mit den Arbeitgebern um Tarifverträge.

*In einem 7. **Exkurs** befasse ich mich daher zunächst mit Grundfragen des Massenstreiks und der zweimaligen Erfahrung in der deutschen Geschichte damit.*

Es ist bekannt, dass die Gewerkschaften ihr stärkstes Kampfmittel sich nicht aus der Hand nehmen lassen wollen. Dies musste auch schon Rosa Luxemburg in der Auseinandersetzung um den Massenstreik erfahren. Rosa Luxemburg hat in ihrer Schrift zum Massenstreik folgendes ausgeführt:

„Den Anlass und den Moment vorauszubestimmen, an dem die Massenstreiks in Deutschland ausbrechen sollen, liegt außerhalb der Macht der Sozialdemokratie

(damals eine sozialistische Partei, d Verf.), weil es außerhalb ihrer Macht liegt, geschichtliche Situationen durch Parteitagsbeschlüsse herbeizuführen. Was sie aber kann und muss, ist, die politischen Richtlinien dieser Kämpfe, wenn sie einmal eintreten, klarlegen und in einer entschlossenen, konsequenten Taktik formulieren. Man hält nicht die geschichtlichen Ereignisse im Zaum, indem man ihnen Vorschriften macht, sondern in dem man sich im Voraus ihre wahrscheinlichen berechenbaren Konsequenzen zum Bewusstsein bringt und die eigene Handlungsweise danach einrichtet" (Rosa Luxemburg, Massenstreik, Partei und Gewerkschaften, S.86-87).

Der Mannheimer Kompromiss von 1906 zwischen SPD und Gewerkschaften bedeutete, dass ohne Zustimmung der Gewerkschaften kein Generalstreik von der Partei ausgerufen werden dürfe. Dies war eine Niederlage für die Linken und ein Sieg für die damaligen schon auf Klassenkompromisse hinwirkenden Gewerkschaften. Jedoch hing diese Einstellung vor allem mit der unterschiedlichen Aufgabenstellung zusammen.

Während die Gewerkschaften gebildet wurden, um die soziale und wirtschaftliche Lage der Arbeiter zu verbessern, wurden die sozialistischen Parteien aus der allgemeinen Ablehnung der kapitalistischen Gesellschaftsordnung gegründet, um ggf. auf revolutionärem Weg eine sozialistische Gesellschaftsordnung anzustreben. Der Generalstreik wäre ein mögliches revolutionäres Kampfmittel, um politische Ziele zu erreichen.

Letztendlich hat sich die reformistische Ansicht der Gewerkschaften in den sozialdemokratischen Parteien durchgesetzt. Jedoch ist für künftige revolutionäre

Schritte die Anwendung des Generalstreiks in einer Krisensituation das einzige Mittel, um eine gesellschaftliche Umwälzung auf friedlichem Wege zustande zu bringen. Hier kann auf die Befindlichkeiten der Gewerkschaften keine Rücksicht genommen werden. Natürlich sind Gewerkschaftsmitglieder, die den Generalstreik bejahen, bei dessen Durchführung willkommen. Gegen leitende Gewerkschaftsfunktionäre, die hauptamtlich tätig sind und die man zum revisionistischen Establishment zählen kann, besteht jedoch ein berechtigtes Misstrauen.

Wie ich an anderer Stelle dieses Buches bereits erwähnt habe, hat sich in der deutschen Geschichte die Ausrufung des Generalstreiks voll bewährt, um eine konterrevolutionäre Regierung zu beseitigen. 1920 hatte der Befehlshaber des Gruppenkommandos 1 des Bereichs Berlin General Lüttwitz sich gegen die Auflage aus dem Versailler Vertrag, die Reichswehr von 400.000 auf 100.000 Mann zu reduzieren, gegenüber der Regierung ausgesprochen. Der Reichswehrminister Noske wollte in diesem Zusammenhang auch die Freikorps wie die Marinebrigade Erhardt, die u.a. noch 2 Jahre zuvor bei der Niederschlagung der linken Zeitungsverlagsbesetzungen zu Diensten waren, auflösen. Dagegen wehrten sich führende Offiziere mit General Lüttwitz an der Spitze, der sich mit Parteipolitikern wie Kapp von der Vaterlandspartei und weiteren rechten Parteienvertretern verbündet hatte. Um die eigene Absetzung zu verhindern, setzte Lüttwitz die Brigade Erhardt nach Berlin in Marsch. Die Reichsregierung mit dem Reichspräsidenten Ebert an der Spitze konnte noch knapp den einrückenden Putschtruppen entkommen, um nach Dresden und danach nach Stuttgart zu fliehen. Sie fanden bei der übrigen Reichswehrführung, die sich für neutral erklärte (Seeckt: Reichswehr schießt nicht auf Reichswehr) oder mit den Putschisten sympathisierte, keine Unterstützung. Vor der Flucht unterzeichneten die SPD-Minister einen Aufruf zum Generalstreik, den der Pressechef der Reichskanzlei veröffentlichte. Nach und nach wurde der Generalstreik mit Hilfe der Gewerkschaften, der Arbeiterparteien (SPD, USPD und KPD) und vor allem mit der breiten Unterstützung der Arbeiterschaft umgesetzt, sodass es keine Verkehrs- und Telefonverbindungen, keine Versorgung mit Wasser und Energie gab und alle Fabriken geschlossen waren. Auch der Beamtenbund beteiligte sich daran, worauf die öffentliche Verwaltung lahmgelegt war. Nach 100 Stunden war der konterrevolutionäre Putsch am 17.März gescheitert (Wikipedia, Kapp-Putsch).

Nach dem 2. Weltkrieg entstand in der amerikanischen und britischen Bi-Zone wegen Preissteigerungen und stagnierenden Löhnen eine große Unruhe unter der Arbeiterschaft. Nachdem im Juni 1948 die Währungsreform durchgeführt wurde, kam es aufgrund der geringen und oft von Händlern und Fabrikanten zurückgehaltenen Gütermenge zu erheblichen Preiserhöhungen, der die Löhne nicht folgten. Im Oktober fanden in Stuttgart Demonstrationen und heftige Auseinandersetzungen mit der Polizei statt. Die Demonstranten forderten Preisregulierung, Lohnerhöhung und Mitbestimmung. Um die Unruhen einzudämmen, wurde auch amerikanische Militärpolizei eingesetzt. An dem von den Gewerkschaften unter Aufsicht der Besatzungsmächte durchgeführten Generalstreik im November beteiligten sich 79% der Beschäftigten. Mit Unterstützung der Besatzungsmächte blieb der damalige Verantwort-

liche des Wirtschaftsrates und spätere Wirtschaftsminister Ludwig Erhard bei seiner Aufhebung der Preiskontrolle, deren teilweise Rückgängigmachung von den Gewerkschaften aber auch CDU-Politkern wie Adenauer gefordert wurde (der Freitag, 7.11.03; Wikipedia, Generalstreik).

In der Zukunft bedeutet der Generalstreik den Lackmustest für die Bereitschaft vor allem der abhängig Beschäftigten, die Revolution durchzuführen. Als Einstieg in die Revolution muss er jedoch einige Klippen umschiffen und kann schnell in schweres Fahrwasser geraten.

So besteht eine Klippe selbst in der linken Bewegung, die sich intensiv mit revolutionären Fragen und Konzepten beschäftigt und in der sich unterschiedliche Auffassungen zur Vorgehensweise herausbilden. Hier kommt es darauf an, Konzeptionen zu entwickeln, die sich zwar unterscheiden können, die aber bestimmte Prinzipien, so u.a. einerseits Gewaltfreiheit, andrerseits jedoch zielstrebiges und entschlossenes Vorgehen festlegen. Diese Konzeptionen, die in ihren Kernpunkten deckungsgleich sein sollten, müssen sich in der Praxis bewähren und so flexibel sein, dass sie sich der jeweiligen Situation gut anpassen können.

Eine weitere Klippe ist die geringe Präsenz von fortschrittlich und sozialistisch eingestellten Belegschaftsangehörigen in den Betrieben. Hier müssen die Sozialisten auf die aktiven Gewerkschaftsmitglieder und Vertrauensleute (jedoch nicht die hauptamtlichen Funktionäre) setzen, die sich schon immer am stärksten für die Interessen der Betriebsangehörigen eingesetzt haben, daher hohes Ansehen genießen und durch die Krisenereignisse stark politisiert werden. Sie müssen sich im

Rahmen der Massendemonstrationen und Massenstreiks zum Motor der revolutionären Bewegung entwickeln. Auf sie kommt es an, wenn der Ruf nach dem Generalstreik laut wird. In kürzester Zeit müssen sich wie
im Laufe des ersten Weltkriegs aus aktiven Gewerk-
schaftsmitgliedern und Vertrauensleuten revolutionäre
Obleute formen. An ihnen liegt es vor allem, wie der Generalstreik in der betrieblichen Praxis umgesetzt und
gegen Störungen gesichert wird.

*In einem **8.Exkurs** gehe ich auf Bevölkerungsgrup-
pen und Schichten ein, die sich einer gesellschaftlichen
Umwälzung gegenüber ablehnend oder abwartend verhalten können und erst noch dafür gewonnen werden
müssen.*

*Die Heterogenität der abhängig Beschäftigten ist ein
großes Hindernis auf dem revolutionären Weg. Die
meisten Beschäftigten, die bisher einen verhältnismäßig sicheren Arbeitsplatz und ein genügendes Einkommen hatten (s. Exkurs 1 „Michael"), haben meist eine
kleinbürgerliche Einstellung, d.h. sie verhalten sich als
Besitzstandswahrer, der Einsatz für die persönlichen
Interessen werden bejaht, aber eine umfassende gesellschaftliche Umwälzung übersteigt zum großen Teil ihren Bewusstseinsstand und ihre Vorstellungskraft. In
gesellschaftlichen Fragen bestehen eher reformistische
Ansätze mit Klassenkompromissen und das Scheuen
von Auseinandersetzung mit der Kapitalseite und ihren
politischen Vertretern. Der gesellschaftliche Fortschritt
sollte in ruhigem Fahrwasser vor sich gehen, die gesellschaftlichen Umbrüche hin zu einem Sozialismus erscheint ihnen zu ungewiss und zu unsicher für ihre eigene Lebensgestaltung. Natürlich gerät das bisherige
Weltbild der breiten Massen durch die tiefgreifende*

Krise heftig durcheinander, ob daraus ein diffuses oder ein zukunftsorientiertes Bewusstsein sich entwickelt, liegt an der Überzeugungskraft der sozialistischen Bewegung.

Auf zwei weit verbreitete Bevölkerungsteile möchte ich ebenfalls hinweisen, das ist u.a. die bewusstseinslose Schicht der Hedonisten in einer zum großen Teil narzisstisch geprägten Gesellschaft. Sie leben ein egoistisches Leben, das einen möglichst hohen Vergnügungswert haben muss nach dem Motto: für mein sauer verdientes Geld möchte ich mir ein möglichst süßes Leben gönnen. Die Frage des Tages ist oft: zu wem gehe ich heute Abend essen, zum Griechen oder Italiener? Was ist der letzte Schrei der Mode, wie sehen die Bundesligaergebnisse aus, wann und wo ist die nächste Konzertveranstaltung der Gruppe xyz, welcher Fleck der Erde hat die höchste Urlaubsattraktivität und ist nach der Rückkehr erzählenswert?

Ein ganz wichtiger Zeitvertreib ist die Kommunikation über Handy, die sich bei jeder bietenden Gelegenheit schon fast süchtig genutzt wird. Wenn es um Politik geht, dann oft um die Kleider der Bundeskanzlerin oder mit Sarah Wagenknecht würde ich auch mal gerne... Wie wir daraus ersehen können, führen diese Leute ein sehr konsumorientiertes, oberflächliches Leben. Die Probleme der Welt liegen für sie jenseits ihres Horizontes. Wie diese Gruppe sich in einer ernsthaften Krise verhält, ist schwer vorauszusagen. Viele von ihnen werden gar nicht registrieren wollen, dass die Party vorbei ist.

Am Gegenpol sind die verzweifelten und einsame Menschen zu finden, die sich aus dem Gemeinschaftsleben bereits heute ausgeklinkt haben. Die Gründe ihres

Rückzuges können sehr vielfältig sein, es kann ein Zu-
sammenwirken individueller Probleme und äußerer ge-
sellschaftlicher Einflüsse sein. Sie haben sich von dieser
Gesellschaft mit viel Bitternis verabschiedet und sind
auch durch gesellschaftliche Änderungen meist nicht
zurückzugewinnen. Ihr Seelenzustand reicht in das
wahnhafte und ihr Hass auf alles und jeden kann sich
bis zum Amoklauf steigern. Es gehört viel Mitgefühl
und Engagement der Mitmenschen dazu, das Abgleiten
in die Selbstisolierung zu verhindern. Dies könnte nur
eine humane Gesellschaft leisten.

Neben diesen schwierigen Bevölkerungsteilen gibt es
an den politischen Rändern einerseits radikale gewalt-
bereite Linke, die im Zaum gehalten werden müssen,
andrerseits rechtsradikale faschistoide Gruppen, die in
dieser auch chaotischen Umbruchsphase ihr eigenes
Süppchen kochen und eine faschistoide Diktatur errich-
ten wollen. Gewaltbereite Aktionen können auch durch
Provokateure der Gegenseite, die Menschen zu schädli-
chen Handlungen verführen, hervorgerufen werden.
Hier ist von revolutionärer Seite größte Wachsamkeit
und entschlossenes Vorgehen erforderlich.

Allgemein herrscht in breiten Bevölkerungsschichten
die Auffassung vor: so kann es nicht weitergehen, aber
wie es weitergehen soll, ist zunächst die große Unbe-
kannte. Hier können die irrigsten Vorstellungen und
Konzepte entstehen. Das sozialistische Konzept muss insoweit in sich schlüssig und überzeugend sein, dass es
sich letztendlich durchsetzt. Der Bevölkerung muss von
sozialistischer Seite klargemacht werden, dass die Alternative zum Sozialismus nur die Barbarei ist.

Auf einen Unterschied zu früheren Revolutionen ist
noch hinzuweisen, der den Einstieg in die Revolution

ebenfalls erschweren kann. War in früheren Zeiten der Kaiser, der König und der Diktator als personifizierte Macht des bestehenden Herrschaftssystems und als Gegner klar benennbar, so ist es im heutigen scheindemokratischen System nicht.

Wir haben festgestellt, dass der Bundeskanzler zwar die Richtlinien der Politik bestimmt und der amerikanische Präsident der mächtigste Mann der Welt ist, beide jedoch in ein fein gesponnenes Netz der Abhängigkeiten mit den wirtschaftlich mächtigen und politisch einflussreichen Personen ihres Landes eingebunden sind. Ich habe im 2. Exkurs beschrieben, wie unsere sogenannte Demokratie funktioniert. Man kann sie mit einem Theater vergleichen. Vor dem Vorhang können die handelnden Schauspieler gut beobachtet werden aber die wirklich wichtigen und entscheidenden Personen hinter dem Vorhang wie die Intendanten, Regisseure, Maskenbildner, Souffleure, Tonmeister u.a. sieht man nicht. Aber sie bestimmen je nach ihrer Stellung, was und wie gespielt wird. Die Schauspieler können für ihre Leistung den Applaus des Publikums einheimsen, müssen sich jedoch den Vorgaben des Theaterestablishments unterwerfen. Politik ist in diesem Sinne auch oft nur Theater. Das unsichtbare sichtbar zu machen und die Illusionen über demokratische Politik in einer kapitalistischen Gesellschaft zu zerstören, ist für linke und fortschrittliche Kräfte ein wahrer Dauerbrenner.

Die Aufzählung möglicher Hindernisse und Gefahrenstellen ist natürlich nicht vollständig. Es kommt darauf an, die Gefahren zu erkennen und durch entschlossenes Handeln sie zu minimieren oder zu beseitigen.

Bei der künftigen Ausrufung des Generalstreiks durch sozialistisch eingestellte Personen und Personengruppen kommt es weiterhin auf die Resonanz an. Bestimmt wird der Aufruf nicht sofort und umfassend befolgt, dafür ist er zu ungewohnt. Einige Betriebe, wo eine klassenbewusste Belegschaft präsent ist, fangen damit an, dem weitere Betriebe folgen. Wenn etwa 70% der Betriebsbelegschaften die Arbeit niederlegen, kann man dies bereits als durchschlagenden Erfolg bezeichnen. Die restlichen 30% können sich der Entwicklung nicht mehr in den Weg stellen.

Eine starke Ausstrahlungskraft hat natürlich das Belegschaftsverhalten großer Betriebe. Ihrem beispielhaften Vorgehen folgen meist die Angehörigen der kleineren Betriebe. Daraus kann für die revolutionäre Entwicklung sich eine nachteilige Ungleichzeitigkeit ihrer Schritte in den einzelnen Bereichen ergeben. Hier kommt es auf die Kommunikations- und Organisationsfähigkeit der Revolutionäre an, die zeitliche Spreizung des Revolutionsgeschehens nicht ausufern zu lassen.

Zu berücksichtigen ist, dass 2009 von den Beschäftigten 1,7% im primären (Landwirtschaft, Bergbau) 24,9% im sekundären Sektor (Industrie, Handwerk) und 73,4% im tertiären Sektor (Dienstleistungen) arbeiten (Statistisches Bundesamt, Erwerbstätige nach Wirtschaftssektoren). Inzwischen können sich die Angaben noch zu Gunsten des Dienstleistungssektors verschoben haben. Nach einer Erhebung des Instituts für Arbeitsmarkt und Berufsforschung für 2011, das im Prinzip sich kaum verändert hat, arbeiten 29 % der Arbeitnehmer in Betriebe mit mehr als 250, 26% in mittleren Betrieben mit 50-249 und 45 % in Kleinbetrieben mit weniger als 50 Beschäftigte (IAB-Kurzbericht 10/2013).

Wie man sieht, gibt es einen großen Anteil an Beschäftigte, die in Kleinbetrieben arbeiten. Aber die politischen Initiativen werden wie heute in Tarifauseinandersetzungen von den Beschäftigten der Großbetriebe aufgrund ihres menschlichen Potentials und der Bedeutung der Großbetriebe für die nationale Wirtschaft ausgehen.

Die Betriebe der Daseinsvorsorge wie Energieversorger, Krankenhäuser, Verkehrsbetriebe, aber auch der Lebensmittelproduktion und eine gewisse Anzahl ihrer Verteilungszentren müssen zur Versorgungssicherstellung der Bevölkerung vom Generalstreik ausgenommen oder zumindest mit einer Notbesatzung in Betrieb gehalten werden.

Dass für eine gewisse Zeit die Produktion von Kraftfahrzeugen, Bekleidung, Elektronik, Maschinen, Grundstoffen usw. und deren Zulieferer ausfällt, kann die Bevölkerung und die Volkswirtschaft verkraften. Der Generalstreik sollte möglichst kurz, 1-2 Wochen, höchstens 1 Monat dauern. Er wird nicht aus Übermut oder irrationale Wut durchgeführt, sondern er bildet den Rahmen für die Lösung der Machtfrage in einer möglichst gewaltfreien Revolution.

Die Beschäftigten der Betriebe werden von den Initiatoren des Generalstreiks aufgefordert, während des Generalstreiks nicht zu Hause zu bleiben oder sonst irgendwo privat ihren Interessen nachzugehen, sondern im Betrieb und auch auf Gemeindeebene anwesend zu sein, um für sich und die Gemeinschaft wichtige Entscheidungen zu treffen. In den Betrieben geht es darum, den Betrieb zu vergesellschaften, d.h. die Führung des Unternehmens in die Verfügungsmacht der Beschäftigten und den von ihnen gewählten Vertretern zu überführen. Darüber muss diskutiert, abgestimmt und die gefassten Beschlüsse auch umgesetzt werden. Vorteilhaft wäre, wenn von den bereits in diese Richtung arbeitenden Gruppen, nennen wir sie Systemveränderer, zuvor ausgearbeitete Konzepte als Diskussions- und Abstimmungsgrundlage vorliegen würden.

Wenn die Mehrheit für die Vergesellschaftung stimmt, so sind entsprechende Organe der Rätedemokratie zu bilden, die die Beschlüsse auch umsetzen. Zunächst ist in Anlehnung an die deutsche Revolution 1918 ein Vollzugsrat zu wählen, in dem die bisherige obere Betriebshierarchie, aber auch Betriebsräte wegen ihrer oft engen Zusammenarbeit mit der Unternehmensleitung nicht mehr vertreten sind. Besonders bei hauptamtlichen Funktionären entstand neben der zum Teil festzustellenden Abgehobenheit gegenüber der Basis eine starke mentale Abhängigkeit, die sich auch in ihren Handlungen bemerkbar machte. Um ihren Status zu erhalten, gingen sie nicht selten Kompromisse ein, die nicht im Interesse der von ihnen Vertretenen waren. Deshalb sollten Belegschaftsangehörige mit entsprechender revolutionärer Einstellung aber auch persönlicher und fachlicher Eignung gewählt werden.

In größeren Betrieben über 5.000 Mitarbeitern ist der Richtwert für die Größe des Vollzugsrates 2%, in kleineren Betrieben von ca. 100 Beschäftigten ist der neu zu bildende Rat z.B. mit 10% der Beschäftigten zu besetzen. In jedem Betrieb, gleich welcher Größe sollte ein arbeitsfähiges Gremium gebildet werden, dessen Beschlüsse ein aus der Mitte des Vollzugsrates gebildeter Exekutivrat, sozusagen die Geschäftsführung umsetzt. Beide Organe werden von einem ebenfalls von der Belegschaft gewählten Kontrollrat, der an Mitglieder die gleiche Anzahl wie der Vollzugsrat umfasst, überwacht und angeleitet. Vollzugsrat und Exekutivrat sind gegenüber der Belegschaft berichts-, der Kontrollrat ist rechenschaftspflichtig. Der Kontrollrat ist das Bindeglied zwischen der Basis und den beiden ausführenden Organen. Er muss den Vollzugsrat kontrollieren, aber auch berechtigte Anregungen und Vorschläge der Basis weiterleiten und deren Umsetzung überwachen.

Die Grundlinien der Betriebspolitik werden durch die Betriebsversammlungen, die mindestens einmal im Vierteljahr einberufen werden, festgelegt und der Vollzugsrat mit deren Umsetzung beauftragt. Dieser legt den Umsetzungsrahmen fest, der für den Exekutivrat in der Ausführung der Betriebsversammlungsbeschlüsse verbindlich ist. Der Exekutivrat muss die Vorgaben des Vollzugsrates ausführen. Der gesamte Prozess von der Initiative bis zur Ausführung wird vom Kontrollrat wie oben schon erwähnt überwacht. Hierzu bildet der Kontrollrat adäquate Fachausschüsse, die wiederum die ausführenden Ausschüsse des Vollzugsrates überwachen.

Damit sich in den Betriebsversammlungen eine gute Diskussion entwickelt, an der sich möglichst alle Betriebsangehörige beteiligen können, sollten in den Versammlungen nicht mehr als 500 Teilnehmer anwesend sein, gegebenenfalls sind Abteilungsversammlungen abzuhalten, deren Beschlüsse zusammengefasst an den Vollzugsrat weitergeleitet werden. Anträge zur Beschlussfassung können von den Räten oder von den Versammlungsteilnehmern gestellt werden.

Geleitet werden die Versammlungen von einem aus ihrer Mitte gewähltem Gremium mit Sitzungsleiter, Beisitzer und Protokollanten. Der Vollzugs- und Kontrollrat berichten in der Betriebsversammlung über ihre Arbeit. In der Abteilungsversammlung erfolgt der Bericht durch das jeweilig zuständige Mitglied des Vollzugs- und Kontrollrates. Die Mitglieder des Kontrollrates müssen von der Abteilung bzw. dem Betrieb in einer Jahresversammlung entlastet werden.

Bei einem Konzern müssen auf der jeweiligen Abteilungsversammlung nach Anforderung oder nach Tagungsordnungspunkt Vertreter des provisorischen Kontroll- und Vollzugsrates auf Konzernebene berichten und ggf. Rechenschaft ablegen. Dies gilt auch für die Entlastung. Grundsätzlich werden aus Gründen der Transparenz so schnell wie möglich Großunternehmen zerschlagen und in mittlere Betriebe mit höchstens 5.000 Beschäftigten aufgeteilt.

Andrerseits können für Kleinbetriebe bis zu 25 Beschäftigten Ausnahmeregelungen von dem anzustrebenden vergesellschafteten Betriebssystem von den Beteiligten getroffen werden. Dies hängt von verschiedenen Umständen ab wie das bisherige Verhältnis von Betriebseigentümer zu seinen Mitarbeiter/innen, die Kapitalausstattung, Verbindlichkeiten, Lohn/Gewinnverhältnis usw.

Wie im Betrieb so gilt auch auf staatlicher Ebene das System der Bürgerversammlung, sowie der Kontroll-Vollzugs- und Exekutivräte, angefangen auf Gemeinde (Stadtteil-), Stadt (Kreis-), Land- und Bundesebene. Da die Bürgerversammlungen anders als die Betriebsversammlungen den Reproduktionsbereich betreffen und die Beschäftigten eines Betriebes unmittelbarer als die Bürger durch die Beschlüsse und deren Umsetzung betroffen sind, kann man bei der Bürgerversammlung von größeren Basiseinheiten mit 750 Bürgerinnen und Bürgern ausgehen und sie halbjährlich stattfinden lassen.

Die Beschlüsse mehrerer Bürgerversammlungen für jeweils einen Ortsteil werden ebenfalls gebündelt an den Vollzugsrat weitergeleitet. Der Vollzugsrat entscheidet über die Annahme sich widersprechender, ausschließender oder zu ergänzenden Beschlüsse mehrerer Versammlungen. Er muss bei einer Ablehnung oder Änderung diese gegenüber der Bürgerversammlung begründen. Die Bürgerversammlung kann daraufhin erneut darüber beraten und einen neuen Beschluss fassen oder den bisherigen bestätigen und an den Kontrollrat weiterleiten. Dieser entscheidet endgültig darüber und bei Annahme beauftragt er den Vollzugsrat mit der Umsetzung des Beschlusses. Dieses Beschlussprocedere gilt ebenfalls in den Betrieben bei konkurrierenden Beschlüssen der Abteilungsversammlungen.

Auch in der Bürgerversammlung ist der zuständige Kontrollrat gegenüber der Gemeinde (Ortschaft) rechenschaftspflichtig. Zu höher angesiedelten Tagungsordnungspunkten können Vertreter der höheren Räte hinzugezogen werden. Wird von der Bürgerversammlung ein Vorschlag zu einem Thema, das eine höhere Ebene betrifft, (z.B. Kreis oder Land) gemacht, so müssen die Mitglieder des zuständigen Vollzugsrates mehrheitlich dem Vorschlag zustimmen und bei Annahme den Exekutivrat auf der gleichen Ebene mit deren Umsetzung beauftragen. Bei Ablehnung kann wie im oberen Absatz beschrieben der zuständige Kontrollrat eingeschaltet werden. Allgemein gilt: je höher das Beschlussthema angesiedelt ist (Land/Bund), um so allgemeiner, je niedriger um so detaillierter ist es zu behandeln. Über die Zuständigkeiten und Kompetenzen entscheidet letztendlich der Verfassungsrat (s.u.).

Da möglichst viele Betriebsangehörige und Bürger/innen in die Arbeit des Kontrollrates miteinbezogen werden sollen, gilt für ihn eine Amtszeit von 2 Jahren mit jährlicher Rotation der Ratshälfte. Die verbliebene Ratshälfte kann die nachrückende Ratshälfte einarbeiten und somit für eine gewisse Kontinuität sorgen. Für den Vollzugsrat und damit auch für den Exekutivrat sollten aufgrund einer zweckmäßigen Arbeitskontinuität 4 Jahre an Amtszeit vorgesehen werden.

Ein einzelnes Ratsmitglied kann in ein Organ, ob Kontroll- oder Vollzugsrat nur jeweils einmal auf betrieblicher und auf staatlicher Ebene ebenfalls nur einmal, d.h. insgesamt viermal mit einer Gesamtmandatzeit von 12 Jahren gewählt werden. Verglichen mit dem heutigen Regierungssystem wird nicht nur das Parlament (Kontrollrat) sondern auch die Regierung (Vollzugsrat und als Teil davon der Exekutivrat) von den Betriebsangehörigen und den Bürger/innen gewählt. Für die Ratsmitglieder gilt, dass sie bei Fehlverhalten auf Antrag von 60% der Anwesenden der zuständigen Versammlung von ihrer Funktion abberufen werden können.

Trotz dieses großen Einflusses der Bürgerbasis ist die Funktionsfähigkeit des Vollzugsrates und besonders des Exekutivrates durch seine Rechenschaftspflicht nur gegenüber dem Kontrollrat gewährleistet.

Das Rätesystem steht und fällt letztendlich mit dem Engagement aller Betriebsangehörigen und aller Bürger. Nur wenn die Basis sich in den gegenüber heute häufig stattfindenden Wahlen und Versammlungen aktiv einbringt, kann dieser basisdemokratische Ansatz funktionieren. Er erreicht zwar noch nicht das Niveau der partizipativen Demokratie wie ich es in meinem Buch „Die Gesellschaft der Zukunft" (S.46-64) beschrieben habe, es wäre aber ein großer Meilenstein auf dem Weg dorthin und kann als semi-partizipativ bezeichnet werden.

Im Betrieb müssen auch im täglichen Arbeitsprozess demokratische Verhältnisse herrschen. Ob in der Abteilung/Kleinbetrieb ein oder mehrere Verantwortliche gewählt werden oder nach Absprache der Abteilungsangehörigen rotiert wird, kommt stets auf die jeweilige Gegebenheit an. Gleichgültig, für welches System man sich entscheidet, es muss demokratischen, solidarischen und humanen Prinzipien entsprechen und darf natürlich den Betriebsablauf nicht stören. Schließlich ist der Betrieb kein Debattierclub, sondern eine Einrichtung zur Herstellung von Gütern und Dienstleistungen. Zwischen demokratischem Anspruch und effizientem Arbeiten muss daher stets ein Ausgleich gefunden werden.

Was sind die dringendsten Aufgaben der neu gebildeten Räte? Sie müssen die bisherige Unternehmensleitung ersetzen. Diese muss den Räten alle zur Geschäftsführung notwendigen Informationen mit Unterlagen zur Finanzsituation, Außenbeziehungen, Verträge, Codes, Forderungen und Verbindlichkeiten, Betriebsabläufe usw. mitteilen. Kommt sie dieser Verpflichtung nicht ordnungs- und zeitgemäß nach, kann sie juristisch zur Rechenschaft gezogen werden. Bei Widerstand kann sie inhaftiert werden. Weiterhin sind alle Finanzanlagen, ob kurz- oder langfristiger Art sicherzustellen. Nach Unterrichtung der Räte und der schriftlichen Verpflichtung zur zeitlich befristeten politischen Enthaltung bis zur Klärung ihrer Verantwortlichkeit und der Androhung hoher Strafen bei deren Verletzung hat die bisherige Geschäftsführung das Unternehmen zu verlassen. Sie hat sich einer späteren Untersuchungskommission zur Beurteilung ihres Anteils an der Krise zur Verfügung zu stellen. Für sie besteht in der Zeit der Zwangspassivität ein Anspruch auf eine durchschnittliche Versorgung, die ggf. mit Einkommen aus Vermögen verrechnet wird. Ihr Privatvermögen über das insgesamt 8-fache des Durchschnittsvermögens wird ebenso wie das gesamte Betriebsvermögen zu Gunsten des Unternehmens eingezogen. Das Durchschnittsvermögen wird anhand der bisherigen Erhebungen festgestellt.

Vor Wiederaufnahme der Betriebstätigkeit muss die Entgeltfrage geregelt werden. Zwischen dem untersten und dem höchsten Lohn muss ein möglichst gerechtes Verhältnis wie etwa 1:8 festgelegt und die Tarife dazwischen neu bestimmt werden. Dabei ist zu beachten, dass die unteren Lohngruppen stark, die mittleren leicht angehoben und die höheren bis zum Höchstbetrag abgeflacht werden. Zwar profitieren die höchsten Lohnempfänger durch diese Regelung auch von der Anhebung der untersten Lohngruppe, man muss jedoch berücksichtigen, dass in kapitalistischen Zeiten die höchsten Entgeltempfänger bis zum 300-fachen der unteren Einkommen und teilweise noch höhere Einkommen bezogen haben.

Die Mitglieder der Räte erhalten einen dem bisherigen Arbeitsplatz entsprechenden Lohn weitergezahlt. Sie werden jedoch für die notwendige Zeit ihrer Ratstätigkeit von ihrer bisherigen Arbeit freigestellt. Sie haben durch ihre Mandate keinerlei finanzielle Vergünstigungen; ratsbedingte Überstunden werden natürlich ausgeglichen.

Beschäftigte Leiharbeitnehmer und Werkvertragsarbeitnehmer werden als Betriebsangehörige übernommen. Leiharbeitsfirmen und Werkvertragsunternehmen können ohne Beschäftigte als Arbeitsvermittlungsagenturen weiterhin ihrer Geschäftstätigkeit nachgehen.

Ebenfalls werden die bisherigen Arbeitslosen in das Arbeitsleben eingegliedert. Alle, außer den Rentnern, Kindern, Jugendlichen, Studenten, Umschülern, dauerhaft Kranken und vorübergehend freigestellten bisherigen Führungskräften haben Anspruch auf eine Beschäftigung, die ihren Fähigkeiten aber auch ihren Bedürfnissen entspricht und zum entsprechenden Betrieb passt. Arbeitslosigkeit soll in der neuen Gesellschaft unbekannt sein.

Die höhere Beschäftigung wird durch Arbeitszeitverkürzung für alle ausgeglichen. Als absolut maximale Arbeitszeit gilt zwar die 35-Stundenwoche, die 30-Stundenwoche mit dem Ziel der 25-Stundenwoche wird jedoch schrittweise eingeführt.

Die Betriebskapitalbesitzenden Unternehmer und die institutionellen Kapitalgeber wie Fondsgesellschaften, Investoren usw. werden ganz und die privaten Anteilseigner bis auf das Achtfache des insgesamt zu berücksichtigenden durchschnittlichen Privatvermögens enteignet und die freiwerdenden Kapitalien dem neuen Belegschaftsvermögen zugeführt. Dies gilt auch für ausländische Anleger. Alle Anleger, ob in- oder ausländisch haben durch Gewinnabschöpfung ihre Vermögen zu Lasten der abhängig Beschäftigten vergrößert. Und diese über Jahrzehnte ungerechtfertigte Bereicherung ist an die Schöpfer dieser Vermögen bzw. deren Nachfolger zurückzugeben. Zu berücksichtigen ist jedoch der Einstandswert einer verhältnismäßig neuen Anlage, der bis zu einem neu festzulegenden Höchstbetrag entweder in einen Kredit umgewandelt werden kann oder je nach Höhe und Finanzkraft des Betriebes in einem Betrag oder ratenweise an den Anleger zurückgezahlt wird. Die Bestimmungen zum Unternehmenskapital werden von der Betriebsversammlung nach genauer Analyse festgelegt.

Da die kapitalistischen Volkswirtschaften stark mit dem Ausland verflochten sind, muss die Frage beantwortet werden, wie mit Unternehmens- und Kapitalanlagen von Ausländern umzugehen ist. Grundsätzlich können die Ratsorgane auf ausländische Anleger keine Rücksicht nehmen und sie anders behandeln. Die Folge davon ist natürlich, dass Finanz- und Unternehmensanteile des eigenen Landes im Ausland entweder von der dortigen Regierung oder ebenfalls nach revolutionären Umbrüchen von den ausländischen Belegschaften konfisziert werden. Betroffen von diesen Maßnahmen sind insbesondere kapitalstarke Länder wie Deutschland, die einen intensiven Kapitalexport betrieben haben.

Die gegenseitigen Enteignungen hindern jedoch nicht Belegschaften oder revolutionäre Regierungen verschiedener Staaten daran, einen gegenseitigen Ausgleich ihrer vormaligen Ansprüche anzustreben.

Weiterhin ist eine enge Kooperation zwischen den Beschäftigten der Realwirtschaft und der Finanzinstitute zur Sicherstellung der zum Betriebsvermögen gehörenden Finanzsummen notwendig. In Banken, Versicherungen und Kapitalsammelstellen müssen die Beschäftigten ebenfalls die Kontrolle übernehmen, um die Verschiebung und Unterschlagung von Vermögen zu Lasten der Betriebe und ihrer Belegschaften zu verhindern.

Zwischen dem bisherigen Unternehmens- und dem staatlichen System gibt es einen wesentlichen Unterschied. Der staatliche Bereich unterscheidet sich vom Unternehmenssystem dadurch, dass die bisherige Legislative demokratisch gewählt wurde, jedoch die Umsetzung der Mandatschaft aus ihrer Struktur heraus zu scheindemokratischen Verhältnissen (siehe Exkurs 2 „Scheindemokratie") geführt hat. In kleineren Gemeinden, wo ein großes Vertrauen zur Gemeindeverwaltung bestand, können die neuen Organe des Kontroll- und Vollzugsrates neu gewählt werden und die bisherige Verwaltungsspitze als Exekutivrat in den Vollzugsrat eingegliedert werden. In größeren Gemeinden, Städten, Ländern und besonders im Bund ist die bisherige Regierungsstruktur abzuschaffen und das neue Rätesystem voll einzuführen. Auf diesen Ebenen sind daher die Mitglieder der Exekutive aber auch die Abgeordneten der bisherigen Parlamente ihrer Funktionen zu entheben.

Dies gilt auch für linksorientierte Regierungen und Fraktionen. Alle Regierungen und Abgeordnete waren vor der Revolution zu sehr mit der bisherigen herrschenden Klasse, den Kapitalbesitzern und ihren Vertretern vernetzt und mehr oder weniger von diesen korrumpiert. Die aus dieser Zeit politischen Verantwortlichen müssen ebenfalls schriftlich auf vorübergehende politische Enthaltung mit Strafandrohung verpflichtet werden und sich einer Untersuchungskommission, die als eine Unterabteilung des Kontrollrates gebildet wird, zur Aufarbeitung möglicher Vergehen stellen.

Überhaupt üben die juristischen Ausschüsse der Kontrollräte auf Landes- und Bundesebene vorübergehend bis zur Ausarbeitung der Verfassung und Wahl des Verfassungsrates (s.u.) die Aufsicht über das Justizwesen aus. Zwar bleibt die bisherige Gerichtsbarkeit vorübergehend in Funktion, die höheren Kontrollräte sind jedoch die Berufungsinstanzen. Sie müssen ebenso die vom Vollzugsrat erlassenen Verordnungen und Gesetze überwachen und als zeitweiliges Justizorgan anwenden. Daher sind bei der Wahl der Vertreter für die höheren Kontrollräte genügend juristisch vorgebildete Fachleute zu berücksichtigen.

Um den grundsätzlich programmatischen und institutionellen Rahmen der neuen Gesellschaftsordnung zu bestimmen, ist vom Volk ein Gremium zu wählen, das dessen Grundlagen (Verfassung) festlegt und den Entwurf dem Volk zur Abstimmung vorlegt. In dem Entwurf sollen die revolutionären Errungenschaften, die neue gesellschaftliche Struktur, die Rechte und Anforderungen an den einzelnen und die gesellschaftlichen Organe, deren Prinzipien und Ziele ebenso wie die dazugehörige Umsetzung und ihre Absicherung festgelegt werden.

Nach einer positiven Volksabstimmung ist vom Volk ein Verfassungsrat zu wählen, das als höchstes juristisches Organ die Beachtung der Verfassung durch die Individuen sowie die gesellschaftlichen Gruppen und Organe überwacht und ggf. juristisch sanktioniert. Der Verfassungsrat ist auch zuständig für die Festlegung der Kompetenzen und Zuständigkeiten der betrieblichen und staatlichen Räte und Versammlungen. Der Verfassungsrat löst somit die Kontrollräte als vorübergehende Organe der Rechtssprechung ab.

Die Mitglieder des Verfassungsrates werden nach Prüfung ihrer persönlichen und fachlichen Qualifkation durch den höchsten Kontrollrat für 5 Jahre vom Volk gewählt. Ebenso wird ein Richtergremium für jedes Gericht auf Vorschlag des zuständigen Kontrollrates von den jeweiligen Wahlberechtigten gewählt. Dieses Gremium stellt die weiteren Richter ein. Es gibt Ortsgerichte als 1.Instanz und eine Berufungsinstanz als Landgericht.

Staatsanwälte gibt es nicht mehr, jeder oder jedes Gremium kann gegen jeden oder jede Gruppe bzw. Organ Klage erheben. Jeder Beschuldigter kann sich von einem Anwalt vertreten lassen, alle Verhandlungen vor Gericht und auch die Anwälte sind kostenfrei. Sie werden aus der Staatskasse bezahlt. Dies sind im Überblick die Grundzüge eines künftigen Justizwesens, das der demokratischen Konstruktion der nachrevolutionären Gesellschaftsordnung entsprechen muss.

Die oberen staatlichen Räte haben vor allem die herausragende Aufgabe, die verschiedenen Gesellschafts- und Wirtschaftsprozesse zu koordinieren und in eine dem Gesamtwohl dienende Richtung zu lenken. Dazu gehören die Umsetzung der angenommenen Beschlüsse der Bürgerversammlungen, die Zusammenfassung der Informationen aus den unteren staatlichen, gesellschaftlichen und wirtschaftlichen Einheiten, ihre Überprüfung mit entsprechender Schlussfolgerung, die neue Zuordnung im Rahmen der vereinbarten Ziele sowie die Umsetzung der beschlossenen Maßnahmen. Auch müssen eventuell bisher noch nicht vorhandene demokratische Strukturen und Methoden neu geschaffen und entwickelt werden.

Die laufenden Ausgaben des neuen Staates wie Löhne, Betriebsanschaffungen, Instandhaltungs- und Ersatzaufwand sind durch Steuereinnahmen zu bestreiten. Da es keine so großen Unterschiede mehr zwischen dem niedrigsten und dem höchsten Lohn gibt, ist auch der

Einstiegs-und Spitzensteuersatz der Einkommenssteuer von 10% auf 40% proportional ansteigend.

Vermögens- und Erbschaftssteuern werden ebenfalls erhoben. Die Steuersätze sind jedoch ebenfalls dem Durchschnitts- bis zum 8-fachen Spitzenvermögen angepasst. Grundsteuer sowie Grunderwerbssteuer werden weiterhin wie bisher erhoben. Die indirekte Steuer wie Umsatzsteuer wird stark ermäßigt und fällt für lebensnotwendige Güter ganz weg. Hingegen werden die Verbrauchssteuern für Tabak, Alkohol, Energie (u.a. Benzin) aus gesundheitlichen und ökologischen Gründen stark erhöht.

Aus den enteigneten Kapitalien der bisherigen Unternehmenseigner sind Betriebsfonds zu bilden, aus denen zu einem Drittel zugunsten der Belegschaften in Form von Verbesserungen des Arbeitsumfeldes, der Arbeitssicherheit, Weiterbildung usw. Ausgaben bestritten werden, ein weiteres Drittel des Fonds dient für betriebliche Realinvestitionen wie Maschinen, Neu- und Erweiterungsbauten usw. und ein Drittel steht dem Staat (Gemeinde, Land, Bund) für seine Investitionen in Infrastruktur, Bildung usw. je nach Abruf bereit.

Die Gewinne aus der betrieblichen Tätigkeit sind nach Abzug der Ansprüche für die reduzierten Kapitalanteile ebenfalls nach dem genannten Drittelprinzip zu verteilen. Während für die Abgabe an den Staat feste Sätze vorgesehen sind, ist nach entsprechendem Beschluss der Betriebsversammlung der Rest des Gewinns nach Human- und Sachbereich (Realinvestitionen) entsprechend aufzuteilen.

Als betriebliche Finanzmittel für die finanziellen Verpflichtungen im Betriebsablauf wie Löhne, Wareneinkauf, Begleichung von Energielieferungen, fremde Dienstleistungen usw. stehen weiterhin die Giro- und Kasseneinlagen mit ihren Dispositionskrediten dem Betrieb zur Verfügung.

Um die äußerst schwierige Aufgabe der Überführung einer kapitalistischen Ökonomie in eine sozialökologische Wirtschaftsordnung umzusetzen, bedarf es großer Sachkenntnis, aber auch Zukunftsvisionen. Der Vollzugs- und Kontrollrat auf der staatlichen Ebene kann dies neben der laufenden Administrations- und Regierungsarbeit nicht alleine leisten. Es wird daher ein volkswirtschaftlicher Beirat gebildet, der die entsprechenden grundsätzlichen Vorarbeiten übernimmt und die Räte bei Entscheidungen zu ökonomischen und gesellschaftlichen Fragen berät. Unter anderem sind dies Themen wie einer neuen Verkehrsinfrastruktur weg vom Individual- hin zum öffentlichen Verkehr, in der Energieversorgung weg von Kohle und Atom hin zu regenerativen Energiequellen, im Verbraucherverhalten und in der Produktionsweise weg von der Abfallwirtschaft hin zu einem ressourcenschonenden Umgang mit den Gebrauchsgütern, dem Umbau der Rüstungsfertigung zu Gunsten einer Friedensindustrie sowie die Zerschlagung der Großkonzerne zu Gunsten übersichtlicher Betriebe bis höchstens 5.000 Beschäftigten. Über grundsätzliche Vorstellungen und Konzepte der Beiräte wird in den Betriebs- und Bürgerversammlungen diskutiert und entschieden.

In der Industriepolitik müssen aufgrund der Umstellung auf ökologisches Wirtschaften in vielen Bereichen Überkapazitäten abgebaut, umstrukturiert oder neue

Kapazitäten aufgebaut werden. Dies hat natürlich Auswirkungen auf die in den jeweiligen Bereichen arbeitenden Menschen. Die Veränderungen müssen in ständiger Abstimmung mit ihnen bei der Wahrung ihrer Interessen vorgenommen werden.

Im Vordergrund künftigen Wirtschaftens steht nicht mehr die Kapitalrendite, sondern die Bedarfsdeckung für alle Bürger. Gewinne werden zwar erzielt, aber sie kommen dem Betrieb, seinen Angehörigen und der Allgemeinheit zugute.

Die Mitglieder des Volkswirtschaftsbeirates werden aus der Wissenschaft und der Praxis vom Vollzugsrat berufen und müssen vom Kontrollrat bestätigt werden. Wie gesagt, sie haben nur beratende und unterstützende Aufgaben.

Als weiteren wichtigen Beirat ist der Ökologierat anzusehen. Dieser Rat besteht aus ökologisch orientierten Wissenschaftlern und vertritt die nicht repräsentierbare Natur. Er hat bei den Beschlüssen und Entscheidungen der Versammlungen/Räte ein Vetorecht in allen Angelegenheiten, die die Ökologie betreffen. Bei einem Veto muss der entsprechende Beschluss nach den Vorstellungen des ökologischen Beirates geändert werden. Sollte ein zweites Veto notwendig sein, so muss eine zuständige Bürger-/Arbeiterabstimmung durchgeführt werden.

Die Mitglieder des volkswirtschaftlichen und des Ökologiebeirates werden vom Vollzugsrat mit Zustimmung des Kontrollrates einmalig für 6 Jahre berufen. Nach 3 Jahren scheidet eine Hälfte aus und wird durch die nachrückende Hälfte ersetzt. Die längere Ratsdauer ist durch die langfristige Bearbeitung von Themen sowie in der Beratungs-und Vetofunktion, die keinen möglichen Ämtermissbrauch zulassen, begründet.

Die Einrichtung der neuen Kontroll-, Vollzugs- und Exekutivräte, der Beiräte und der juristischen Organe erfordert von allen Beteiligten viel guten Willen, Engagement und Sachkenntnis, damit das Rätesysstem auch funktioniert. Erst in der Praxis erweist sich seine Funktionsfähigkeit. Dabei muss ohne Scheuklappen Sinnloses über Bord geworfen und neues ausprobiert werden. Es wird einige Zeit dauern bis das basisdemokratische Rätewesen sich zur Zufriedenheit der meisten Beteiligten fest etabliert hat.

Wie sieht es mit den bisherigen Sicherheitsstrukturen wie Polizei, Militär, Geheimdienste aus? Von den revolutionären Räten muss nach der Machtübernahme sofort Kontakt zu den alten Machtorganen aufgenommen werden, damit diese keine die Revolution gefährdende Gegenposition beziehen, sondern sich der allgemeinen revolutionären Entwicklung anpassen und ebenfalls entsprechende Organe in ihren Bereichen einrichten. Dies gilt auch für die Kommunal-, Landes- und Bundesverwaltungen.

Schon vor und während der Revolution muss durch Kontakte zwischen fortschrittlich gesinnten Bürgern und Vertretern der Machtorgane eine Kommunikationsstruktur aufgebaut werden, so dass eine mögliche Konfrontation in der Revolutionsphase erst gar nicht entsteht. Wenn sozusagen das ganze Volk auf den Beinen ist, können die bisherigen Machtorgane allein aufgrund der Masse nichts dagegen ausrichten. In Folge dieser Verhältnisse sind sie gezwungen entweder sich neutral zu verhalten oder der breiten Volksbewegung sich anzuschließen.

Natürlich versuchen die bisherigen Nutznießer des Systems die revolutionäre Entwicklung zu stoppen und umzukehren. Moralisch zwar diskreditiert, aber mit dem ihnen noch verbliebenem Geld versuchen sie, Menschen zu beeinflussen, gegen die neue Entwicklung offen oder verdeckt, agitatorisch oder gewaltsam vorzugehen. Dies ist von den Räten möglichst frühzeitig durch neue Machtorgane, die aus vertrauenswürdigen Personen bestehen, aufzudecken und die Gefahrenherde zu beseitigen.

Die Ideale der Revolution geraten schnell in Verruf, wenn auf konterrevolutionären Terror revolutionärer Terror folgt. Im Eifer der Auseinandersetzung gerät dabei so mancher Unschuldiger in lebensbedrohliche Situationen. In jeder bisherigen Umwälzung folgte die Konterrevolution der Revolution auf dem Fuße. Daher ist von allen Beteiligten äußerste Wachsamkeit geboten. Es darf nicht zu gewalttätigen Auseinandersetzungen kommen. Auch wenn die Revolution in der Auseinandersetzung mit der Konterrevolution durch Gewaltanwendung die Oberhand behält, so ist sie allein dadurch bereits früh belastet.

Neben den inländischen konterrevolutionären Gefahren ist auch die äußere Gefahr einer ausländischen Intervention nicht zu unterschätzen. Besonders das riesige Gewalt- und Vernichtungspotential der USA hängt wie ein Damoklesschwert über jede Umwälzung, vor allem dann, wenn amerikanische Interessen z.B. durch Enteignung amerikanischen Kapitals tangiert sind. Vom optimistischen Standpunkt betrachtet wäre eine gewaltbereite USA weltweit isoliert und man kann davon ausgehen, dass nicht nur in einem Land Umbrüche, sondern in mehreren Ländern ähnliche politische Entwicklungen stattfinden, die sich u.a. nur in ihrer Geschwindigkeit unterscheiden.

Sollte man als Pessimist sich durch die atomare Bedrohung in seinen Entscheidungen beeinflussen lassen, so wäre überhaupt kein gesellschaftlicher Fortschritt, gleichgültig in welchem Land auch immer möglich. Selbst die USA kann sich einer weltweiten revolutionären Entwicklung nicht entziehen. Ein linkes und alternatives Potential ist in den USA ebenfalls vorhanden. Es ist nur die Frage, ob dieses Potential so viel an Einfluss und Macht gewinnt, dass es die Kriegs- und besonders die atomare Drohung minimieren oder beseitigen kann.

Die Medienbetriebe, die bisher wie auch andere Betriebe nach Gewinnprinzipien gewirtschaftet haben, werden ebenfalls nach dem Räteprinzip von ihren Belegschaften übernommen. Da sie auf die Bewusstseinsbildung großen Einfluss haben, sind sie strengstens der Wahrheitspflicht unterworfen. Sie haben die Aufgabe, einerseits wahrheitsgemäß und umfassend die Bevölkerung zu unterrichten sowie den revolutionären Meinungsbildungsprozess zu bündeln und voranzubringen. Die Medien sollen sich zu einer großen Plattform des gegenseitigen Informierens und des Meinungsaustausches entwickeln. Gegenseitiger Respekt sollte zur Selbstverständlichkeit werden, deren Verletzung aber auch geahndet wird.

Breite Bevölkerungsschichten und vor allem die Unterschicht sollten nicht zu lange auf die Früchte der Revolution warten müssen. Aus den beschlagnahmten Privatvermögen der Reichen ist ein gesamtgesellschaftlicher Sonderfonds zu bilden, aus dem sofort höhere Transferleistungen und zwar nach gerechtem Maßstab beschlossen werden. So können sofort das Kindergeld, die Renten, usw. besonders für die unteren Einkommensbezieher erhöht werden. Der Sonderfonds speist sich weiterhin aus den von den Betrieben dem Staat zur Verfügung gestellten Drittelfonds.

Wohnanlagen, die sich in Kapital-oder öffentlicher Hand befinden, müssen in die Verfügungsgewalt der Bewohner überführt und von ihnen nach dem dreigliedrigen Rätesystem verwaltet werden. Hierbei ist darauf zu achten, dass die Wohnqualität angeglichen wird. Für jeden Bewohner, ob Erwachsener oder Kind sollten bestimmte Richtwerte an Wohnfläche eingeführt werden.

Bewohner, die unrechtmäßig einen zu großen Wohnraum bewohnen, müssen dann mit einer Zwangsabgabe rechnen oder nach einer großzügigen Übergangsfrist in eine kleinere Wohneinheit umziehen. Ungesunde und menschenunfreundliche Massenquartiere sind zugunsten des Baus kleinerer Wohneinheiten, in denen die Mieter gerne und gesund wohnen, abzureißen.

Die Instandhaltung der Häuser wird durch die Mieteinnahmen gedeckt. Ein Teil der Mieten fließt einem Wohnbaufonds zu, der den Bau von neuen Wohneinheiten finanziert.

Die Mieten sollten anteilsmäßig nach Größe und Alter der Wohnung so gestaffelt sein, dass sie 20% des Haushaltseinkommens nicht übersteigen. Eigentumswohnungen und -häuser können weiterhin von den Eigentümern genutzt werden, wenn sie den für die Wohnungsgröße festgesetzten Richtwerten entsprechen. Ansonsten ist eine Abgabe zu leisten. Für privat vermietete Wohneinheiten gilt eine engere Einkommens- und Vermögensgrenze als bei den Löhnen, die vom staatlich höchsten Vollzugsrat festgesetzt wird. Das übersteigende Vermögen wird zu Gunsten der Wohngemeinschaften enteignet.

Um zu gerechten Verhältnissen im Wohnungswesen zu gelangen, ist mit einer längeren Anpassungsphase zu rechnen. Als sofortige Maßnahme gilt jedoch, dass große Immobilienfonds zu Gunsten der Wohngemeinschaften enteignet werden.

Sobald die wichtigsten revolutionären Gremien gebildet und die Sofortbeschlüsse umgesetzt wurden, kann die durch den Generalstreik ausgesetzte Produktion von Gütern wiederaufgenommen werden. Jedoch sollte die Produktion nicht mehr wie bisher mit dem Ziel der Kostenvorteile, hohen Umsatzes und Profits, sondern zur Versorgung der Bevölkerung mit qualitativ hochwertigen, quantitativ ausreichenden und nachhaltigen Gütern unter ökologischen Gesichtspunkten begonnen werden.

Das setzt in vielen Betrieben mehr oder weniger größere Umstellungen der Produktion und Verwaltung voraus, die in dauernder Absprache mit den Beschäftigten und für sie nachvollziehbar Schritt für Schritt umgesetzt werden. Auf regionaler und nationaler Ebene sind hier die Vollzugs- und Kontrollräte sowie die sie unterstützenden Beiräte stark gefordert.

Es wird eine wahre Herkulesaufgabe werden, manche Fehler begangen und wieder korrigiert werden müssen. Dies erfordert viele Diskussionen, ja manche Auseinandersetzung um die entstehenden Problemfelder, die solidarisch und demokratisch gelöst werden. Problemfelder sind etwa: wie viel Individual-, wie viel öffentlicher Verkehr, Produktionsrückgang z.B. bei der Herstellung gesundheitsgefährdender Güter wie gezuckerte Lebensmittel, Zigaretten oder Alkohol, ausgeglichene Industrie- und Infrastruktur in den verschiedenen Regionen, sofortige oder schrittweise Stilllegung aller umweltschädlichen Formen der Energiegewinnung, notwendiger Ab-, Aus- und Aufbau von Industrie- und Dienstleistungseinheiten usw.

Der dargestellte Verlauf einer Revolution ist eine mögliche Variante. Zugegeben, der mögliche Ablauf einer friedlichen revolutionären Umwälzung ist sehr ambitioniert. Aber die Darstellung muss zunächst in Reinform und im theoretischen Ansatz als eine Idee, die in den Köpfen vieler Beteiligten präsent ist, sich verbreiten. Das praktische Leben erzwingt von sich aus, dass der ideelle Ansatz sich anpassen muss, um praktizierbar zu werden und somit auf lange Dauer sich stabilisieren kann.

Eine wesentliche Voraussetzung einer friedlichen Revolution bleibt jedoch die massenhafte Arbeitsverweigerung und nicht der gewaltsame Umsturz durch bewaffnete Kräfte, der viele Opfer hervorbringt und die Ideale und die Ziele einer künftigen humanen Gesellschaftsordnung verrät.

Nur entwickelt sich eine friedliche Revolution nicht geradlienig sondern mit vielen Fort- und manchen Rückschritten, Verirrungen, Erfolgen und Misserfolgen. In der umfassenden gesellschaftlichen Krise sind jedoch die Alternativen zur fortschrittlichen Revolution bei all ihren Mängeln der gesellschaftliche Rückschritt in Form einer reaktionär bis faschistischen Diktatur mit vielen Opfern unter den fortschrittlichen Kräften. Die Gesellschaft wäre in ihrer Entwicklung um mindestens 50 Jahre zurückgeworfen. Nachfolgende Generationen müssten das versäumte durch mühsame und opferreiche Kämpfe wieder nachholen.

Daher ist Rosa Luxemburg zuzustimmen, wenn sie feststellt:

„Die Grundlehre jeder großen Revolution, deren Lebensgesetz, lautet: entweder muss sie sehr rasch und entschlossen vorwärtsstürmen, mit eiserner Hand alle Hindernisse niederwerfen und ihre Ziele immer weiter stecken, oder sie wird sehr bald hinter ihren schwächeren Ausgangspunkt zurückgeworfen und von der Konterrevolution erdrückt" (Rosa Luxemburg, zur russischen Revolution, S.113).

Im Interesse der jeweiligen Nation, ja der ganzen Menschheit ist zu hoffen, dass die Revolutionsgeneration die Last einer Niederlage von den Enkeln und Urenkeln abnimmt und wenn die Geschichte ihr die Gelegenheit bietet, eine zielstrebige, konsequente und erfolgreiche Arbeit macht.

5. Aktueller Entwicklungsstand

2007 und 2008 geriet von den USA ausgehend das kapitalistische System in eine bedrohliche Finanz- und schließlich Staatsfinanzkrise, die auch Auswirkungen auf die Realwirtschaft hatte. „Unvorstellbare Summen an Kapital mussten abgeschrieben werden, Hunderttausende verloren den Arbeitsplatz und unzählige Familien ihre Häuser und Wohnungen. Darüber hinaus gingen Gewissheiten der neoliberalen Globalisierung über Bord, vor allem diejenige, dass eine globalisierte Weltwirtschaft Gratifikationen für alle Welt bereithält (Mahnkopf/Altvater, der begrenzte Planet..., S.67).

Befasst man sich mit der aktuellen Situation in unserem Land und dem weltweiten Geschehen, so erscheint die Gegenwart als ein sehr kompliziertes Netz von gegenseitigen Interdependenzen. Ob dies die Ökonomie oder die Ökologie, ob Krieg oder Frieden, ob einzelne Länder oder Kontinente, alles hängt mit allem zusammen. Wollen sich Politiker mit der Lösung eines Problems befassen, so müssen sie auch weitere Politikfelder berücksichtigen, die auf den ersten Blick nicht im gleichen Maße erkennbar sind. Durch die Globalisierung und weltweiten ökologischen Auswirkungen unseres wirtschaftlichen Handelns sowie das weltweite Agieren der führenden politischen Mächte entstehen Kausalzusammenhänge, die wahrlich zu einem gordischen Knoten verwoben sind.

Trotzdem wage ich den Versuch, aus dem Blickwinkel des Sommers 2017 die Gegenwart in ihren Grundzügen zu erfassen. Zur besseren Darstellung will ich strukturell vorgehen. Zunächst stelle ich die deutsche Gesellschaft aus ökonomischer und sozialer Sicht dar, danach Europa und schließlich das weltweite Geschehen. Hier gehe ich auch auf die ökologischen und machtpolitischen Zusammenhänge ein.

5.1 Deutschland

Hört man deutsche Regierungspolitiker, so könnte man meinen, uns geht es gut. In einer Welt voller Unsicherheit leben wir wie auf einer Insel der Seligen. Verglichen mit Ländern in den Krisenregionen stimmt dies sogar, es ist aber nur die halbe Wahrheit.

Zunächst fällt Deutschland durch seine Exportüberschüsse auf. Dies erscheint positiv und viele in unserem Land werden sich auf die Schultern klopfen und gegenseitig bestätigen, was für tolle Produkte wir auf dem Weltmarkt anbieten. Wo Sonne ist, ist bekanntlich auch Schatten, und der ist in diesem Fall sehr lang.

Nach destatis vom 9.2.17 hat Deutschland 2016 Waren in Höhe von 1,2075 Billionen Euro exportiert. Aufgrund der geringeren Einfuhren ergab dies einen neuen Exportüberschuss (Exporte - Importe) von 253 Milliarden € (8,5% vom BIP), was uns auch zum Weltmeister im Kapitalexport mit 266 Mrd. € machte. Während der Anteil der Exporte am Bruttoinlandsprodukt (BIP) 38,5% betrug, belief sich der Anteil des Imports nur auf 30,0 %. Zu guter Letzt betrug die Exportsteigerung im Jahr 2016 1,1% zum Vorjahr. Januar 2017 betrug die monatliche Steigerung zum Vorjahr sogar 11,8% (isw-Wirtschaftsinfo 51, S.7).

Wenn Waren und Dienstleistungen zusammengefasst werden, ergibt sich noch ein höherer Exportanteil und

verglichen mit anderen Ländern macht es die Exportabhängigkeit der deutschen Wirtschaft überdeutlich. Die
Zahlen stehen für das Jahr 2016 und bedeuten den pro-
zentualen Anteil des Exportes von Waren und Dienstleistungen am BIP (destatis, Außenhandel auf einen
Blick):

- Deutschland   46%

- Kanada   31%

- Südafrika   30%

- Russland   26%

- China   20%

- Indien   19%

- Japan   18%

- USA   13%

- Brasilien   12%

Sind die anderen Länder mit negativen Handelsbilanzen
so schlecht und wir so gut, oder wie sind diese Exportre-
korde zu erklären?

Nach Angaben des Instituts für sozial-ökologische
Wirtschaftsforschung München (isw 51, S.8) tragen 4
Gründe maßgeblich zum Exporterfolg bei:
–die starke industrielle Struktur: verglichen mit
anderen Industriestaaten liegt der Anteil des
verarbeitenden Gewerbes 2015 an der Bruttowert-
schöpfung in Deutschland bei 30,5%, in Japan bei
26,9%, in den USA bei 20,7%, Großbritannien bei 20,2
% und Frankreich 19,5%;
–die unterdurchschnittliche Lohnentwicklung: die

maßgeblichen Lohnstückkosten (Arbeitskosten im Verhältnis zur Produktivitätsentwicklung) sind bei uns zwischen 2010 und 2014 nur um 1,0%, im Euroraum dagegen um 1,7% gestiegen. Beigetragen haben dazu die sog. Arbeitsmarktreformen, die Schaffung eines Niedriglohnsektors und die Senkung der sog. Lohnnebenkosten unter der Schröder-Regierung;

–Senkung der Gewinnsteuern einerseits und zum Ausgleich 2007 die Anhebung der Mehrwertsteuer um 3% auf 19% vor allem zu Lasten breiter Schichten der Bevölkerung. Außerdem wurde dadurch der Import verteuert und konnte der Export verbilligt werden;

–Deutschland ist im Euroraum wegen der gemeinsamen Währung nicht gezwungen aufzuwerten und weltweit profitiert es von einem weichen Euro, den die EZB u.a. mit der Flutung der Finanzmärkte durch den Billionen - teuren Ankauf von Staatsanleihen verursacht hat.

Nicht nur die Qualität der Produkte, sondern vor allem die von früheren Regierungen eingeleiteten sozial- und finanzpolitischen „Reformen" machten deutsche Waren auf dem Weltmarkt unschlagbar günstig. Dass die deutschen Produkte auch nicht mehr von so überzeugender Qualität sind, wurde durch den Abgasskandal, der zunächst VW in den USA betraf, aber schließlich durch die Manipulationen und Absprachen der führenden deutschen Autohersteller (VW mit Porsche und Audi, Daimler und BMW) die ganze Branche in Misskredit brachte.

Gerade dieser Skandal macht schlagartig deutlich, dass Unternehmen noch nicht einmal die von ihnen mit beeinflussten gesetzlichen Vorgaben erfüllen können, sondern zu ungesetzlichen Methoden greifen müssen. Der Anspruch auf ein schnelles hochtechnologisches

Komfortmobil, das preislich konkurrenzfähig, genügend Ertrag erzielt aber auch den ökologischen Vorgaben gerecht werden muss, wird, da alle Zielvorgaben nicht unter einen Hut zu bringen sind, das letztere den anderen Vorgaben geopfert. Zugegeben, die Automobilunternehmen stehen in einem harten Konkurrenzkampf und in einigen Jahren werden nur noch wenige Mammutunternehmen übrigbleiben. In diesem Rennen nach hohen Umsatz, hohen Profiten und hohen Dividenden und um als big globalplayer überleben zu können, kann man offensichtlich nicht auf schmutzige Tricks zu Lasten von Mensch und Natur verzichten.

Im Außenhandel wird von der EU-Kommission ein Exportüberschuss von 6% des BIP als vertretbar angesehen und Deutschland mit seinen 8,5% wurde schon von verschiedenen Seiten kritisiert. Dass Deutschland permanent wie selbstverständlich gegen die auch unter deutscher Beteiligung aufgestellte Regel verstößt, andrerseits die südlichen Schuldnerländer ständig zur Einhaltung der von der EU und der Troika aufgestellten Regeln ermahnt und bei Nichteinhaltung sanktioniert, ist eine Doppelmoral von besonderer Güte. Natürlich hängt dies mit der deutschen Hegemonialstellung als größter Nettoeinzahler in Europa zusammen, dass die EU-Kommission gegenüber Deutschland bis jetzt noch keine Strafzahlungen bis zu 0,1% des BIP verhängt hat.

Da Deutschland lt. statista 37% seiner Waren in den Euroraum exportiert und im Verhältnis dazu wenig importiert, trägt auch zur Verschuldung vor allem der südeuropäischen Länder bei. Daher ist der Anteil des Euroraumes an den deutschen Exporten von 2004 bis 2016 um 8% gesunken (statista, Exportanteil EU). 2015 stand Deutschland bei 19 von insgesamt 28 EU-Ländern außer

Belgien, Estland, Irland, Zypern, Lettland, Litauen, Luxemburg, Malta und Portugal als Exporteur auf Platz 1, bei 6 weiteren Ländern auf Platz 2, nur bei Irland, Zypern und Malta waren wir nicht unter den ersten 3 Plätzen vertreten (eurostat, 31.3.2016).

Die USA stehen mit 106 Mrd. Exportanteil auf Platz 1, von dem sie Frankreich nach 40 Jahren verdrängt haben. Aber auch aus den USA kommt besonders unter dem neuen Präsidenten Trump starker Gegenwind auf, denn der Exportüberschuss Deutschlands 2016 gegenüber den USA beträgt 49 Mrd. € (isw 51, S.9).

Dass die deutsche Wirtschaft und Politik permanent gegen eines der 4 Prinzipien des Stabilitäts- und Wachstumsgesetzes von 1967 (hoher Beschäftigungsgrad, stabiles Preisniveau, stetes und angemessenes Wirtschaftswachstum und außenwirtschaftliches Gleichgewicht) verstößt, wird geflissentlich und nonchalant übergangen.

Die deutsche Konjunktur ist durch die starke Exportabhängigkeit sehr labil. Falls es auf dem Weltmarkt zu Einbrüchen aus welchen Gründen auch immer kommt, sind die Tage der deutschen „Inselglückseligkeit" gezählt. Drohende Massenarbeitslosigkeit bei gleichzeitigen Defiziten in den Staatsfinanzen lassen den deutschen Wohlstand schnell dahinschmelzen. Trotz zahlreicher Warnungen verschiedener namhafter Einrichtungen (u.a. das IWF), Ökonomen wie Flassbeck und zahlreicher ausländischer Politiker hält die deutsche Wirtschaft im engen Bündnis mit der Regierung an dem strammen Exportkurs fest. Dass die deutsche Wirtschaft und Politik durch Lohnerhöhungen und öffentliche Investitionen in die zum Teil schon marode Infrastruktur die Binnenkonjunktur anzukurbeln vermag und

damit die Unternehmen auch gutes Geld verdienen können, bleibt der Grund für die Verweigerung einer anderen Wirtschaftspolitik das Geheimnis der deutschen
Elite. Die Exportversessenheit leuchtet jedoch ein, wenn
man weiß, dass die großen international agierenden
Konzerne der Automobil-, Elektro-, Maschinenbau- und
chemischen Industrie vor allem auf den Export setzen
und umsatzmäßig stark von ihm abhängig sind. Aufgrund ihres wirtschaftlichen Potentials haben sie im Gegensatz zum mehr auf den heimischen Markt orientierten Mittelstand auch den größten Einfluss auf die Politik
der Bundesregierung, die den Exportüberschuss durch
ihre Wirtschafts- und Sozialpolitik befördert und gegenüber dem Ausland mit Zähnen und Klauen verteidigt.
Dies kann man in Bezug auf die Ökonomie auch als Streben nach imperialer Größe interpretieren.

Die Argumentationskette der herrschenden Ökonomie lautet wie folgt: Um unseren Wohlstand zu sichern,
müssen wir weltweit wettbewerbsfähig sein. Um wettbewerbsfähig zu sein, müssen wir qualitativ hochwertig
und preisgünstig unsere Waren auf dem Weltmarkt anbieten können. Um preisgünstig die Waren anbieten zu
können, müssen wir kostengünstig produzieren. Um
kostengünstig produzieren zu können, müssen die Arbeitnehmer Lohnzurückhaltung üben.

Die Argumente sind vom Standpunkt der Einzelkapi-
talisten nachvollziehbar und im Prinzip in sich schlüssig. Nur am Ende beißt sich das Gesamtkapital und der
ihn unterstützenden Staat durch die starke Abhängigkeit
vom Weltmarkt und Vernachlässigung der Binnenkonjunktur in den eigenen Schwanz.

Daran ändert sich prinzipiell nichts, wenn führende Wirtschaftsvertreter und auch Politiker bei der Diskussion um die Digitalisierung oder digitale Revolution 4.0 ins Schwärmen geraten. Neue Technologien im Kommunikations- und Automatisierungsbereich führen zu einem Produktiviätssprung und eröffnen neue Investitionsfelder, wobei die Gefahr besteht, dass viele bestehende Arbeitsplätze wegfallen und nicht im entsprechenden Ausmaß durch neue ersetzt werden. Die Digitalisierung führt nicht zur Reduzierung der Abhängigkeit vom Weltmarkt sondern kann sie eher fördern.

Auf dem Weltmarkt gibt es ein „Hauen und Stechen" um die entsprechenden Marktanteile. Denn andere Staaten mit einer mit Deutschland vergleichbaren Wirtschaftskraft werden versuchen, die deutsche Dominanz durch eigene wirtschafts- und fiskalpolitische Maßnahmen zu unterlaufen und gegenzusteuern. So können Maßnahmen wie qualitativ gleichwertige oder bessere Produkte zu günstigeren Preisen, Einführung oder Erhöhung von Zöllen von den konkurrierenden Staaten umgesetzt werden. Zu letzterem wurden schon entsprechende Äußerungen von der neuen US-amerikanischen Regierung Trump gemacht.

Durch die rücksichtslose deutsche „beggar the neighbour"-Politik kann viel Unmut in den anderen Ländern z.B. durch den massenhaften Verlust von Arbeitsplätzen entstehen und bis zu Boykottaufrufen von deutschen Waren u.a. auch aufgrund des schlechten Images der deutschen Automobilbauer führen.

In Deutschland fällt durch niedrige Löhne und zurückgehende Staatsinvestitionen ein Großteil der möglichen Binnennachfrage aus, denn diese beeinflusst noch mit einem Anteil von ca. 55% das Bruttosozialprodukt.

Und der deutsche Wohlstand glänzt beim näheren Hinsehen auch nicht mehr so wie es den ersten Anschein hat. Das Volkseinkommen u.a. durch die hohen Exporterlöse ist äußerst ungerecht verteilt. Etwa 68% des Volkseinkommens fließen als Arbeitnehmerentgelt den abhängig Beschäftigten zu, während die Kapitalbesitzer über 32% des Volkseinkommens verfügen. Die Lohnquote ist von 2000 mit 72% um 4% bis zum Jahr 2016 gesunken. Pro Arbeitnehmer bedeutet dies im Durchschnitt einen Verteilungsverlust von 2.250 € im Jahr (isw 51, S. 12).

Wie gut in Deutschland verdient werden kann, kann man an den Verdienstmöglichkeiten der Vorstände von DAX-Unternehmen ersehen. Der Topverdiener 2016 war der Vorstandsvorsitzende der Daimler AG Zetsche mit einem Jahressalär von 14,4 Mio. €. Dies ist das 240-fache eines Tarifangestellten mit 60.000 € Jahreseinkommen, während die anderen Vorstandsangehörigen das 57-fache beziehen (isw 51, S.16).

Aber auch unterhalb der Vorstandsebene lässt sich gut Geld verdienen. So verzeichnet die Deutsche Bank 2015 über 756 Einkommensmillionäre, davon 385 Bezieher von Einkommen in Höhe von 1-1,5 Millionen €, das ist ungefähr das 5-6 fache des Bundeskanzlergehalts (private banking magazin, 14.3.16).

Was die Zukunft der Einkommen anbelangt, kann man an der Bedeutung der Branchen erkennen. Nach einer Studie der Bertelsmann-Stiftung sollen die verfügbaren Einkommen von 2012 bis 2020 in der chemischen Industrie um 6.200 €, im Fahrzeugbau um 6.100 €, in der Elektroindustrie um 5.850 € steigen, während der Zuwachs in der Erziehung und im Unterrichtswesen nur mit einem Plus von 1.350 € sowie Gesundheit und Sozialwesen mit 1.050 € zu Buche schlägt (Bertelsmann-Stiftung 24.6.15, S.36).

Im Zeitraum von 2000-2016 sind die Unternehmens- und Vermögenseinkommen um 70% sowie die Dividenden der 30 DAX-Konzerne um 101% gestiegen. Im Jahr 2016 betrugen die Unternehmens- und Vermögenseinkommen 746 Milliarden €. Die gewinnträchtigsten Konzerne waren 2016 trotz des Autoabgasskandals die Autokonzerne: Daimler 9,4 Mrd. €, VW 8,7 Mrd. €, BMW 7,6 Mrd. €. Daimler hat auch die höchsten Dividendenzahlungen in Höhe von 3,6 Mrd. € geleistet. (isw 51, S.18-19).

Was für ein Segen diese Dividendenzahlungen für einzelne Personen bedeutet, kann man an BMW ersehen. Dieses Unternehmen schüttete 2016 Dividenden in Höhe von 2,23 Mrd. € aus. Stefan Quandt und seine Schwester Susanne Klatten, die zusammen einen Anteil von 47% der BMW-Aktien halten, haben 1,05 Mrd. € kassiert, das sind für jeden von ihnen 1,5 Mio. €, die sie jede Nacht im Schlaf verdienen, frei nach dem Bibelvers „Den Seinen gibt's der Herr im Schlaf." (isw 51, S. 20). Zu berücksichtigen ist noch, dass die BMW-Anlage nicht das einzige Investitionskapital der Familie Quandt ist. Man braucht sich nicht zu wundern, dass die Quandts zu den reichsten Deutschen mit einem geschätzten Vermögen von 31 Mrd.€ zählen (Wikipedia, Quandt).

In Deutschland ist das private Geldvermögen von 2010 bis 2016 von 4,7 Bill. auf 5,5 Bill. € gestiegen, das ist eine Steigerungsrate von 15,6 %. Das Netto-Gesamtvermögen, das ist Geld-, Betriebs- und Immobilienvermögen abzüglich Schulden beträgt 8,6 Bill €. Während die oberen 10% der Bevölkerung 74% des gesamten Vermögens besitzen, sind es bei der mittleren 40 %-Bevölkerung 24% des Gesamtvermögens und die untere Hälfte besitzt nur 2% davon. In Deutschland gibt es 154 Vermögensmilliardäre und 1,199 Millionen Geldmillionäre, die sich den größten Anteil am Kuchen einverleibt haben (isw 51, S.29-30).

Deutschland war seit dem 2.Weltkrieg noch nie so reich und gleichzeitig doch so arm. In unserer Gesellschaft besteht eine Armutsquote von 15,7%. Darunter werden alle Menschen, die armutsgefährdet sind, gezählt. Armutsgefährdet ist eine Person, die bis zu 60% des Einkommensmedians bezieht. Im Jahr 2015 waren dies 942 € monatlich pro Person, bei einer Familie mit 2 Kindern liegt die Armutsgrenze bei 2.100 €. Zu den 12,9 Millionen armutsgefährdeten Bundesbürgern zählen vor allem prekär Beschäftigte, im steigenden Maße Rentner, Alleinerziehende, Solo-Selbständige und viele Migranten (isw 51, S.32). 600.000 Alleinerziehende mit einer Million Kinder beziehen die geringen Hartz IV-Sätze, 4,1 Millionen Geringverdiener leben unter der Armutsgrenze und 526.000 Rentnerinnen und Rentner erhalten die Grundsicherung (Butterwege, pol. Blätter 8/17 S.21).

Dass zwischen Armut und Gesundheit ein enger Zusammenhang besteht, beweisen folgende Angaben: während 14 % der Männer mit einem hohen sozialen Status unter gesundheitlichen Probleme leiden, sind es bei Männern mit einem niedrigen sozialen Status 37%, für Frauen betragen die entsprechenden Werte 12% und 44%. Bei der Lebenserwartung gibt es ebenfalls eine große Lücke zwischen vermögensreichen und vermögensarmen Personen: bei Männern sind es 14 und bei Frauen 10 Jahre.

Ein weiterer Problembereich für Arme sind die hohen Wohnkosten. Während die Reichen meist ihre eigenen luxuriösen Häuser bewohnen, müssen Menschen in den unteren Einkommensschichten überwiegend in unpersönlichen Wohnsilos leben. Der Ausgabenanteil der Wohnungskosten beträgt bis zu 40% ihres Einkommens. Da der soziale Wohnungsbau in den letzten Jahren kontinuierlich zurückgefahren wurde, besteht ein großer Bedarf an preisgünstigem Wohnraum.

Viele Menschen in der unteren Hälfte der Bevölkerungsskala sind, da sie ihre Konsumbedürfnisse nicht allein durch ihr Einkommen bestreiten können, überschuldet. Von 2006 bis 2016 ist ihre Zahl von 3,4 Mill. auf 4,2 Mill. Menschen gestiegen (isw 51, S.33-34).

Hinzu kommen aufgrund der fehlenden Finanzmittel Probleme bei der Ersatzbeschaffung von Einrichtungsgegenständen, der eingeschränkte Zugang zu kulturellen Veranstaltungen, Verzicht auf Urlaubsreisen usw. Besonders Kinder von einkommensschwachen Familien leiden darunter. Lt. einer Studie von Bertelsmann sind knapp 15% der unter 18-jährigen mit ihren Eltern auf Hartz IV angewiesen. Von den betroffenen Kindern und Jugendlichen leben 50% bei alleinerziehenden Müttern oder Vätern und 36% in Familien mit drei oder mehr Kinder. Man kann daraus erkennen, dass Alleinerziehende und kinderreiche Familien besonders armutsgefährdet sind (Clara 41/2016, S.8).

Allgemein gilt: Wer unten ist, bleibt in der Regel unten, wer oben ist, bleibt in der Regel oben. Diese Verhältnisse haben sich zwar zu Gunsten der Unterschicht in den 70 er und 80 er Jahren des letzten Jahrhunderts etwas aufgelockert, aber seit dem Einzug des Neoliberalismus haben sich die genannten Strukturen wieder verfestigt.

Bei der Beschäftigung mit den Staatsfinanzen sind trotz angestrebter „Schwarzer Null" die Gesamtschulden des Staates in den Jahren von 2015 auf 2016 von 2.022 auf 2.031 Mrd. € gestiegen, das sind zuletzt 25.000 € auf jeden Bundesbürger, ob jung oder alt. Die Schuldenanteile für den Bund betragen 1.274 Mrd. €, Länder 613 Mrd. € und Kommunen 144 Mrd. €. Zugute kommen dem Staatshaushalt die aufgrund der Niedrigzinspolitik der EZB sich verringernden Zinslasten von 38 Mrd. € im Jahr 2009 auf 17,5 Mrd. € 2016 (isw 51, S.27).

Wenn die Einnahmenseite den Schulden gegenübergestellt wird, stellt man fest, dass die Steuereinnahmen von Bund, Länder und Kommunen aufgrund der guten Konjunktur von 2013 bis 2016 von 620 auf 695 Mrd. € angewachsen sind, das ist ein Zuwachs von 12 %. Die wichtigsten Einnahmequellen sind die Lohnsteuer mit einem Anteil von 28% und die Mehrwertsteuer von 31%, die zusammen vor allem die abhängig Beschäftigten und ihre Familien belasten.

Der Steuersatz für die veranlagte Einkommenssteuer wurde unter der Schröder-Regierung von 53% auf 42% ab einem Einkommen von 53.666 € und auf 45% ab einem Einkommen von 256.304 € (beide Einkommensgrenzen für 2017) gesenkt (Steuerklasse.com). Das Jahreseinkommen in der erstgenannten Höhe ist von einem Durchschnitts-bis Besserverdiener schnell erreicht.

Über diesen Betrag nimmt die steuerliche Belastung auch ab einem Steuersatz von 45% in Relation zum Einkommen ständig ab, das bedeutet: vom Einkommen bleibt netto immer mehr übrig.

Die reinen Gewinnsteuern wie die Körperschaftssteuer, deren Steuersatz mehrmals bis auf 15% (zusammen mit der Gewerbesteuer 29,51%) gesenkt wurde, erbringen nur 9,9%, zusammen mit der veranlagten Einkommensteuer für Unternehmer von Personengesellschaften kommt man auf 17,5% des Steueraufkommens.

Die Vermögenssteuer wird nicht mehr erhoben und die Kapitalertragssteuer wird anstatt in das Gesamteinkommen mit entsprechendem Steuersatz miteinzubeziehen als Abgeltungssteuer in Höhe von 25% vergleichsweise günstig besteuert. Die Novellierung des Erbschaftsteuergesetzes hat dazu geführt, dass mit 0,18% vom BIP das Steueraufkommen das niedrigste unter den Industrieländern ist.

Trotz dieser für die Kapitalseite und hohe Einkommensbezieher außerordentlich günstige Steuersätze wird immer noch von den Begüterten danach getrachtet, wie sie ihre Einkünfte an dem Fiskus vorbei in sog. Steuerparadiese schleusen können. So gehen in der EU jedes Jahr 1 Bill. € durch Steuerhinterziehung verloren, in Deutschland sind dies 30 Mrd. € zuzüglich den Schäden durch die Geldwäsche in Höhe von 100 Mrd.€ (isw 51, S.23-26).

Hohe Einkünfte, niedrige Steuern, was machen die Begüterten mit dem vielen Geld, das auf ihren Konten landet und sich ständig vermehren soll? Aufgrund mangelnder Gewinnaussichten ist die Nettoinvestitionsquote von 10% 1991 auf 1,5% 2016 gesunken (Destatis, volkswirtschaftliche Gesamtrechnung S.11). Lt. Bundesfinanzministerium sind die öffentlichen Investitionen 1995-2014 von 2,7% auf 2,2% des BIP gefallen (BM der Finanzen, Monatsbericht 21.11.14). Bei den Kommunen, die über die Hälfte der staatlichen Investitionen tätigen, haben sich die jährlichen Investitionsausgaben im Verhältnis zum Bruttoinlandsprodukt von 1992 bis 2013 halbiert. Außerdem sind seit 2003 die öffentlichen Nettoinvestitionen (Bruttoinvestitionen - Abschreibungen) negativ (isw 51, S.22).

Das bedeutet, dass die öffentliche Infrastruktur verfällt, die Investitionen decken noch nicht einmal deren Erhalt. Anstatt durch Public Private Partnership (PPP) den privaten Wirtschaftsunternehmen ein neues Profitfeld zu erschließen, wäre es sinnvoller, den Finanzbedarf der öffentlichen Hand durch Kredite bei zurzeit niedrigem Zinssatz oder durch Steuererhöhungen auf die Einkommen der Vermögenden zu decken. So könnten genug Finanzmittel zur Verfügung gestellt werden, um in die öffentliche Infrastruktur zu investieren.

Ohne dass die Reichen dadurch verarmen würden, würden sie andrerseits durch höhere Einkommens- und Wiedererhebung der Vermögenssteuer ihren Beitrag zur Erhaltung der öffentlichen Infrastruktur leisten, was wiederum auch die Wirtschaft ankurbeln und schließlich ihnen wieder zugutekommen würde.

Gegen alle volkswirtschaftliche Vernunft werden die immensen liquiden Mittel im Ausland investiert: Ende 2015 hielten inländische Anleger einen Bestand von 2.669 Mrd. € an ausländischen Wertpapieren, dies sind 5,4 % mehr als im Vorjahr. So ist das deutsche Nettoauslandsvermögen 2015 auf 1,476 Billionen € angewachsen, was einen Anteil von 49% des BIP ergibt (Deutsche Bundesbank, -Eurosystem- v.30.9.16). Vor allem in Finanzanlagen, die auf der Suche nach höchstmöglicher Verwertung um den ganzen Globus gejagt werden, wird investiert und zum geringeren Teil in produktive Anlagen.

Dies ist wiederum das Kernproblem, das zur nächsten Krise führt, wenn mit überschüssigen Geldern auf der Jagd nach dem höchstmöglichen Profit Spekulationsblasen gebildet werden, die durch die Kapitalüberhäufung wie Luftballons zerplatzen und eine Spur der ökonomischen und gesellschaftlichen Verwüstung nach sich ziehen.

5.2 Europa

Wenn man sich mit Europa befasst, denkt man unwillkürlich an die Europäische Union (EU). Dies sind 28 Staaten. Aber außerhalb dieses Staatenbundes gibt es noch weitere europäische Staaten, die nicht Mitglieder der EU sind wie Russland, Belarus, Ukraine, Moldawien, Norwegen, Schweiz, Serbien, Bosnien-Herzegowina, Mazedonien, Albanien, Kosovo, Island und Türkei. Aufgrund einer Volksabstimmung 2016 tritt Großbritannien nach komplexen Austrittsverhandlungen im Laufe der nächsten Jahre aus der EU aus. Den Kern der EU bilden die 19 Mitgliedsländer des Euroraumes mit einer gemeinsamen Wirtschafts- und Währungsunion und dem Euro (€) als Währung. Der Euro wurde 1999 als Buchgeld und 2002 als Bargeld eingeführt.

Die EU ist nach dem 2.Weltkrieg aus der Montanunion, der EWG und EG hervorgegangen. Im letzten abgeschlossenen Vertrag von Lissabon 2007 wurden die

Grundlagen der heutigen EU-Institutionen und ihre Arbeitsweise festgelegt. Ziel des Lissabon-Vertrages waren u.a. die Schaffung eines Binnenmarktes mit unverfälschtem Wettbewerb, Preisstabilität und Wirtschaftswachstum (Wikipedia, Vertrag von Lissabon). Das große Verdienst der EU war und ist die Sicherung des Friedens auf dem europäischen Kontinent, der in der Vergangenheit so viele zerstörerische Kriege erleiden musste.

Das Problem der EU sind die unterschiedlichen Ausgangspositionen der einzelnen Mitgliedsländer, dies reicht von hochindustrialisierten Ländern wie Deutschland, Niederlande und Frankreich bis zu noch agrarisch strukturierten Staaten wie Griechenland, Portugal und die neu hinzugekommenen Länder des früheren Ostblocks mit unterschiedlichen politischen Entwicklungen und Traditionen. Hier eine gemeinsame Plattform im Entscheidungsprozess zu politischen, ökonomischen und gesellschaftlichen Fragen herzustellen, dazu ist wahrlich viel diplomatisches Geschick erforderlich.

Aus Platzgründen kann ich nicht auf die einzelnen europäischen Institutionen und ihre Arbeitsweisen eingehen, sondern will mich auf die EU in ihrer Gesamtheit und Außenwirkung beschränken, ihre wesentlichen Problemfelder jedoch mitberücksichtigen. Die europäische Gemeinschaft wurde vor allem auch zur EU und zum Euroraum weiterentwickelt, um mit anderen großen Wirtschaftsräumen wie die USA, China und Russland als geeinte europäische Wirtschaftsmacht im Wettbewerb mithalten zu können. Und hier können sich die Ergebnisse sehen lassen.

Nach Daten des IWF betrug das weltweite Bruttoinlandsprodukt (BIP) 2016 75,3 Billionen Dollar. Auf die USA entfielen 18,6 (25%), EU 17,4 (23%), China 11,2

(15%), Japan 4,9 (6%), Indien 2,3 (3%), Brasilien 1,8 (2%) und Kanada 1,5 (2%), alle Angaben in Billionen US-Dollar. Bezogen auf das EU-BIP erwirtschafteten Deutschland 3,5 (20%), Großbritannien 2,6 (15%), Frankreich 2,5 (14%), Italien 1,8 (10%) und Spanien 1,2 (7%), Angaben ebenfalls in Billionen US-Dollar (Wikipedia, Liste der Länder nach BIP). An den Zahlen lässt sich die starke ökonomische Kraft Deutschlands in Europa gut erkennen.

Beim BIP pro Kopf der Bevölkerung sieht es etwas anders aus, jedoch sind auch die wirtschaftlich starken Länder in der Spitzengruppe vertreten: (BIP-KKP pro Kopf EU 28 = 100) Luxemburg 271, Irland 145, Niederlande 129, Österreich 127, Deutschland 125, Dänemark 124, Schweden 123, Großbritannien 110, Finnland 108, Frankreich 106.

Die höchsten Wachstumsraten im Zeitraum von 2005-13 erzielten die ehemaligen Ostblockstaaten Slowakei 41,9%, Polen 41,2%, Litauen 28,9 %, Rumänien 26,2%, Estland 25,1% Lettland 23,9%, Bulgarien 23,7%, Tschechien 20,5% und Malta 20,1 %. Der EU-Durchschnitt betrug für diesen Zeitraum 8,1%, der Deutschlands lag bei 12,1%. Ein negatives BIP - Wachstum verzeichneten Griechenland mit -14,9%, Italien mit -4,1 % und Portugal -2,3% (Wikipedia, Wirtschaft der europäischen Union, Bruttoinlandsprodukt 2015).

Das Gesamtaußenhandelsvolumen (Export + Import) der EU betrug 2016 3,5 Bill. €, davon betrug der Import 1,708, der Export 1,745 Billionen €. Die Außenhandelsbilanz ergab einen Überschuss von 37,7 Mrd. € und der Anteil am weltweiten Warenexport betrug 15,5%. Die Anteile der anderen großen Volkswirtschaften am weltweiten Export liegen bei China bei 17,8%, USA 13,4%,

Japan 4,9%, Südkorea 4,1%, Kanada 3,5%, Mexiko 3,0% und Russland 2,7% (destatis. Außenhandel EU 28 2016 incl. eurostat). Man kann aus den Zahlenangaben gut das Gewicht der EU als 2. Exporteur nach China und die Bedeutung der aufstrebenden Schwellenländer Südkorea und Mexiko am weltweiten Handel gut erkennen. Der Hauptanteil am EU-Export entfielen 2016 auf die USA mit 20,8%, China 9,7%, Schweiz 8,2%, Türkei 4,5%, Russland 4,1%, Japan 3,3% und Norwegen 2,8% (eurostat, EU 28 wichtigste Handelspartner, Abb.11).

Das ökonomische Übergewicht Deutschlands mit der starken Exportorientierung sowie die Folgen der US-amerikanischen Immobilien-, Banken- und schließlich der europäischen Staatsschuldenkrise haben vor allem den Euroraum stark in Mitleidenschaft gezogen.

Obwohl andere europäische Länder u.a. auch Deutschland von der amerikanischen Immobilien- und Bankenkrise erfasst wurden, wurden verstärkt die südeuropäischen Länder und Irland von ihrer ganzen Wucht getroffen. Griechenland und besonders das griechische Volk hatten unter den Auswirkungen der weltweiten Finanzkrise und den unter starkem politischen Einfluss Deutschlands beschlossenen Maßnahmen der EU am meisten zu leiden. Die im folgenden Text angegebenen Daten beziehen sich auf Wikipedia (Griechische Staatsschuldenkrise).

Zwar kann man die Krise schon auf den Beitritt Griechenlands im Jahre 2001 zurückdatieren, als die damalige griechische Regierung mithilfe von amerikanischen Banken ihre Daten beschönigte und die Verschuldung bereits 104 % des BIP (EU-Vorgabe 60%) betrug. Zugegeben wurde die wahre Datenlage durch den 2009 neu gewählten Premierminister Papandreou von der sozialdemokratischen Partei PASOK. Er korrigierte die Daten zum Haushaltsdefizit von 3,7 auf 12,7% (Vorgabe der EU 3%). Die neuen Daten führten zu einer starken Zinserhöhung für griechische Staatsanleihen. Nachdem der IWF Finanzhilfen für Griechenland abgelehnt hatte, wandte sich Papandreou an die EU. Da die griechische Regierung sich außerstande sah, fällige Kredite besonders an deutsche und französische Banken zurückzuzahlen, veranlassten die deutsche Bundeskanzlerin Merkel und der damalige französische Staatspräsident Sarkozy den griechischen Premier Papandreou, der eine geplante Volksabstimmung zur Kreditgewährung auf deren Veranlassung absagen musste, ein dreijähriges Hilfspaket mit einem Volumen von 110 Mrd. Euro anzunehmen.

Ab 2010 wurden Euro-Rettungsschirme (ESF und danach ESM) mit Notkrediten und Notbürgschaften für Schuldnerstaaten eingerichtet, damit diese ihren finanziellen Verpflichtungen nachkommen konnten. Von der EZB, der EU und dem IWF (die sog. Troika) wurden dem Rettungsschirm Kredite und Bürgschaften im Umfang von mehreren hunderten Mrd. € zur Verfügung gestellt und im März 2015 erfolgte der Ankauf von Anleihen durch die EZB. Im Gegenzug für die Bereitstellung der Kredite wurden Griechenland von den Troika-Institutionen umfangreiche Umstrukturierungsmaßnahmen in wirtschaftlichen und gesellschaftlichen Bereichen zur Bedingung der Kreditgewährung gemacht. Dazu gehörten Haushaltskürzungen vor allem im sozialen Bereich, Lohn- und Rentenkürzungen, Entlassungen im öffentlichen Dienst, die Erhöhung der Mehrwertsteuer und die Durchführung von Privatisierungen öffentlichen Eigentums.

Vor dem Regierungsantritt von Syriza im Januar 2015 befand sich Griechenland aufgrund der Kürzungsmaßnahmen in einer scharfen Rezession. Von 2008 bis 2013 hat Griechenland 26% seines realen BIP eingebüßt, die Arbeitslosigkeit ist 2014 auf 26% gestiegen, die Jugendarbeitslosigkeit liegt seitdem bei ca. 50%. Der Schuldenstand hat sich jedoch von 2007 bis 2014 von 107% auf 177% des BIP erhöht. Die neue linksorientierte Syriza-Regierung unter Tsipras wollte bessere Bedingungen mit den Institutionen aushandeln, um die immensen Belastungen für breite Bevölkerungsschichten zu mildern und die Wirtschaft aus der Rezession zu führen.

Im Sommer 2015 spitzte sich die Situation in Griechenland dramatisch zu. Aufgrund der Verweigerung der EZB, Notkredite zur Verfügung zu stellen, war Griechenland gezwungen, die Geldabhebungen ihrer Bürger auf Höchstbeträge pro Woche zu begrenzen. Die Troika verlangte für die Bereitstellung weiterer Kredite noch weitgehendere soziale Einschnitte, was die griechische Regierung in ihrer aussichtslosen Lage und trotz ablehnender Abstimmung des griechischen Volkes schließlich akzeptieren musste, um das dritte Hilfspaket in Höhe von 86 Mrd.€, das bis 2018 läuft, in Anspruch nehmen zu können. Die Kreditbedingungen wurden unter maßgeblicher deutscher Beteiligung am 12.Juli 15 von den Regierungschefs der Eurozone bewilligt und dem krisengeschüttelten Land weitere drakonische Maßnahmen auferlegt. Zeitweise wurde Griechenland vor allem vom deutschen Finanzminister Schäuble mit einem Ausschluss aus dem Euroraum gedroht.

Der aktuelle Stand Anfang Mai 2017 ist für Griechenland wie folgt (Gäubote vom 3.5.17): Arbeitslosenrate 23,5%, Jugendarbeitslosigkeit 48%, Staatsverschuldung

179%, Haushaltsüberschuss jedoch 0,7%. Für die Auszahlung einer neuen Tranche des dritten Hilfspakets muss ein weiteres Sparpaket in Höhe von 3,6 Mrd.€ geschnürt werden. Dafür sollen die Renten um 9% gekürzt werden. Seit 2010 haben die griechischen Rentner die Hälfte ihrer Einkommen eingebüßt.

Es ist allgemein bekannt, dass aufgrund der hohen Arbeitslosigkeit die Renten oft das einzige Einkommen für ganze Familien mit mehreren Generationen sind. Arbeitslosengeld wird für 1 Jahr bezahlt, danach gibt es für die Arbeitslosen keine staatlichen Leistungen mehr. Die extreme Armut (bei einem Einkommen von 176 € im Monat für einen Alleinstehenden und 879 € für eine vierköpfige Familie) ist daher von 2,2% im Jahr 2009 auf 13,6% im Jahr 2016 angestiegen. Von dem ärmsten Fünftel der Bevölkerung konnten 27 % nicht mehr vollständig die Miete und 65% nicht mehr die Wohnnebenkosten bezahlen (German Foreign Policy, 12.5.17).

Obwohl die Bevölkerung leidet, die Wirtschaft nicht auf die Beine kommt und die Schulden steigen, wird vor allem von deutscher Seite jede Schuldenerleichterung abgelehnt. Sogar der IWF bezweifelt eine Erholung Griechenlands, wenn nicht durch einen 2. Schuldenschnitt sein Schuldenstand in größerem Umfang reduziert wird. Trotz eines Haushaltsüberschusses von 0,7% ist das von der Troika angepeilte Haushaltsplus von 3,5% fern jeglicher Realität. Ganz verschlägt es einem die Sprache, wenn man in der Zeitung (Gäubote vom 13.7.17) unter der Überschrift „Schäuble verdient Milliarden an Griechen-Hilfe" liest, dass auf Anfrage der Grünen im Bundestag vom Finanzministerium mitgeteilt wurde, dass 393 Millionen € an Zinsgewinnen aus dem bilateralen Kredit für Griechenland und zusätzlich 952 Millionen €

an Zinsgewinnen aus dem Programm zum Ankauf von Staatsanleihen der Europäischen Zentralbank eingenommen wurden. Die Lehre aus dem griechischen Drama ist: Hauptsache die Banken sind gerettet, auch wenn Griechenland niemals seine Schulden zurückzahlen kann, weder wirtschaftlich noch sozial wieder auf die Füße kommt und die europäischen Steuerzahler für die Schulden gerade stehen müssen.

Auch die anderen südeuropäischen Länder wie Spanien und Portugal, die Kredite vom europäischem Rettungsfonds in Anspruch genommen hatten, sind wirtschaftlich und sozial noch nicht gesundet. Die Sätze für die Arbeitslosigkeit usw. lauten: Spanien 18,2%, Portugal 9,8%, Jugendarbeitslosigkeit: Spanien 40,5%, Portugal 23,3%, Haushaltsdefizit: Spanien 4,5%, Portugal 2%. Aber auch Frankreich und Italien können nicht so gute volkswirtschaftliche Werte aufweisen. So gibt es in Italien eine Arbeitslosigkeit von 11,7% und in Frankreich von 10,1%, Jugendarbeitslosigkeit: Italien 34,1% und Frankreich von 23,7%, Staatsverschuldung: Italien 132,6% und Frankreich 96% Das Haushaltsdefizit beläuft sich bei Frankreich auf 3,4% und Italien 2,4 %.

Zum Vergleich: In Deutschland beträgt die Arbeitslosenquote 4,3% (nach ILO), die Jugendarbeitslosigkeit: 6,7%, die Staatsverschuldung: 68,3 % und das Haushaltsplus: 0,8%. (s.Gäubote v.3.5.17) Die Arbeitslosenquoten betreffen den Monat März 2017 und die Angaben zur Staatsverschuldung und das Haushaltsdefizit beziehen sich auf 2016. Wie wir sehen können, nur bei der Staatsverschuldung ist Deutschland kein Musterknabe, liegt aber deutlich unter dem EU-Durchschnitt von 83,5%. Es ist leicht erkennbar, dass Deutschland die führende Wirtschaftsmacht in Europa ist und aufgrund

seines Potentials eine neoliberale Politik der Haushalts-
disziplin und im Krisenfall der Austerität durchsetzt. Im
Falle Griechenlands wurde Deutschland in seiner Rest-
riktionspolitik von den anderen europäischen Staaten
durchgehend unterstützt. Die osteuropäischen Staaten,
da diese auch bereits schwierige Umstrukturierungen
durchgeführt haben und die anderen Krisenstaaten wie
Spanien und Portugal, deren Regierungen 2015 noch befürchten mussten, dass bei einem Erfolg der griechischen Regierung in der Abwehr der harten Sparauflagen
sie von ihren eigenen Völkern aus dem Amt gejagt würden, hatten keine Einwände gegen die deutsche Politik.

In Portugal regiert inzwischen eine linke Regierung,
die manche harte Sparauflage abmildern und trotzdem
ein Wachstum des BIP vermelden konnte. In Spanien
macht eine neue linke Partei „Podemos" dem konserva-
tiv-sozialdemokratischen Kartell starke Konkurrenz.
Italien und Frankreich, nach Deutschland die nächst
größeren Volkswirtschaften haben mit einem sinkenden
Bruttosozialprodukt und Italien mit einer hohen Staatsverschuldung zu kämpfen.

Deutschlands strategisches Ziel ist es, seine Vorstellungen von Wirtschafts- und Finanzpolitik (Fiskalpakt)
in der EU durchzusetzen, um über einen starken europäischen Wirtschaftsraum auch den Weltmarkt zu domi-
nieren. Europa soll wettbewerbsfähig werden ohne
Rücksicht auf die breiten und besonders die Bevölkerungsschichten mit niedrigem Einkommen.

Hierzu werden die europäischen Länder mit unterschiedlichen Wirtschaftsstrukturen, sozialen Standards
und Traditionen in ein Korsett nach deutschem Vorbild
gezwängt. Die Regierungen mögen hier mitspielen, aber
die Völker, wenn der europäische Zusammenschluss

dauerhaft zu ihren Lasten geht, werden sich dagegen wehren. Dass nationales und chauvinistisches Gedankengut immer mehr um sich greift, dazu hat Deutschland durch seine eigene egoistische Politik zugunsten des deutschen Exportkapitals und ohne Rücksichtnahme auf die anderen europäischen Nationen maßgeblich beigetragen.

5.3. Welt

Beim Befassen mit dem Weltgeschehen benötigt man zum besseren Verständnis eine Einteilung in verschiedene Bereiche. Zunächst beschäftige ich mich mit der Weltökonomie und Nord-Süd-Problematik, die internationalen Beziehungen, einschließlich Militärpolitik und schließlich ökologischen Fragen wie den Auswirkungen des Klimawandels.

Was ich schon in Bezug auf Deutschland mit der Schere zwischen Arm und Reich beschrieben habe, setzt sich auf Weltebene in zugespitzter Form fort. Inzwischen verfügen die acht Reichsten (sechs stammen aus den USA) über ein Vermögen, das größer ist als das der unteren Hälfte der Menschheit und dies sind 3,6 Milliarden Arme (pol. Blätter 5/17, S.63). Andrerseits hat auch die Zahl der Geld-Millionäre von 7,7 Millionen Menschen im Jahr 2003 innerhalb von 10 Jahren auf 13,7 Millionen Menschen weltweit zugenommen, dies ist eine Steigerung um 80%. Diese 2 Promille der Menschheit verfügen mit 53 Billionen Dollar über 45% des gesamten globalen Geldvermögens (isw Grafik, S.6).

In den westlichen Industrieländern sind 71,8% der Top-500-Konzerne vertreten, allein die G 7 Staaten

(USA, Kanada, Großbritannien, Frankreich, Italien, Japan und Deutschland) verfügen über ein Potential von 58,2% der Konzerne. Auf der Fortune-Liste der umsatzstärksten 500 Weltkonzerne ist allein der Finanzsektor mit 55 Konzernen aus den Banken-, Versicherungs- und Fondsbranche repräsentiert. Danach dominiert der Öl- Auto-, Flugzeug-/Rüstungskomplex, also ein Bereich, der stark auf die Förderung der fossilen Energiestoffe angewiesen ist. Am dynamischsten entwickeln sich jedoch derzeit die IT- und Internet-Konzerne (isw Grafik, S.4). Aus den wenigen Angaben kann man bereits erkennen, welches ökonomische Potential einer weltweiten Eingrenzung und Reduzierung der Finanzströme und der Umweltbelastungen entgegensteht.

Unter den 20 umsatzstärksten Konzernen führt die USA mit der Supermarktkette Walmart und einem Umsatz von 482 Mrd. Dollar die Fortune- Liste für 2015 an. Danach folgen 3 chinesische Konzerne, 2 von ihnen aus der Öl- und Gasbranche. Die USA sind mit 8, China mit 4 und Deutschland mit 2 Weltkonzernen vertreten, auf Platz 7 sind dies Volkswagen mit einem Umsatz von 236 Mrd. Dollar und Daimler auf Platz 16 mit einem Umsatz von 166 Mrd. Dollar. Mit je einem Konzern sind die Niederlande (Shell, Platz 5), Japan (Toyota, Platz 8) Großbritannien, Südkorea, Schweiz und Italien vertreten (Wikipedia, Fortune Global 500).

Trotz des bisherigen Übergewichts der westlichen Industrieländer holen die Schwellenländer und besonders die BRICS-Staaten (Brasilien, Russland, Indien, China und Südafrika) mit China an der Spitze mächtig auf. Haben im Jahr 2000 die G7 Staaten einen Anteil von 45,7 % und die BRICS-Staaten von 15,8 % am Welt-BIP in Höhe von 31,9 Billionen Dollar gehabt, so änderte sich das entsprechende Verhältnis im Jahr 2014 auf 32,9% zu 30,9% bezogen auf das Welt-BIP in Höhe von 105 Billionen Dollar (2000 und 2014 USD nach Kaufkraftparitäten), wobei China mit einem Anteil von 16,8% die USA mit einem Anteil an 16,6% überrundet hat (isw Grafik, S.5). Daher wird verständlich, dass Nordamerika und Europa sowie ursprünglich auch der pazifische Raum sich in Freihandelsabkommen ohne BRICS-Staaten stärker gegen diese zusammenschließen wollen. Nur sind diese Freihandelsverträge völlig zu Gunsten der großen Konzerne und zu Lasten der Allgemeinheit angelegt und in deren Interesse daher abzulehnen.

Nach Wikipedia wurden 2015 weltweit Waren im Wert von 15,985 Billionen Dollar exportiert. Das NAFTA-Nordamerika/Mexiko (USA 9,4%) hat daran einen Anteil von 14,4%, Europa (Deutschland 8,3%) 37,3%, Afrika 2,4%, Asien (China 14,2%) 34,2% (Wikipedia Welthandel Exporte von Waren). Die führenden Importnationen im gleichen Jahr waren die USA mit 14,2%, China 10,3%, Deutschland 6,4%, Japan 4,0%, Frankreich 3,5% und Großbritannien 3,1% (Wikipedia Welthandel, Importe).

Lt. statista hatten die USA 2016 ein Außenhandelsdefizit von fast 800 Mrd. Dollar, ihnen folgte Großbritannien mit 226,37 Mrd. Dollar, Indien 95,04 Mrd. Dollar, Frankreich 71,76 Mrd. Dollar sowie die Türkei mit 56,05 Mrd. Dollar (statista, Handelsdefizit 2016). Auffallend ist natürlich das Handelsdefizit der USA. Zusätzlich hatten die USA 2016 eine Staatsverschuldung in Höhe von 19,84 Billionen Dollar oder 107% des Bruttoinlandsprodukts (statista, Staatsverschuldung USA). Spitzenreiter ist Japan mit einer Staatsverschuldung in Höhe von 239% des BIP (statista, 20 Länder mit der höchsten

Staatsverschuldung). Die Staatsverschuldung/Kopf der Bevölkerung beträgt in Deutschland 35.881 USD, USA 58.604 USD und Japan 99.725 USD (fonds online.de, Länder mit der höchsten Pro-Kopf-Staatsverschuldung 2014). Da der japanische Staat überwiegend gegenüber inländischen Gläubigern verschuldet ist, ist er weniger angreifbar gegenüber ausländischen Gläubigern und Spekulanten.

Wie können die USA diese finanziellen Belastungen schultern und gleichzeitig einen hohen Konsumstandard pflegen sowie die Rolle der ersten Weltmacht spielen? Da sie die Herren über die Weltwährung sind und der Dollar praktisch als anerkanntes Zahlungsmittel für den weltweiten Handel und besonders die des Öls gilt sowie für viele Länder die Reservewährung bildet, haben die USA die Möglichkeit für ihren weltweiten Einkauf und ihre finanziellen Verpflichtungen immer wieder Geldmittel aus dem Vollen zu schöpfen.

Auf der Währungskonferenz von Bretton Woods 1944 wurde der Dollar als Leitwährung festgelegt. 1971 wurde die Goldbindung des Dollars aufgehoben, um die steigenden Kosten des Vietnamkrieges zu finanzieren. Trotz seiner Weltgeltung nimmt die Bedeutung des Dollars langsam aber stetig ab. Obwohl der Dollar noch zu 60 % als Reservewährung gilt, sind 25% jedoch schon in Euro angelegt und über 40 Zentralbanken halten auch chinesische Renminbi-Reserven. Durch den Verkauf von US-Staatsanleihen in Höhe von 38 Mrd. Dollar durch China als größten Staatsschuldengläubiger der USA, Russland und Saudi-Arabien, die Abwicklung von Gas- und Ölgeschäften zwischen Russland und China in Yuan und die Akzeptierung von chinesischen Renminbi durch Saudi-

Arabien wird die Dollar-Hegemonie immer stärker untergraben (Die Presse vom 12.8.14).

Sollte die Stellung des US-Dollars als Weltleitwährung verlustig gehen, könnten die USA sich im Ausland auch nicht mehr so hoch verschulden. Der ganze aufwendige und umweltbelastende amerikanische Lebensstil (american way of life) wäre in Frage gestellt und würde zu großem Unmut bis Aufruhr unter der Bevölkerung führen. Es wären auch nicht mehr genug finanzielle Mittel vorhanden, den gigantischen Militärapparat aufrecht zu halten, was zu einer starken Beeinträchtigung der amerikanischen Welthegemonie führen würde. Da die USA durch ihren hohen Bedarf an Gütern aus aller Welt neben China jedoch gleichzeitig die Lokomotive für die Weltkonjunktur sind, haben viele Länder ein Interesse daran, dass die amerikanische Währungshegemonie bestehen bleibt und mit den Dollars, die sie für ihren Export in die USA erhalten haben, auch wiederum als zahlungskräftige Nachfrager auf dem Weltmarkt auftreten können.

Trotz seines inzwischen erreichten ökonomischen Gewichts ist es für China nicht so einfach, seine Währung als Leitwährung zu installieren. Es kommt immer darauf an, inwieweit sie auf dem Weltmarkt anerkannt ist und Vertrauen in sie besteht.

Neben Handels- und Währungsfragen ist das Problem der Finanzialisierung der Weltwirtschaft in den letzten 40 Jahren immer mehr in den Vordergrund gerückt. Darunter versteht man die künstliche Schaffung von Reichtum durch Vergrößerung der verbrieften Finanzmittel, ohne dass der geschaffene Reichtum mit realwirtschaftlichen Produktionsprozessen verbunden ist. Die Vergrößerung der finanziellen Mittel erfolgt durch Spekulation auf die Werterhöhung der erworbenen finanziellen Titel. Akteure sind vor allem Fonds in Form von Pensions-oder Investmentfonds, die im Auftrag ihrer meist wohlhabenden Anleger auf der ständigen Suche nach profitablen Anlagemöglichkeiten sind.

Dies kann durch den Kauf und Verkauf von Wertpapieren, Ansprüchen und Devisen an der Börse, Telefon- und Internethandel, aber auch durch den Aufkauf von Unternehmen erfolgen. Nach dem Erwerb erfolgt die Abstoßung der unrentablen Teile, Umbau der gewinnträchtigen Betriebsteile zu einem hochrentablen Unternehmen und dessen Verkauf zu einem höchstmöglichen Preis. Dass auf die Belange der Beschäftigten keine Rücksicht genommen wird, versteht sich von selbst.

Diese Art von Betriebsführung überträgt sich auch auf die Realwirtschaft. Um auf dem Anlage- z.B. dem Aktienmarkt einen möglichst hohen Unternehmenswert mit entsprechendem Shareholder-Value zu erzielen, wird nicht nur auf ein zufriedenstellendes Jahresergebnis hingearbeitet, sondern die Quartalszahlen müssen schon den Renditeansprüchen gerecht werden.

Nicht die langfristige Sicherung des Unternehmens und seine Behauptung gegenüber den Konkurrenten durch qualitativ gute Erzeugnisse zu konkurrenzfähigen Preisen, sondern die höchstmögliche Rendite für die Anleger, d.h. allein der Shareholder-Value zählt. Nicht das hergestellte Produkt und dessen Zukunftsfähigkeit ist von Bedeutung, sondern allein die finanzielle Ertragsfähigkeit des Unternehmens. Diese Entwicklung der ökonomischen Bewertung vor allem unter Finanzaspekten hat in den 70er Jahren stark eingesetzt und hält trotz aller Krisen bis heute an.

Welche Bedeutung die Finanzialisierung inzwischen erreicht hat, machen folgende Zahlenwerte aus der 3-Sat-Sendung „Wissen aktuell" mit dem Titel „Wohlstand für alle" deutlich: Bill Gates, der reichste Mann der Welt besitzt ein Vermögen von 65 Mrd. €, 75 Billionen € beträgt die weltweite Wirtschaftsleistung, die Schulden belaufen sich auf 200 Billionen € und schließlich erreichen die Derivate eine unvorstellbare Summe von 705 Billionen €.

Derivate sind hochspekulative Anlageformen, die auf den Wert einer Ware (Realprodukt oder Wertpapier) zu einem bestimmten Termin oder auf Preisdifferenzen setzen. Hierbei können hohe Gewinne aber auch hohe Verluste erzielt werden, was zu einer hohen Instabilität des internationalen Finanzsystems beiträgt.

Nach dem Immobilien- mit anschließendem Bankencrash und den hohen Staatsverschuldungen in den Jahren 2007 bis 2011 haben die Zentralbanken, hier besonders die amerikanische FED und die europäische EZB durch eine Niedrigzinspolitik verhindern wollen, dass die Realwirtschaft völlig einbricht, sondern waren durch Verbilligung der Kredite bestrebt, die Investitionstätigkeit wieder in Gang zu bringen, was jedoch zum großen Teil ausblieb. Durch den massenweisen Aufkauf von Staatsschuldscheinen versucht die EZB zu verhindern, dass die Staaten zahlungsunfähig werden.

Dass die Zentralbanken mit ihrem wichtigsten Instrument der Konjunkturbeeinflussung, die Zinsfestsetzung ihr Pulver verschossen haben und andrerseits die Staaten mit hoher Schuldenbelastung und ohne Schuldenschnitt auf Dauer im Schuldenturm gefangen gehalten werden, ist die Kehrseite der EZB-Politik. Schließlich haben die Sparer aufgrund der Nullzinspolitik der EZB das Nachsehen, vor allem müssen die Menschen in den Schuldenländern unter der aufgezwungenen Austeritätspolitik besonders leiden.

Im Nord-Südverhältnis besteht auch weiterhin trotz aller Anstrengungen ein unüberwindbar scheinendes Gefälle. Nach der Definition von Wikipedia wird ein Land als Entwicklungsland bezeichnet, bei der die Mehrzahl seiner Bewohner hinsichtlich der wirtschaftlich und sozialen Bedingungen einen messbar niedrigen Lebensstandard hat. Dies äußert sich u.a. in einem sehr geringen Einkommen seiner Bewohner von unter 1,25 €/Kopf/Tag (isw, Klimazerstörung S.21), ihre schlechte Versorgung mit Nahrungsmitteln und Konsumgütern, Einschränkungen bei der Gesundheitsvorsorge, hoher Kindersterblichkeit und eine geringe Lebenserwartung. Bekanntlich zählen nicht zu den Entwicklungsländern die Industriestaaten in Europa, Nordamerika, Japan und Australien/Neuseeland. Ebenfalls gehören nicht dazu die erdölexportierenden Länder mit geringem Bevölkerungsanteil auf der arabischen Halbinsel und die Schwellenländer, die Industriegüter produzieren wie China, Südkorea, Taiwan.

Die Entwicklungsländer kann man nach UN-Definition in 2 große Gruppen einteilen: die sich entwickelnden Länder mit einem BIP/Einwohner unter 3.000 US-Dollar und die unterentwickelten Länder mit einem BIP/Einwohner unter 900 US-Dollar im Durchschnitt aus drei Jahren, einer Industrieproduktion unter 10% und einer Analphabetenrate von 20% (Lernhelfer, Entwicklungsländer). Die Weltbank teilt die Entwicklungsländer in etwa in die gleichen Kategorien ein, gibt aber noch deren Zahl an: bei den sich entwickelnden Ländern sind es 93 und in der Gruppe der unterentwickelten Länder 61 Staaten (Wikipedia, Entwicklungsland). Zum Vergleich: Deutschland hatte nach IWF-Schätzungen 2016 ein BIP/Kopf von 41.902 US-Dollar (Wikipedia, BIP/Kopf).

Vergleicht man anhand einiger Zahlenangaben der Deutschen Stiftung Weltbevölkerung die Werte von Industrieländer mit denen der Entwicklungsländer, so wird der Unterschied recht deutlich (DSW, Datenreport 2016).

		Entw.l.	Ind.l.
(in Klammern unterentwickelte Länder)			
Bevölkerung 2016		6.164 Mio.	1.254 Mio.
		(962)	
Bevölk.proj.	2030	7.241 Mio.	1.298 Mio.
		(1.318)	
	2050	8.548 Mio.	1.322 Mio.
		(1.923)	
Lebenserwart. Männer		68 Jahre	76 Jahre
		(61)	
Lebenserwart. Frauen		72 Jahre	82 Jahre
		(64)	
Säuglingssterblichkeit/100 Lebendgeburten			
		39	5
		(59)	

Müttersterblichkeit/ 100.000 Lebendgeburten

239   12

(437)

Bruttoeink./Einw.USD   10.214   39.963

(2.424)

Dass noch heute über 800 Millionen Menschen dem
Hungertod nahe sind, hat verschiedene Gründe, von denen die meisten ihre Ursachen im Verhältnis der Ent-
wicklungs- zu den Industrieländern begründet sind. So
wird die heimische Landwirtschaft durch die Monokul-
turen der Agrarkonzerne und den Import billigen Flei-
sches aus den Industrieländern zurückgedrängt. Die
Bauern sind dadurch gezwungen, ihre eigene Landwirtschaft teilweise oder ganz aufzugeben und sich am An-
bau von Energiepflanzen und anderen landwirtschaftlichen Gütern, die für den Export bestimmt sind, zu beteiligen. Immer mehr fruchtbares Land wird von ausländischen Agrarkonzernen aufgekauft (landgrabbing), um
als Grundstofflieferant für ihren heimischen Markt zur
Verfügung zu stehen. Da die ausländischen Unternehmen hochproduktiv arbeiten und oft Arbeitskräfte aus
ihren Heimatländern mitbringen, können nicht alle be-
schäftigungslose Bauern eine neue Arbeit finden und
landen daher in der Arbeitslosigkeit und in den Slums
der Großstädte. Oder besonders die Jugend versucht
dem Elend zu entfliehen und macht sich auf den Weg
nach Europa.

In Westafrika und anderen Küstengewässern werden
durch Fabrikschiffe der Industrieländer die Fanggründe
der heimischen Fischer so sehr überfischt, dass sie nicht

mehr genug Fische fangen, um von ihrem Verkauf leben zu können. Oft bleibt ihnen dadurch keine andere Wahl entweder ihre Fischerei aufzugeben oder als Pirat oder Flüchtlingsschleuser ihrem Gewerbe nachzugehen, was wiederum nur zeitweise erfolgreich war.

Die Industrieländer haben kein Interesse an der Entwicklung z.B. der Länder Afrikas. Sie sollen als günstiger Rohstofflieferant die europäischen Märkte bedienen und als Abnehmer von Industriewaren und Nahrungsmitteln sich den entwickelten Märkten öffnen. Jede Veredelung des heimischen Rohstoffs wird z.B. bei der Einfuhr in die EU mit Zoll belegt.

Hinzu kommt noch, dass durch die Grenzziehung der Kolonialmächte Staaten entstanden sind, in denen unterschiedliche Völkerschaften zusammenleben müssen. Wird das Mitglied eines Stammes Präsident des Landes, so versorgt er nach alter Tradition seine Familie und seinen Stamm mit den Vergünstigungen, über die ein Mächtiger verfügen kann. Dieser Nepotismus treibt die Angehörigen der benachteiligten Stämme auf die Barrikaden und das Land in den Bürgerkrieg.

Die Eliten des Landes und ihre Nachkommen sind trotz ihres Befreiungskampfes noch stark mit der früheren Kolonialmacht verbunden. Diese fühlen sich durch ihre Sprache, Lebensweise, Kultur und Bildung ihren früheren Herren oft stärker verbunden als ihren Landsleuten aus breiten Bevölkerungsschichten.

Wenn die Industrieländer nicht bereit sind, die Entwicklungsländer uneigennützig bei der Entwicklung ihrer traditionellen Landwirtschaft vor allem zum Eigenverbrauch und nur den Überschuss für den Export, die Rückgabe der sich angeeigneten Ländereien mit guten

Böden und dem Aufbau einer Industrie zur Veredelung der für den Ausfuhr bestimmten Rohstoffe sowie die Bezahlung zu gerechten Preisen ihren Beitrag zu leisten, können sich diese nicht entwickeln und bleiben auf Gedeih und Verderb der Übermacht der hoch entwickelten Länder ausgeliefert. Da hilft auch keine Entwicklungspolitik. Denn schon heute fließt mehr Kapital an Zins und Tilgung z.B. aus Afrika ab wie Entwicklungshilfe hineinfließt.

1972 wurde von der UN beschlossen, dass die großen reichen Staaten 0,7 % ihres BIP für die Entwicklungshilfe ausgeben. Dieses Jahr hat Deutschland das Ziel das erste Mal erreicht. Das gelang aber nur, weil bestimmte Ausgaben für Flüchtlinge in die Entwicklungshilfe mit eingerechnet werden konnten ansonsten würde sie bei 0,52 % liegen. 2016 betrugen die Entwicklungsausgaben der 29 Geberländer 134 Milliarden €, davon Deutschland 22 Milliarden €. Größter Geldgeber sind die USA mit einem Anteil von 32 Milliarden €, ihre Quote liegt aber nur bei 0,18 %. Die Durchschnittsquote der 29 reichen Industrieländer liegt bei 0,32% (Süddeutsche Zeitung, 11.4.17).

Andrerseits flossen im Jahr 2015 ca. 203 Milliarden Dollar (173 Mrd. €) aus Afrika in die Taschen multinationaler Konzerne oder in Steueroasen. Dies übersteigt bei weitem die Summe von 162 Milliarden Dollar (134 Mill.€), die nach Afrika geflossen sind. Die Zahlen wurden in einer Studie von Global Justice now u.a. ermittelt (Gegenfrage com).

Anstatt das viele Geld, über das die reichen Länder des Nordens verfügen, in die Entwicklung der zurückgebliebenen Länder zu stecken, verwenden sie es lieber, um ihren Reichtum zu vergrößern und diesen durch den

Betrieb einer gewaltigen Militärmaschinerie abzusi-
chern. 2014 betrugen die weltweiten Militärausgaben
nach SIPRI 1,747 Bill. US-Dollar. Davon bestritten die
USA als größte Militärmacht mit einem Verteidigungs-
etat von 646 Mrd. US-Dollar 37%, die Nato 55% und zusammen mit ihnen verbündeten Staaten 72%, während
Russland 5%, China 11% und alle anderen Länder 12%
der Militärausgaben aufwendeten (isw Grafik, S.7).

Das militärische Potential der NATO und Russlands
ergibt lt. statista folgendes Bild:

	NATO	Russland
Soldaten	3.580.000	3.345.000
Luftwaffe	21.433	3.082
Panzer	18.741	15.500
Raketensysteme	3.437	3.781

Während die USA über 11 Flugzeugträger verfügen,
besitzt Frankreich und Russland nur jeweils einen Flugzeugträger. China hat erst vor kurzem seinen ersten Träger in Dienst gestellt (Wikipedia, Flugzeugträger). Auffallend ist, dass die NATO über eine gewaltige Offensiv-
kraft durch ihre Luftwaffe und die USA durch ihre Flugzeugträger verfügt. Außerdem beruht die Stärke der USA
auf ihre über 750 größeren Stützpunkten, die über die
ganze Welt verteilt und mit 400.000 Soldaten in 50 Ländern besetzt sind, wovon die meisten von ihnen in westlich und südlich zu Russland angrenzenden Regionen
angelegt sind (isw Grafik, S.8). Russland verfügt dagegen nur über 20 Militärbasen im Ausland (Nachdenksei-
ten. de, 14.2.2017).

An Atomsprengköpfen gibt es 2017 weltweit 14.935 Stück. Davon verfügen

Russland über 7.290,

USA 7.000,

Frankreich 300,

China 260,

Großbritannien 215,

Pakistan 120,

Indien 110,

Israel 80 und

Nordkorea 10.

Auch hier besteht ein Übergewicht der westlichen Staaten zu Russland (statista, nukleare Sprengköpfe weltweit 2016).

Mit dieser gewaltigen Militärkraft lässt sich politischer Druck ausüben. Kein anderer Staat ist militärisch den USA gewachsen und erst recht nicht der NATO und den mit ihnen verbündeten Staaten wie Israel, Japan, Südkorea usw. Zur äußeren und inneren Durchsetzung politischer Interessen tragen auch die auf hohem technischen Niveau agierenden und finanziell sehr gut ausgestatteten Geheimdienste und verschiedene Polizeieinheiten bei.

Hinzu kommt noch die ökonomische und technologische Überlegenheit. Doch auch die ganze Militärmacht nützt oft nichts, wenn asymmetrische Kriege geführt werden. Zwar wurde das irakische und afghanische Militär beim Einmarsch der weit überlegenen amerikanischen Truppen und ihrer Verbündeten in rascher Folge zerschlagen, aber den anschließenden Guerilla-und Kleinkrieg konnte das Militär der sogenannten willigen Staaten trotz ihrer Hochtechnologie mit Cruise-Missiles usw. nicht besiegen. Da die Guerillas nur im verdeckten Kampf erfolgreich sind, suchen sie sich möglichst weiche Ziele und greifen diese in kleinen Gruppen unerwartet und sehr entschlossen an. Sie scheuen sich auch nicht, Menschen als lebende Bomben einzusetzen.

Aufgrund seiner anfänglichen Erfolge hat der Islamische Staat (IS) den offenen Kampf gewagt, hat große Landesteile von Syrien und dem Irak mit den wichtigen Städten Mossul und Raqqa unter seine Kontrolle gebracht, jedoch gegen die Militärkoalition der USA und dem Irak einerseits sowie Russland und Syrien auf der anderen Seite und mit ihnen zusammen weiteren Staaten ist er hoffnungslos unterlegen. Durch Terroranschläge auf die Zivilbevölkerung in europäischen Städten will er im Gegenzug seine Gegner an ihrer schwächsten Stelle gezielt treffen, Angst und Schrecken verbreiten, damit die Bevölkerung von ihren Regierungen verlangt, sich aus der Beteiligung an der Anti- IS- Koalition zurückzuziehen. Obwohl die Anschläge mörderisch und grausam sind, muss man jedoch auch bedenken, dass durch die Luftangriffe der Anti- IS- Koalition viele Zivilisten und auch Kinder getötet werden.

Letztendlich entsteht diese ganze Konfrontation mit der arabischen und islamischen Welt durch die Einmischungen der westlichen Länder. Ihnen geht es um die Sicherung von Einflusszonen und der Rohölzufuhr. Dass die USA völkerrechtswidrig in den Irak einmarschiert sind und somit eine Kettenreaktion ausgelöst haben, ist eine unbestrittene Tatsache. Der Grund für den Einmarsch waren nicht die von den USA dem damaligen irakischen Präsidenten Hussein unterstellten Chemiewaffen, sondern u.a. sein Streben nach Unabhängigkeit vom US-Dollar.

Auch in Afghanistan verlieren die restlichen Koalitionstruppen zusammen mit der afghanischen Armee immer mehr an Terrain und die Taliban werden durch ihre überfallartigen Attacken auch in scheinbar gesicherten Zonen Kabuls immer stärker. Weite Gebiete Afghanistans sind bereits unter der Kontrolle der Aufständischen.

In der Ukraine wurde ein falsches Spiel gespielt. Anstatt die Ukraine als großes Übergangsland zwischen dem westlichen und dem östlichen (russischen) Europa anzuerkennen, setzte man alles daran, die Ukraine in das westliche Lager hinüberzuziehen. Wohlwissend, dass die innere Architektur der Ukraine weder einen Wechsel in das westliche noch in das russische Lager zulässt, hat man ultimativ von der ukrainischen Regierung eine Entscheidung zu Gunsten des Westens, d.h. der EU verlangt und als dies abgelehnt wurde, das Aufbegehren des westlichen Bevölkerungsteils gegen die Regierung massiv unterstützt.

Nach dem Sturz der gewählten Regierung und der Einsetzung einer illegitimen Regierung fühlte sich der östliche Teil und die Krim, die durch eine Volksabstimmung sich für Russland entschied, nicht mehr genügend in den politischen Institutionen vertreten und begann durch seine Abspaltung vom restlichen Landesteil mit dem Bürgerkrieg, der trotz des Minsker Waffenstillstandsabkommens auf kleiner Flamme einmal intensiver und dann wieder geringer aber immer zu Lasten der

Zivilbevölkerung und der dortigen Infra- und Wirtschaftsstruktur geführt wird.

Russland sieht sich durch die nicht eingehaltene Zusage, dass die NATO nach der deutschen Wiedervereinigung sich nicht nach Osten ausdehnt, vom Westen getäuscht. Auch aufgrund der Krimsanktionen, dem Aufbau eines Raketenabwehrsystems in Polen und Tschechien fühlt sich Russland vom westlichen Europa und den USA bedrängt und bedroht.

Dass die USA und ihre Verbündeten wie selbstverständlich oft ungebeten und mit Gewalt ohne Beachtung des Völkerrechts sich in die inneren Angelegenheiten fremder Staaten einmischen, wird überhaupt nicht hinterfragt. Man muss sich nur einen Moment vorstellen, wie es wäre, wenn arabische Truppen in unser Land einmarschieren und bestimmen wie das öffentliche Leben abzulaufen hat. Dies würde mit der Zeit bei uns auch auf größten Widerstand stoßen.

Nach Ende des kalten Krieges Anfang der 90er Jahre war man großer Hoffnung, dass der Ost-West-Gegensatz sich erledigt hat und man durch weltweite Abrüstung eine Friedensdividende erzielt, die weltweit zur Verbesserung der Lebenssituation benachteiligter Menschen eingesetzt werden könnte.

Dadurch, dass die wirtschaftlich und militärisch starken Länder nicht über die großen Rohstoffreserven verfügen und die verschiedenen Rohstoffe lebenswichtig für ihre Wirtschaft und Sozialgefüge ist, wird es immer wieder kriegerische Auseinandersetzungen in der übrigen Welt um deren Sicherung geben. Solange diese Auseinandersetzungen irgendwo im ferneren Ausland geführt werden, sind wir davon nicht direkt berührt und leben in Deutschland wie auf einer Insel der Seligen. Erst wenn die Kämpfe in den Krisenregionen in Form von Terror in unser europäisches Haus getragen werden, sind wir mit dem wirklichen Zustand der Welt konfrontiert. Aber anstatt den Ursachen auf den Grund zu gehen und dann nach Lösungen zu suchen, die auch zu einer Befriedung der Krisenregionen führen, sind wir vor allem nach Terroranschlägen eher bereit, innenpolitisch aufzurüsten und mit noch mehr Militärgewalt in den Heimatländern des Terrors zu intervenieren.

Solange es auf der Welt ungerecht zugeht, kann man zwar mit unserer Übermacht jede Terrororganisation erfolgreich zurückdrängen, sie jedoch letztendlich nicht besiegen, denn es werden immer wieder bestehende Gruppen sich zusammenfinden und neue entstehen, die mit noch größerer Vehemenz unsere westlichen Gesellschaftsordnungen als große Nutznießer des weltweiten Ungleichgewichts zu bekämpfen versuchen.

Das Verhältnis des Westens und besonders der USA zu Russland ist einerseits nicht begreifbar, aber unter dem Hegemoniegesichtspunkt nachvollziehbar. Hat bis zum Systemwechsel die Konkurrenz zwischen Kapitalismus und real existierenden Sozialismus die Nachkriegszeit geprägt, so müsste eigentlich mit dem Wegfall der Systemkonfrontation eine Zeit des Spannungsabbaus und guten Zusammenarbeit zwischen dem Westen und Russland angebrochen sein.

War in der Ära unter Präsident Jelzin das Verhältnis noch relativ ungetrübt, so verschärften sich die Gegensätze unter Präsident Putin, als dieser begann für Russland wieder eine ebenbürtige Weltrolle zu finden. Dazu gehörten in der Ökonomie die Beendigung der wilden Überführung von Staatseigentum in Privateigentum und die maßlose Bereicherung einiger weniger Oligarchen, den Aufbau weltweit agierender mächtiger Konzerne wie Gasprom und Rosneft unter staatlicher Kontrolle und das Zurückdrängen ausländischen Einflusses auf die Wirtschaft und besonders die Förderung der reichhaltigen Rohstoffe wie Gas und Öl.

Nach der Konsolidierung auch im gesellschaftlichen und sozialen Bereich durch Erhöhung des Lebensstandards breiter Bevölkerungsschichten sowie der Beendigung des tschetschenischen Bürgerkriegs strebt Russland aufgrund der konfrontativen Politik der westlichen Länder eine engere Zusammenarbeit mit den übrigen BRICS - Staaten und vor allem mit China an. Dies ist nicht im Sinne der amerikanischen Elite, die nach ihrem Sieg über den Sozialismus sowjetischer Prägung auf eine stärkere Einflussnahme auf die russische Politik und Wirtschaft gehofft hat. Auch ein Staat mit einem ähnlichen Gesellschaftssystem, d.h. der bürgerlich-kapitalistischen Demokratie wie das der USA kann von dieser als Konkurrent und sogar als feindlich angesehen werden, wenn er sich nicht deren Hegemonieanspruch unterwirft.

In dieser spannungsgeladenen Zeit können die Völker nur hoffen, dass die führenden Köpfe der Atommächte in einer Krisensituation die Nerven behalten und nicht versuchen, die atomare Karte auszuspielen. Dies kann auch durch Missverständnisse oder die falsche Einschätzung des möglichen Gegners geschehen und zu einer verheerenden Kettenreaktion führen, in dessen Folge der Untergang der heutigen Zivilisation vorgezeichnet wäre.

Beschäftigt man sich mit der weltweiten Umweltsituation, so ist grundsätzlich festzuhalten, dass die uns umgebende Natur trotz aller hochentwickelter Zivilisation die Grundlage unserer Existenz ist. Seit Menschengedenken nutzt und verbraucht der Mensch die ihn umgebende Natur. Dies machen auch die Tiere. Aber im Unterschied zum Menschen nutzen sie die Natur nur insoweit wie es für ihre Existenzerhaltung notwendig ist. Der moderne Mensch jedoch nutzt die Naturschätze in weit höherem Maße als sie zu seiner Arterhaltung notwendig wären.

Als weiteres ist im Umgang mit der Umwelt zu bedenken, dass einerseits die Menschen unter sich Auseinandersetzungen bis zur Tötung führen, aber auch Frieden schließen und ein gedeihliches Miteinander pflegen können. Andrerseits ist die Natur zwar sehr belastbar, wenn auf Dauer jedoch geschädigt, so ist ein Teil der Umwelt für immer verloren. Hier lässt die Natur nicht mit sich verhandeln und mit ihr Verträge schließen. Die Natur hat ihre eigenen Gesetze, die zu erforschen die verschiedenen Wissenschaftsdisziplinen sich vorgenommen haben. Ein Stück Unerforschbarkeit und Unkalkulierbarkeit der Natur wird jedoch immer bleiben. Wie die Menschen untereinander ihren Umgang pflegen, so lässt die Natur nicht mit sich umgehen.

Die Urgewalt der Natur lernen wir in den Naturkatastrophen wie Erdbeben, Überschwemmungen, Tsunamis und Hurrikans mit vielen Toten und großen Zerstörungen kennen. Leider ist es oft so, dass vor allem die ökonomisch nicht so starken Länder von diesen Katastrophen betroffen sind. Neben ihrer Unterentwicklung sind sie daher doppelt bestraft.

Die schleichende Klimakatastrophe, vor der die Wissenschaft immer warnt, wird von der Allgemeinheit gar nicht richtig wahrgenommen. Im Gegenteil, die Sonne scheint, die Winter sind mal kälter, mal weniger kalt und die Sommer sind einmal verregnet oder einmal heiß. Alles wie gehabt. Man erinnere sich nur an die Diskussion um das „Waldsterben" und die Verwunderung des Auslandes über die „German Angst". Diese beiden Begriffe sind bekanntlich in das internationale Vokabular eingegangen. Falscher Alarmismus ist fehl am Platze, er stumpft nur ab, und die menschliche Reaktion tendiert gegen Null, wenn die Umweltbelastungen wirklich zur Gefahr werden.

Das ökologische Problem Nr.1 ist die Klimaerwärmung. CO_2 mit einem Anteil von 75% trägt am meisten dazu bei, gefolgt von Methan mit 17% und Lachgas von 6%. Während Methan in der Landwirtschaft durch Reisanbau und Wiederkäuer wie Kühe und Schafe sowie Lachgas durch Düngemitteleinsatz entsteht, wird CO_2 durch die Verbrennung von fossilen Energieträgern wie Kohle, Öl und Gas und in geringem Maße durch das Roden der Wälder erzeugt. Im Einzelnen stammen 12,7 Mrd. to aus der Strom- und Wärmeerzeugung, 6,4 Mrd. to aus dem Verkehr, 9,5 Mrd. to aus der industriellen Produktion und 3,9 Mrd. to aus Haushalten und sonstigen Bereichen. Dies ergibt einen jährlichen Energieverbrauch von 32,5 Mrd. to CO_2. Hinzu kommen noch Emissionen aus der Landwirtschaft, Waldnutzung und Abfallverwertung in Höhe von 14,7 Mrd. to CO_2 (Norwat, Die Gesellschaft der Zukunft, S.142). Das Kohlendioxyd wirkt wie das Dach eines Treibhauses. Es lässt Licht zur Erde durch, verhindert jedoch die Abstrahlung von der Erde in den Weltraum; d.h. die Erdatmosphäre wird richtig aufgeheizt. Um nicht durch Abschmelzen der Pole die Meeresspiegel ansteigen zu lassen und Dürrekatastrophen zu verhindern, hat man auf der Weltklimakonferenz von Paris 2015 die Erwärmung der Erdatmosphäre auf 2 Grad Celsius begrenzt.

Der wissenschaftliche Beirat der Bundesregierung schätzt, dass zur Erlangung dieses Zieles 600-800 Mrd. to CO_2 in diesem Jahrhundert verbraucht werden dürfen. Das äußerste Maximum beträgt 1000 Mrd. to CO_2. Auf jeden Erdenbürger umgerechnet würde dies eine maximal zulässige Emission von rund 1,2 to CO_2 pro Kopf und Jahr bedeuten (isw, Klimazerstörung, S.10). Ist die Einhaltung dieser Vorgabe realistisch?

Da muss man sich mit den Gegebenheiten befassen und je nach Weltregion sind diese sehr unterschiedlich. Während die Emissionen im Jahre 2015 in den meisten afrikanischen Ländern und asiatischen Ländern wie Nepal, Laos, Bangladesch und Afghanistan unter 0,5 to CO_2/Kopf/Jahr liegen, werden mehr als 10 to CO_2 in den Ölförderländern der arabischen Halbinsel, Russland, Europa, Australien, Kanada und vor allem aber von den USA emittiert. (isw, Klimazerstörung, S.15). Auf 20% der Weltbevölkerung entfallen aufgrund ihrer Armut und Unterentwicklung nur 2% der weltweiten CO_2-Emissionen. Das klimaaggresivste Fünftel jedoch mit einem Anteil von 61% hat den höchsten Anteil an der Klimaerwärmung. Die USA mit 30%, Europa 28% und Japan 4% Anteil sind die Hauptverantwortlichen für die Klimagefährdung. Die CO_2-Pro-Kopf-Emission eines USA-Bürgers ist 10-mal so hoch wie die eines Bürgers aus Costa Rica, 20-mal so hoch wie die eines Philippinos und 30-mal so hoch wie die eines Kongolesen (Norwat, S. 142-143). Um das Ziel von 1,2 to CO_2/Kopf/Jahr zu erreichen, müsste bis 2050 eine Reduzierung von CO_2

um 80-90% gegenüber dem Jahr 1990 mit einer Emission von 22,4 Mrd. to in den reichen westlichen Ländern und eine Halbierung der Emissionen für alle übrigen Länder, deren Werte entsprechend über dem Grenzwert von 1,2 to liegen (isw, Klimazerstörung, S.12). Der bekannte Wachstumskritiker Nico Paech hat in einem Interview mit der Zeitung OXI (Juni 2017, S.6) festgestellt, dass die CO_2-Belastung, zu der im Durchschnitt jeder Deutsche beiträgt, pro Jahr 11 to beträgt. Es ist das 4-5 fache (bezogen auf 2,5to CO_2/Kopf/Jahr) was bis 2050 pro Kopf und Jahr verbraucht werden dürfte. Allein der Flug von Berlin nach New York und zurück beträgt vier to, nach Australien wären dies schon 12 to CO_2.

Die industrialisierten Länder müssten auf den Verbrauch eines Großteils seiner Energieressourcen verzichten. Die angepeilten 1000 Mrd. to CO_2 würden erreicht durch das Verbrennen von 320 Mrd.to Steinkohle oder 320 Mrd. to Öl oder von 500 Billionen m^3 Erdgas. Die weltweiten Reserven der fossilen Energieträger, die mit den bisherigen Methoden abbaubar wären, kämen auf einen CO_2-Wert zwischen 3.700 und 7.100 Mrd. to CO_2 und die Ressourcen, die nur mit neuer Technologie gefördert werden könnten, werden auf 31.000 bis 50.000 Mrd. to CO_2 geschätzt.

Allein der Rohstoffwert der vorhandenen Reserven an den Energieträgern Kohle, Öl und Gas wird auf 300 Billionen Dollar geschätzt, das ist annähernd das Vierfache des Welt-BIP (isw, Klimazerstörung, S.12-13). Dass die Energieförderfirmen diese Quelle ihres Reichtums nicht versiegen lassen wollen, versteht sich von selbst. Alles was in der Ökonomie Rang und Namen hat, hängt direkt und indirekt mit den Energieträgern zusammen, ob dies neben den Energiekonzernen die Automobil-, die Flugzeug-, die Chemieindustrie und auch die mitverdienenden Finanzinstitute sind. Sie müssten ihre bisherige Geschäftstätigkeit soweit einschränken und ggf. umstellen, was realistisch gesehen nur unter anderen gesellschaftlichen Bedingungen und unter großen Anstrengungen sowie nur auf sehr langer Sicht durchführbar wäre.

Außerdem spielen die Konsumgewohnheiten breiter Bevölkerungsschichten in den Industrieländern eine maßgebliche Rolle. Dies bedeutet, wenn man als Politiker durch politische Maßnahmen die Klimaziele erreichen wollte, man gegen die Mehrheit der Bevölkerung und vor allem gegen die Wirtschaftsmächtigen ankämpfen müsste. Da steht jeder auf verlorenem Posten. Das sind trübe Klimaaussichten, auch wenn man durch „grüne" Effizienzsteigerung und Produktinnovation die eine oder andere Verbesserung zu Gunsten des Klimas erreichen kann.

In der Welt geht es ungerecht zu. Nicht nur ökonomisch sondern auch ökologisch. Während die Menschen in den unterentwickelten Ländern kaum etwas zur Klimabelastung beitragen, ja sogar in vielen Ländern unter dem internationalen Grenzwert liegen, so werden sie umso stärker durch Umweltschäden belastet. Bereits heute sind 20% aller landwirtschaftlichen Anbauflächen und dies besonders in Südasien und Afrika von Bodenerosion, verminderte Fruchtbarkeit und Rückgang der Wasserresourcen betroffen. Bei einem Anstieg des Meeresspiegels um 50 cm bis 2050 aufgrund der Abschmelzung der nördlichen und südlichen Eiskappen wären Hundert Millionen Menschen in den flachen Küstengebieten bedroht. Bangla Desch würde 11% seiner Fläche und 15 Millionen Einwohner ihre Heimat verlieren. In

Ägypten würde dies für 14 Millionen Mensch gelten. Weltweit wären 171 Millionen Menschen, davon ein Viertel in den reichen Ländern, 63 Millionen in Ostasien, 39 Millionen in Südasien und 19 Millionen in Afrika ihr Zuhause verlieren (isw, Klimazerstörung, S.20).

Die Entwicklungsländer hätten einfach nicht das nötige Kapital, um sich ausreichend gegen die drohenden Überschwemmungen zu schützen. Sie könnten nicht wie etwa die Niederlande durch umfangreiche Deichbauten den drohenden Überflutungen vorbeugen. Das Oxfam-Institut kommt zu dem Schluss, dass 98% aller Todesfälle, die durch Naturkatastrophen aufgrund des Klimawandels erfolgen, die Entwicklungsländer erleiden müssen (isw, Klimazerstörung, S.21).

Doch nicht nur die drohende Klimakatastrophe ist eine Folge unseres Wirtschaftens und unserer Lebensweise, sondern auch noch andere Umweltbelastungen werden, wenn sie nicht schnell angegangen werden, zu einem Mammutproblem nicht nur für unsere Generation aber vor allem für die folgenden Generationen. Dazu gehören u.a. der Plastikmüll im Meer, die Bodenerosion, die Süßwasserknappheit und das Artensterben. Hier ist von den politisch Verantwortlichen Einsicht in das notwendige zu erwarten und die Kraft und Ausdauer, die entsprechenden Schlüsse daraus zu ziehen und diese auch gegen massive Widerstände umzusetzen.

Zu guter Letzt noch ein paar Anmerkungen zur Atomenergie. Aufgrund der Nuklearkatastrophe von Fukushima vor 6 Jahren hat die Bundesregierung den Ausstieg aus der Kernenergie beschlossen. 2022 soll der letzte Atommeiler stillgelegt werden und dies zurecht. Gegen die Verwendung von Kernenergie sprechen folgende Gründe:

- der Atomstrom ist auf Uran angewiesen, bei dessen Abbau oder Anreicherung der Brennstäbe Boden, Wasser und Luft massiv vergiftet werden,

- die Strahlung im Normalbetrieb ist schon in geringen Dosen gesundheitsschädlich und erhöht deutlich die Krebsrate der in der Nähe von Kernkraftwerken wohnenden Bevölkerung,

- ein Supergau ist bei allen Sicherheitsvorkehrungen niemals auszuschließen. Tschernobyl und Fukushima sind Beispiele dafür,

- die Verwahrung von Atommüll auf Hunderttausende von Jahren ist weltweit völlig ungelöst (ausgestrahlt.de, Informieren).

Weltweit gab es Ende 2016 450 AKWs, davon 99 in den USA, gefolgt von Frankreich mit 58, Japan 43, China 37, Russland 35, Korea 25, Indien 22, Kanada 19, Ukraine 15, Großbritannien 15, Schweden 10 und Deutschland 8 (statista, Anzahl der betriebsfähigen Reaktoren). Trotz der Fukushima-Katastrophe halten viele Länder auch aufgrund der gewaltigen Investitionen an der Kernkraft fest. Ein weltweites Umdenken findet zwar statt, aber dies auch nur im Schneckentempo.

Man sieht, die Probleme der Welt sind ein wahres Minenfeld. Man weiß nie, wo und wann eine Mine hochgeht. Erst eine sozialistisch humane und demokratische Gesellschaftsordnung kann die Minen entschärfen und das Feld wieder nutzbar machen.

Die aufgezeigten Problembereiche, ob ökonomisch, politisch oder ökologisch harren dringender Lösungen. Auch von bürgerlichen Ökonomen wird auf die Labilität der Weltwirtschaft durch den Ausbruch neuer Krisen z.B. aufgrund der Finanzblasen hingewiesen. Es könnte in einzelnen Branchen wie in der Automobilindustrie eine Überproduktionskrise mit Massenentlassungen entstehen, von der schleichenden Umweltkatastrophe und ihrer Auswirkungen ganz zu schweigen. Eine Gesellschaft und besonders ihre Eliten könnte in nicht allzu fernen Zukunft vor der Frage stehen, die Produktion umweltgefährdender Güter stark einzuschränken und damit Massenarbeitslosigkeit in Kauf zu nehmen oder die Gesundheit aller Einwohner massiv zu gefährden.

Es gibt so viele die Menschheit betreffende Gefahren, auf die diese nicht vorbereitet und daher schutzlos ausgeliefert ist. Aber warum entsteht so wenig Initiative und so wenig Widerstand bei den Betroffenen?

Wenn man bei uns die heutige Situation, ob im Inland, Europa oder in der Welt vor dem geistigen Auge Revue passieren lässt und die alltäglichen Lebenserfahrungen mit einbezieht, so frägt man sich bestimmt, was die eigentliche Wirklichkeit ist. Im individuellen Leben hat jeder/jede seine/ihre kleinen und großen Freuden und Probleme, die für ihn/sie persönlich natürlich die wichtigsten sind. Und dies kann z.B. bei schweren Krankheiten, Beziehungskrisen oder dem Verlust naher Angehöriger auch zutreffen. Dies ist die eine reale Wirklichkeit jedes Individuums. Und sich dann noch mit den gesellschaftlichen Problemen im Inland, den weltweiten ökologischen Belastungen, den ökonomischen Risiken und der friedensgefährdenden Politik der anderen oft nicht sichtbaren Wirklichkeit auseinanderzusetzen, übersteigt die Kraft und die Möglichkeiten der meisten Mitbürger. Durch das überflutende Medienangebot bekommt man zwar einiges mit, aber die Gefahren für die Menschheit bei Fortschreiten und Zusammenballung der Risiken zu erkennen und politisch rechtzeitig zu handeln, bedeutet die totale Überforderung des einzelnen.

Zwar wird auf viele Gefahren von Wissenschaftlern hingewiesen, man erlebt und erspürt sie aber nicht, sie sind theoretisch und ein wahrscheinliches Szenario, das noch weit weg zu sein scheint und nach dem Motto: „Es wird nicht so heiß gegessen wie es gekocht wird", verharmlost und verdrängt wird. Viele pflegen die egoistische Einstellung nach dem Motto: „Nach mir die Sintflut". Dass man sich dann aber an der Zukunft nachfolgender Generationen versündigt, wird nicht wahrgenommen.

Besonders schwierig wird es dann im Alltag, wenn es notwendig wäre, seine ganzen bisherigen Gewissheiten und Lebensgewohnheiten in Frage sowie die Art zu leben und zu denken auf eine neue Grundlage zu stellen. Dies könnte sich nur in einer extrem angespannten politischen, wirtschaftlichen, ökologischen oder sozialen Situation entwickeln. Salopp ausgedrückt: So sind wir halt, die Menschen, trotz aller Klugheit und zivilisatorischen Fortschritts: Erst wenn das Kind in den Brunnen gefallen ist, beginnt man den Ernst der Lage zu begreifen. Und wenn das Kind ertrunken ist, war es eben zu spät.

6. Fazit

Wenn man die von mir dargestellten großen Umwälzungen der Geschichte sich anschaut sowie den aktuellen Zustand auf unserem Planeten miteinbezieht, kommt man nicht umhin, festzustellen, dass den Völkern in nicht allzu ferner Zukunft und in unterschiedlichem Ausmaß größere Umwälzungen bevorstehen. Nur ist im Vergleich zu früheren Revolutionen die Welt besonders in der Kommunikation viel näher zusammengerückt und die Länder sind in ihren Entwicklungen viel stärker voneinander abhängig. So hatte die Atomkatastrophe am anderen Ende der Welt im japanischen Fukushima direkten Einfluss auf unsere Atompolitik.

Wir lassen unsere Hemden in Bangla Desch produzieren, importieren unser Rohöl aus dem arabischen Raum, beziehen Bestandteile für unsere Handys aus der Mitte Afrikas und beliefern die ganze Welt mit unseren Autos. Und das weltweite Klima mit all seinen Beeinträchtigungen fragt auch nicht nach den Landesgrenzen. Trotz dieser vielfältigen Abhängigkeiten wird oft und gerade in den entwickelten demokratischen Ländern sehr national nach dem Motto gehandelt: Hauptsache uns geht es gut.

Und die handelnden Politiker in den Demokratien haben letztendlich nur eines im Sinne: Hauptsache wir werden wiedergewählt. Da verbietet es sich von selbst, dem Wahlvolk unangenehme Wahrheiten sagen zu müssen und ihnen eine Lebensweise mit einer 180 Grad-Drehung zu verordnen. Eher bietet es sich an im gewohnten Denkmuster zu denken: Sollen die weltweiten

Neider unseres Wohlstandes sich erst einmal selber anstrengen, dann wird es ihnen auch bessergehen.

Dass andrerseits die Aufrechterhaltung des westlichen Wohlstandes die wichtigste Ursache der weltweiten Probleme ist, wird von den Menschen in dieser Hemisphäre überhaupt nicht wahrgenommen. Wenn alle Menschen auf unserem Niveau leben würden, könnte dies die Erde überhaupt nicht verkraften. Wir bräuchten 2-3 neue Erden, wir haben jedoch nur eine. Es ist höchste Zeit, dass wir unseren überzogenen Wohlstand reduzieren, um der ganzen Menschheit eine Überlebenschance zu geben. Und wir würden auch von der Reduzierung unserer hohen Konsumansprüche profitieren. Dass der Wohlstand bei uns in zunehmenden Maße ungleichmäßig verteilt ist, gehört ebenfalls zur bitteren Wahrheit. Es wäre jedoch ein Gewinn an körperlicher und seelischer Gesundheit, getreu dem Motto weniger ist mehr, d.h. weniger Wohlstandsmüll, mehr Lebensqualität und dies gilt besonders für die Gutsituierten.

Auch wird von uns vergessen, dass beim Aufbau unserer Wohlstandsbasis, der Industrie wir deren Entwicklung im 19. Jahrhundert durch Schutzzölle gegen Billigimporte z.B. aus England und neben der extensiven Ausbeutung der Arbeitskräfte durch die Nutzung der kolonialen Rohstoffe erst ermöglicht haben. Das letztere traf natürlich im verstärkten Maße auch auf unsere damaligen Konkurrenten Großbritannien und Frankreich zu. Hier ist ein nicht einholbarer Vorsprung gegenüber den Entwicklungsländern entstanden. Diese können sich nicht aus ihrer wirtschaftlichen Abhängigkeit aufgrund der kolonialen Vergangenheit befreien und ihnen wird der Aufbau einer industriellen Basis vom Ausland stark erschwert. Sie sollen auf dem Niveau eines billigen Lieferanten von Rohstoffen und Konsumgütern (u.a.Textilien) verbleiben. Die Politik der westlichen Industrieländer, zusammen gefasst in den G 7-Staaten, zielt auf die Aufrechterhaltung dieses Ungleichgewichts ab.

Nur die BRICS-Staaten, so die ehemals oder noch kommunistisch regierten Staaten wie Russland und China oder schon früh in die Unabhängigkeit entlassene ehemalige Kolonien wie Brasilien und Südafrika und das einerseits moderne wie auch rückständige Indien schafften es durch eine eigene Industrialisierung sich unabhängig von den früheren Kolonial- und heutigen kapitalistischen Hauptmächte der G 7 zu machen. Dazu gehörte auch die schrittweise Anhebung des Lebensstandards breiter Bevölkerungsschichten. Jedoch hat die Verbesserung der Lebenssituation der Bevölkerung in der zweiten und dritten Welt ihre Grenzen. Wenn wir uns mit unserem Wohlstandsniveau von oben nach unten ihnen annähern würden, wäre dies ein großer Beitrag zur Ökologie, zum sozialen Ausgleich und zum Frieden in der Welt.

Trotz ihrer rasanten Entwicklung haben die BRICS-Staaten mit verschiedenen Problemen wie der Umweltverschmutzung, Korruption, ungleiche Verteilung der erwirtschafteten Reichtümer, Abhängigkeit vom kapitalistischen Ausland in Bezug auf Technologie und Welthandel zu kämpfen. Jedoch haben sich ihre Positionen beim BIP, den weltweiten Handel, Finanzmitteln und der technologischen Entwicklung ständig gegenüber den kapitalistischen Hauptländern verbessert. Im Aufstieg der BRICS- und anderer Staaten wie Südkorea, Taiwan usw. und im wirtschaftlichen und damit auch machtpolitischen Niedergang vor allem der USA könnte ein Risiko für die weltweite Stabilität der jetzigen Weltordnung entstehen. Hinzu kommen die von mir geschilderten Weltprobleme der Ökologie mit der Schädigung des Weltklimas, den ungeheuren Reichtums-Armutsrelationen, dem unausgeglichenen Handel zwischen starken Exportnationen und der immer höher steigenden Schulden der Importländer, der Jagd des spekulativen Kapitals nach Höchstgewinnen und schließlich dem Overkillpotential der Atommächte. Es drohen der Menschheit Gefahren, die nur mit größter Mühe und mit dem guten Willen der mächtigsten Politiker abzuwenden sind. Aber welcher von den entscheidenden Politikern macht sich die Mühe, die dringendsten Menschheitsprobleme in seinem Land von der Wurzel her anzugehen?

Schon mancher Politiker, der vorsichtig neue Wege gehen wollte, wurde seiner Stellung und Einflusses beraubt wie Willy Brandt durch die Spionageaffäre, Allende durch Selbstmord nach dem Putsch in Chile, Roussef durch die Absetzung aufgrund fragwürdiger Korruptionsvorwürfe in Brasilien usw. Wenn nötig wurden reformfreudige Politiker ermordet wie Kennedy, der die Verständigung mit der UdSSR in der Kuba-Krise suchte, Moro, der in Italien zum historischen Kompromiss mit den Kommunisten bereit war, Palme in Schweden, der eigene Wege im Verhältnis zur UdSSR gehen und Lumumba, der den an Bodenschätzen reichen Kongo unabhängig von den großen Konzernen machen wollte.

Je mehr man sich als einzelner mit den genannten Weltproblemen beschäftigt, umso mehr könnte man in Depression und Mutlosigkeit oder in bloßen Sarkasmus verfallen. Aber auch in früheren Revolutionen schien

nicht von Anfang die leuchtende Sonne einer neuen besseren Gesellschaft auf. Trotz der mit vielen Problemen
behafteten alten Gesellschaft schien die Macht und die
Ausrichtung der Gesellschaft auf die Monarchie wie ein
fester Fels in der Brandung zu stehen. Dies ließ sich gut
an der kaiserlichen Gesellschaftsordnung in Deutschland und Russland feststellen. Durch den imperialen
1.Weltkrieg hat erst nach Not und Elend an der Kriegs-
und Heimatfront die revolutionäre Entwicklung so richtig an Fahrt gewonnen, sodass schließlich nur ein leich-
ter Stoß nötig war, um die alten Monarchien wie ein Kartenhaus in sich zusammenfallen zu lassen. Aber mit dem
Sturz der Monarchen waren nicht die sie tragenden Säulen in Militär, Wirtschaft und Gesellschaft verschwun-
den. Im Gegenteil, sie ließen den Herrscher als Symbol-
figur wie eine heiße Kartoffel fallen, um ihre eigene
Herrschaft zu retten. In Russland folgte ein schlimmer
Bürgerkrieg mit dem Sieg der neuen Macht und in
Deutschland wurde die Revolution von den alten Mach-
teliten unter aktiver Beihilfe der SPD zunichtegemacht.

Durch die Schriften und Bücher vieler namhafter His-
toriker kann man die geschichtlichen Entwicklungen
nachvollziehen und auch verstehen, warum der Gang der
Geschichte so verlief und nicht anders. Aus der Geschichte kann man jedoch auch erkennen, dass die Historie niemals geradlinig verläuft, sondern sich in Sprüngen oder im Kriechgang, manchmal auf Nebenwegen,
um dann wieder auf den Hauptweg zu gelangen, entwickelt.

Obwohl vielen von uns bewusst ist, dass die kapitalistische Gesellschaftsordnung auf Grund ihrer antagonis-
tischen Widersprüche zeitlich begrenzt sein wird, kann

keiner von uns mit einer gewissen Sicherheit bestimmen, in welcher vorrevolutionären Phase wir uns im Sommer 2017 befinden. Trotz aller guten Analysen der Ökonomie, Ökologie, der Gesellschaft und der Politik besitzen wir nicht die Fähigkeit, den aktuellen gesellschaftlichen Standpunkt einzuordnen und die weitere Entwicklung zu beschreiben. Nicht die offensichtlichen politischen Erscheinungsphänomene, sondern die versteckten, sozusagen untergründigen und im Verborgenen sich entwickelnden Strömungen sind maßgeblich für die weitere Zukunft. Gerade diese schwer zu erspürenden Entwicklungen, die zusammenfließen und nachdem sie einen mächtigen Strom gebildet haben, mit impulsiver Kraft zum Vorschein drängen, sind für die Zukunft von größter Bedeutung. Einmal zu einem reißenden Strom angewachsen, hält sie keine Macht mehr auf. Zu beobachten war dies gut an den Entwicklungen in den früheren Ostblockländern.

Der Autor konnte auch nur die früheren Revolutionen beschreiben und Schlüsse daraus ziehen sowie mit der Feststellung einer großen Systemkrise den möglichen revolutionären Ablauf darstellen. Was schließlich die wirklichen Ursachen einer künftigen großen Systemkrise sein werden, kann weder der Autor noch andere voraussagen. Wie oben beschrieben finden aufgrund der internationalen Interdependenzen keine Umwälzung isoliert in einem Land statt. Dies erschwert natürlich noch um einiges mehr die Prognosen für die Zukunft. Dabei ist immer wieder erstaunlich, welche Selbstheilungskräfte die Weltökonomie und Weltökologie entwickeln können und wir trotz heftiger machtpolitischer Krisen (Kuba, Nachrüstung) an einem Atomkrieg vorbeigeschrammt sind. Es gibt jedoch kein Naturgesetz, dass dieses Glück dem herrschenden System auf Dauer beschieden ist.

Der Kapitalismus fand mit Hilfe des Staates bisher immer wieder ein Schlupfloch, um der umfassenden Krise zu entkommen. Wenn aber das Privatkapital eigensüchtig das gesellschaftliche Potential wie ein Parasit seinen Wirt aussaugt, wird diese Kraft in der Gestalt des Staates nicht ausreichen, um in Zukunft das krisenverursachende Kapital zu retten.

Erst die nachrevolutionären Generationen können mit aller Ausführlichkeit das Geschehen in der Vergangenheit beurteilen. Wie gerne hätte man da ein zeitliches Fernglas, um die politische und gesellschaftliche Landschaft der Zukunft mit all ihren Bergen und Tälern, mal sanft-hügelig, mal schroff und mal steil zu betrachten. Und wie gerne hätte man das ewige Leben, um die Befreiung der Menschheit von all ihren Beschwernissen und den Aufbau einer neuen humanen Gesellschaftsordnung mitzuerleben.

Zumindest können wir uns in unserer Zivilisation glücklicher schätzen als frühere Generationen, die im Durchschnitt die Hälfte der Lebenserwartung und ein sehr viel mühevolleres Leben zu bewältigen hatten. Jede Generation muss mit den Umständen ihrer Zeit zurechtkommen und falls der Zeitpunkt gegeben ist, mit Kühnheit einen großen Schritt in der Menschheitsentwicklung nach vorne machen. Dies gilt erst recht für die jetzigen und künftigen Generationen.

Mit meinen beiden Büchern zu den Revolutionen von gestern und morgen sowie zur Gesellschaft der Zukunft wende ich mich an Leser, die sich mit den jetzigen gesellschaftlichen und politischen Zuständen nicht zufriedengeben und sich Gedanken über Alternativen zum heutigen herrschenden Gesellschaftssystem und deren Umsetzung machen.

Ob der reformerische oder der revolutionäre Ansatz, beide haben zur gegebenen Zeit ihre Berechtigung. Sie sind also keine Gegensätze. Die Kunst links-alternativer Politik ist es, die heutigen Zustände genau zu analysieren, zeitlich einzuordnen und die richtigen Schlüsse daraus zu ziehen. Dem folgt eine planvolle und tatkräftige Herangehensweise, die imstande sein muss, sich auch neuen Gegebenheiten undoktrinär anzupassen.

Es ist natürlich wichtig, tagespolitische Ziele zu formulieren und sich damit zu befassen wie sie in der nahen Zukunft umgesetzt werden können. Wer als Linker jedoch meint, der Fortschritt zu einem demokratischen Sozialismus besteht darin, dass auf lange Dauer man sich in den Parlamentswahlen redlich bemüht seinen Stimmen- und damit Sitzanteil zu vergrößern, um damit gesellschaftsverändernde Politik zu machen, ist auf dem Holzweg. Es ist dann stets eine Politik, die auf den Grundstrukturen des Kapitalismus basiert und für neue Horizonte nicht offen ist. Die Machtfrage in der Gesellschaft bleibt daher ungelöst.

Sogar der 2015 verstorbene Schriftsteller Günter Grass stellte 2013 in einer Rede vor Journalisten fest: „Das Auseinanderdriften in eine Klassengesellschaft mit verarmender Mehrheit und sich absondernder reicher Oberschicht, der Schuldenberg, dessen Gipfel mittlerweile von einer Wolke aus Nullen verhüllt ist, die Unfähigkeit und dargestellte Ohnmacht freigewählter Parlamentarier gegenüber der geballten Macht der Interessenverbände und nicht zuletzt der Würgegriff der Banken machen aus meiner Sicht die Notwendigkeit vordringlich, etwas Unaussprechliches zu tun, nämlich die Systemfrage zu stellen" (Deppe, 1917/2017, S.239).

Erst durch eine Revolution kann diese Frage beantwortet werden. In einem revolutionären Akt wird das ganze überkommene Gesellschaftsgebäude bis auf die Grundmauern niedergerissen, es zählt einzig die Achtung vor Mensch und Natur. Auf den Trümmern der alten Gesellschaft wird Stein auf Stein die neue Gesellschaft aufgebaut.

Sollen daher die programmatischen Aussagen über eine künftige Gesellschaft jenseits des Kapitalismus nicht zur leeren Floskel verkommen, ist sich ernsthaft mit dem Vorgehen in einer großen Umwälzung zu befassen. Tut dies die Linke nicht, so werden es die Rechten machen, die einen national-autoritären bis faschistischen Staat anstreben. Die Rechten werden wie in der Vergangenheit bereits geschehen die finanzielle und logistische Unterstützung nicht von allen aber einem Großteil der Kapitalvertreter erhalten. Die fortschrittlichen Kräfte müssen die rechte Offensive einerseits abwehren und andrerseits den Kampf um die Gewinnung von Herz und Verstand breiter Bevölkerungsschichten führen. Denn sollte die Rechte gewinnen, so bedeutet dies für die Linken Zeiten der Verfolgung, Unterdrückung und mindestens fünfzig verlorene Jahren auf dem Weg zur Zukunftsgesellschaft.

Das vertrackte an der Sache ist nur, zu erkennen, wann die Zeit der Umwälzungen herangereift ist. Dies kann aufgrund der labilen Situation in Europa und der Welt noch in den folgenden Jahrzehnten, erst in 50 Jahren oder noch später so weit sein. Die Linke kann nicht die Umstände einer Revolution herbeiführen, darauf haben systemimmanent nur die Kapitalisten und die sie tragenden Politiker aufgrund ihrer kurzsichtigen und egoistischen Politik ungewollt den größten Einfluss.

Die linken Systemveränderer befinden sich in der Revolutionsphase wie auf hoher See. Sie haben ihr Schiff durch das aufgewühlte Meer der gesellschaftlichen Verhältnisse sicher zu steuern, um mit Hilfe ihres ideologischen Kompasses wohlbehalten das Land ihrer Vorstellungen zu erreichen.

Ein Linker muss daher beides können. In der Reform muss er bereits die Revolution mitdenken und in der Revolution muss er die gangbaren d.h. auch reformistische Wege immer wieder von neuem ergründen. Einerseits muss er sich überlegen, wie er zumindest die Betroffenen für Reformen in ihrem Sinne aktivieren und mobilisieren kann. Andrerseits muss er prüfen, ob bisher sich bewährte Strukturen und Methoden für das neue System entsprechend angepasst übernommen werden können.

Abschließen möchte ich mit einem Zitat von Karl Marx, der den kausalen Zusammenhang zwischen gesellschaftlicher Vorstellung und revolutionärem Anspruch treffend ausgedrückt hat:

Die Philosophen haben die Welt nur verschieden interpretiert. Es kommt darauf an sie zu verändern (Marx, Karl, MEGA Abt. IV, Band 3 S.21).

Literaturverzeichnis

-Arbeitsgruppe alternativer Wirtschaftspolitik, Memorandum-Kurzfassung 2015 und 2017, Köln 2015 und 2017

-Arendt, Hanna, Über die Revolution, München 1965

-Arlt, Hans-Jürgen, wie teuer wird ein Nein?, OXI, Juli 2017

-ausgestrahlt.de gemeinsam gegen Atomenergie

-Autorenkollektiv, Geschichte der UdSSR, Band 1 und 2, Moskau 1977

-Autoren-Kollektiv des Instituts für Marxismus-Leninismus, Geschichte der deutschen Arbeiterbewegung Band VI, Berlin 1967

-Berlin, Jörg, Die deutsche Revolution 1918/19, Quellen und Dokumente, Köln 1979

-Bertelsmann-Stiftung, Studie Die Löhne in Deutschland steigen weiter – aber auch die Ungleichheit wächst

-Brie, Michael, Lenin neu entdecken, Hamburg 2017

-Bundesministerium der Finanzen, Monatsbericht Nov.2014

-Butterwege, Christoph, „Große Koalition: Sozialpolitik in Trippelschritten" in Politische Blätter, 8/17 S.21

-Clara, das Magazin der Fraktion die Linke im Bundestag 41/2016

-der Freitag, ein Generalstreik, der keiner sein durfte, 7.11.2003

-Deppe, 1917/2017 Revolution und Gegenrevolution, Hamburg 2017

-Destatis.de: - Außenhandel, auf einen Blick 2016
             - Außenhandel, Kennzahlen 2016
             - Europa in Zahlen Außenhandel, Europäische Union (EU 28) auf einen Blick 2016- Statistisches Bundesamt Berlin 2017
             - Volkswirtschaftliche Gesamtrechnung

-Deutsche Bundesbank -Eurosystem-, das Deutsche Auslandsvermögen Ende 2015

-Drei (3) Sat.de, Wissen aktuell, Wohlstand für alle

-Die Presse, österreichische Tageszeitung

-DSW Deutsche Stiftung Weltbevölkerung, Datenreport 2016

-eurostat.de: - internationaler Warenverkehr, EU 28 wichtigste Handelspartner
               - Wareneinfuhren in die EU-Mitgliedstaaten, die 3 wichtigsten Handelspartner

-fonds professionell online. Die Länder mit der höchsten Pro-Kopf-Staatsverschuldung

-Freyberg, v., u.a., Geschichte der deutschen Sozialdemokratie, 1863-1975, Köln 1977

-Gegenfrage.com: Afrika wird für Milliarden Dollar ausgeplündert Studie 25.5.17

-German-foreign policy.com In den Abgrund gekürzt 2016

-Gäubote - 3.5.17 Nicht nur Griechenland leidet unter hoher Arbeitslosigkeit und hohen Schulden

- 13.7.17 Schäuble verdient Milliarden an Griechen-Hilfe

-Haffner, Sebastian, die deutsche Revolution 1918/19, Köln 2008 Betriebsgröße, Nürnberg 2011

-Institut für Arbeitsmarkt- und Berufsforschung, Verteilung der Betriebe und Beschäftigte nach   Betriebsgröße

-i s w - Grafik Info Juni 2015

- Klimazerstörung München 2017

- Wirtschaftsinfo 51 München 2017

-Kernenergie.de, Informationen zur friedlichen Nutzung der Kernenergie und Kerntechnik

-Lenin, ausgewählte Werke, - Band 2, Berlin 1970

- Band 3, Berlin 1964

-Lerg, Charlotte A., Die amerikanische Revolution, Tübingen 2010

-Lernhelfer.de, Entwicklungsländer Begriffe und Differenzierungen 2010

-Luxemburg, Rosa, - Massenstreik, Partei und Gewerkschaften, Miami 2016
                - Zur russischen Revolution, GW 4, Berlin 2000

-Marx, Karl, - Thesen über Feuerbach, MEGA Abt. IV, Band 3
                - Vorwort zur Kritik der politischen Ökonomie Band 13, Berlin 1971

-Marx Engels Werke (MEW) Berlin 1965

-Marx-Forum.de, Kommune von Paris 1871

-Müller, Richard, Eine Geschichte der Novemberrevolution, Berlin 1973-74

-Nachdenkseiten. de An die 1000 US-Militärbasen gibt es weltweit. Russland hat 20

-Norwat, Manfred, Die Gesellschaft der Zukunft, Hamburg 2016

-Oxi Juni 2017

-Politische Blätter, Mahnkopf/Altvater, der begrenzte Planet und die Globalisierung des einen Planeten, Mai 2017

-Privat banking magazin. de, Das zahlt die deutsche Bank für Spitzenkräfte 2016

-Reed, John, 10 Tage, die die Welt erschütterten, Berlin 1982

-Spiegel, Geschichte der Französischen Revolution Hamburg 2010

-Spiegel-online.de, Deutsche Leistungsbilanz erneut auf Rekordniveau 30.1.17

-statista.de, - Anteil der Exporte aus Deutschland in die EU am gesamten deutschen Export 1991-2016

- Anzahl der betriebsfähigen Reaktoren in Kernkraftwerken weltweit

- Anzahl der nuklearen Sprengköpfe weltweit 2016

- Deutschlands Bruttoinlandsprodukt (BIP) pro Kopf von 1991 bis 2016

- Die 20 Länder mit dem größten Handels-
bilanzdefizit 2016

- Die 20 Länder mit der höchsten Staatsverschuldung 2016

- Staatsverschuldung USA 2016

- Vergleich des Militärs der Nato und
Russlands

-Statistisches Bundesamt, Erwerbstätige nach Wirtschaftssektoren Wiesbaden 2011

-Steuerklasse.com Steuern, Gehalt und Beruf

-Süddeutsche Zeitung 0,7 Prozent

-wikipedia. de - Äthiopien

- Azevedo

- Blutsonntag

- Entwicklungsland

- Februarrevolution

- Fortune-Liste der größten Unternehmen der Welt

- Französische Revolution

- Generalstreik

- Griechische Staatsschulden

- Welthandel, Tabellen und Grafiken
- Wirtschaft der europäischen Union

-Wright, Erik Olin, Reale Utopien, Berlin 2017

Zeitfracht Medien GmbH
Ferdinand-Jühlke-Straße 7
99095 Erfurt, Deutschland
produktsicherheit@kolibri360.de